Herborner Beiträge

Band 2

Herausgegeben vom Theologischen Seminar
der Evangelischen Kirche in Hessen und Nassau

Gottes Profis?
Re-Visionen des Pfarramts

herausgegeben von
Thorsten Peters, Achim Plagentz und Peter Scherle,
im Auftrag des Theologischen Seminars
der Evangelischen Kirche in Hessen und Nassau.

foedus-verlag

Lay-out und Satz: *j.s.*
Druck und buchbinderische Verarbeitung:
Breklumer Druckerei Manfred Siegel KG
Printed in Germany
ISBN 3-932735-87-0

Bibliografische Information der Deutschen Bibliothek

Die Deutsche Bibliothek verzeichnet diese Publikation in der Deutschen Nationalbibliografie; detaillierte bibliografische Daten sind im Internet über http://dnb.ddb.de abrufbar.

Inhalt

Profession und Organisation

Statt eines Schlusswortes

Vorwort

Die praktisch-theologische Diskussion um das Pfarramt hat in der letzten Zeit an Dynamik gewonnen. Von vielen Seiten her wird über das Profil, die Aufgaben und die Gestaltung des Berufs „Pfarrer/in“ nachgedacht. Kirchenleitende Verlautbarungen, Leitbilder von Standesorganisationen und Diskussionen auf Pfarrkonventen stehen neben theoretischen Analysen und Konzeptionen. Viele Fragen, die aus der Praxis entspringen – etwa die Diskussion um den Wandel der Institution Pfarrhaus – oder durch theoretische Analyse bzw. praktisch-theologisch geschärfte Wahrnehmung aufgeworfen werden – etwa die Beschreibung des Pfarrberufs als Profession – bündeln sich in der Praxis der Ausbildung zum Pfarramt, im Vikariat.

Ein Theologisches Seminar zur Ausbildung von Vikarinnen und Vikaren ist eine Kontaktstelle zwischen Theorie und Praxis. Die Vikarinnen und Vikare sind in dieser Ausbildungsphase dazu herausgefordert, in Verschränkung ihrer theoretischen Kenntnisse mit den praktischen Erfahrungen, die sie in den Ausbildungsgemeinden machen, ein eigenes Konzept für ihre pastorale Tätigkeit zu entwickeln und zu erproben. Sie setzen sich dabei mit theoretischen Modellen der Pastoraltheologie ebenso auseinander wie mit den gelebten Modellen pastoraler Existenz vor Ort. Ihre „pastorale Identität im Werden“ gestaltet sich auf diesem Weg in Auseinandersetzung mit den herkömmlichen Anforderungen an das Pfarramt, aber auch mit den neuen, zum Teil drängenden Fragen, vor die sich der Beruf „Pfarrer/in“ in der Gegenwart gestellt sieht. Die Ausbildung lässt sich so als ein Seismograph des Pfarrberufs verstehen.

Vor diesem Hintergrund will der vorliegende zweite Band der Herborner Beiträge die doppelte Perspektive des Theologischen Seminars – theoretische Analyse und praktische Erfahrungen – in Form einer „Praxis-Theorie“ für die Frage nach dem Pfarramt fruchtbar machen. In diesem Sinne verstehen sich die hier versammelten Beiträge aus dem Kreis der Lehrenden des Theologischen Seminars wie schon im ersten Band als kontextuelle Theologie, als Reformulierung und Neuentdeckung von Theologie in den Zusammenhängen kirchlicher Praxis.

Die Überlegungen, die in den Beiträgen dieses Bandes vorgestellt werden, sind drei Themenkreisen zugeordnet. Unter der Überschrift „Theorie des

Amtes“ wird dem im Protestantismus theologisch oft vernachlässigten Begriff des Amtes nachgespürt. Eine zweite Perspektive betrachtet den Zusammenhang zwischen gesellschaftlichen Herausforderungen und der Kernrolle des Pfarrberufs, also die Frage, welches Handeln für Pfarrerinnen und Pfarrer zentral und konstitutiv ist. Schließlich wird in den Beiträgen des dritten Teils die Professionsdebatte um das Pfarramt aufgegriffen und fortgeführt.

Die thematischen Abschnitte werden jeweils durch einen erzählerischen Text eingeleitet. Pfarrerbilder, pastorale Selbstkonzepte, überhaupt unsere Vorstellungen gelingenden und misslingenden kirchlichen Handelns hängen eng mit der Präsenz erzählter Praxis zusammen. Indem Geschichten aus dem Alltag des Pfarramts erzählt werden, formen sich die Erwartungen, die Befürchtungen, die Hoffnungen und Sehnsüchte, die sich mit dem Pfarrersein verbinden. Die kleinen Geschichten dieses Bandes stehen jeweils am Anfang eines Abschnittes, um auf dessen Thema einzustimmen.

Für die Reflexion über das Pfarramt ist die Perspektive kirchenleitenden Handelns unverzichtbar. Sie kommt hier gleichsam als Rahmen der Beiträge zur Sprache. Vorangestellt findet sich eine Auswahl von Ordinationsansprachen, die Propst Michael Karg zur Verfügung gestellt hat. Abgerundet werden die Beiträge durch ein Interview mit dem Kirchenpräsidenten der EKHN Prof. Dr. Dr. h.c. Peter Steinacker. Beiden sei an dieser Stelle herzlich gedankt.

Unser besonderer Dank gilt Birgit Grosche, Gudrun Goy und Axel Zeiler, die sich der Mühe des Korrekturlesens unterzogen haben.

Herborn Februar 2004
Thorsten Peters, Achim Plagentz, Peter Scherle

An der Schwelle zum Pfarramt

Ordinationsansprachen als Ausdruck einer Theologie des Amtes

Michael Karg

Einige grundsätzliche Anmerkungen zum Thema „Ordination"

Die Ordination eines Pfarrers oder einer Pfarrerin ist nach reformatorischem Verständnis keine „Priesterweihe". Das Rechtfertigungsgeschehen begründet die Anteilhabe aller am Werk Christi und eignet allen Gläubigen die „Priesterwürde" zu (vgl. Allgemeines Priestertum und Ordination nach evangelischem Verständnis. Studie des Theologischen Ausschusses der VELKD, 2002, unveröffentlichtes Manuskript). Alle Christen sind „warhafftig geystlichs stands und alsampt gleych geystliche priester fur gott" (Luther, WA 6, 407, 13 f.).

Zugleich bestätigt Luther die Notwendigkeit eines eigens zu ordnenden und ordnungsgemäß zu übertragenden Amtes der öffentlichen Verkündigung. „Denn die Verkündigung des Evangeliums ist nicht nur im privaten Bereich, sondern auch in überindividueller Öffentlichkeit ... wahrzunehmen; geht es doch um das Evangelium, das allen und zu allen Zeiten gilt und bei allen und zu allen Zeiten Glauben wecken will. Solche überindividuelle Wahrnehmung aber kann nur durch einzelne geschehen, die von der Gesamtheit der Kirche dazu beauftragt sind." (VELKD, 10) Diese Beauftragung geschieht durch die Ordination, die neben der inneren Berufung (vocatio interna) die theologische Kompetenz des Ordinanden/der Ordinandin und die Berufung durch die Kirchenleitung (vocatio externa) voraussetzt (vgl. VELKD, 16). Neben die Notwendigkeit einer versierten theologischen Kompetenz ist im Zuge zunehmender Ausdifferenzierung des kirchlichen Lebens die Frage der Leitung von Gemeinde und Gemeindegruppen als Gestaltungsaufgabe in den Blick gekommen (vgl. VELKD, 18). Darüber hinaus ist der Pfarrer/die Pfarrerin in einer Volkskirche Repräsentant/Repräsentantin der Kirche im dörflich oder städtisch geprägten gesellschaftlichen Zusammenhang. In der Regel nehmen Vertreter von Kommune, Parteien und Vereinen in offizieller Funktion an der Ordination teil. Ihre Grußworte übermitteln nicht nur Segenswünsche, sondern bringen auch entsprechende Erwartungen in Bezug auf Repräsentanz von Kirche in gesellschaftlichen Bezügen zum Ausdruck. Mit Kirche ist dabei jeweils der Pfarrer/die Pfarrerin gemeint.

Der Ordinator hat verschiedene Aspekte zu beachten:

– Die Biographie des Ordinanden/der Ordinandin: Im Unterschied zu früheren Jahren gibt es aufgrund der kirchlichen Stellensituation in jeder Biographie Wartezeiten, Brüche, alternative Studiengänge oder Berufsausbildungen, z.T. längere Berufstätigkeit außerhalb der Kirche. Hier hat es oft Enttäuschungen und persönlich so empfundene Verletzungen gegeben, die an einem solchen Tag natürlich auch präsent sind.

– Die Situation der Gemeinde: Die Ordination von Pfarrvikarinnen und Pfarrvikaren findet ausnahmslos in Gemeinden statt, die längere Zeit vakant waren und die nicht aufgrund von Bewerbungen besetzt werden konnten. Diese Gemeinden haben in den vorangehenden, ergebnislosen Ausschreibungen der Pfarrstelle ihre Erwartungen z.T. sehr deutlich formuliert. In der Regel wurde vor der Ausschreibung mit dem Propst ein bilanzierendes Gespräch geführt.

– Die Kirchenjahreszeit: Da die Ordination auch in dieser Beziehung nicht im luftleeren Raum geschieht, können die Kirchenjahreszeit oder der Charakter eines speziellen Sonntags durchaus in der Ansprache eine Rolle spielen. Das legt sich besonders dann nahe, wenn Ordinand/Ordinandin nach Absprache vom vorgeschlagenen Predigttext abweichen und lieber einen für sie „grundsätzlichen" Text nehmen.

– Die Ordination selbst: In manchen Gemeinden hat seit einer Generation keine Ordination mehr stattgefunden. Die Ordinationshandlung wird in der Regel als „feierlich" und „würdig" erlebt, bleibt aber unverstanden, wenn nicht neben Lesungen und Ordinationsvorhalt in der Ansprache darauf eingegangen wird.

In meinen Ansprachen kommen verschiedene der genannten Aspekte zur Sprache. Der Bezug zur *Person*, zur *Gemeinde*, zur *Kirchenjahreszeit* bzw. zum *Sonntag* und zur *Ordination* kann unterschiedlich stark ausgeprägt sein. In keiner Ansprache ist alles enthalten, was an diesem Tag und in dieser Gemeinde über Ordination zu sagen wäre. Die Ansprachen sind situationsbezogen; sie ersetzen nicht die vom Ordinanden/der Ordinandin zu haltenden Predigt. Sie sind kürzer als eine Predigt und im Sinne von „Kasualansprachen" zu verstehen. Sie sind seelsorgerlich und sollen den Ordinanden/Ordinandinnen helfen, als Ordinierte ihren Weg in dieser Gemeinde zu gehen – mit Gottes Hilfe, die wir durch Gebet und Handauflegung erbitten.

Ordinationsansprachen

A. Ordination am 3. Advent in einer ländlichen Gemeinde mit wenig ausgeprägter Kirchlichkeit. Die Pfarrstelle war mehr als ein Jahr vakant.

1. Das war ein weiter Weg für Sie, vom Aufwachsen in X über die ersten Anstöße in Konfirmandenunterricht und Jugendarbeit, über Theologie nachzudenken bis hin zu dem Entschluss, Theologie zu studieren. Das war Ihnen nicht in die Wiege gelegt, „fiel nicht vom Himmel" (wie Sie einmal selbst gesagt haben), sondern war ein längerer Prozess. Dann kam das Studium mit der Notwendigkeit, zunächst drei alte Sprachen lernen zu müssen, bevor es an die eigentlichen Inhalte ging. Als Sie damit fertig waren, war die Aussicht für junge Theologen in unserer Kirche sehr mau. Sie absolvierten eine Berufsausbildung, verschafften sich ein zweites Standbein. Dann das Vikariat in einer Gemeinde, die ein sehr interessantes Profil hat und in der man viel kennenlernen und lernen kann. Nach dem Zweiten theologischen Examen folgte die Hürde des Auswahlverfahrens, und dann kam in unserem Gespräch mein Vorschlag, Sie in diese Pfarrstelle zu schicken – ein Vorschlag, auf den Sie gerne eingingen. Inzwischen sind Sie mit Ihrer Familie, die ich ebenfalls sehr herzlich begrüße, hier eingezogen und haben schon erste Dienste getan. Ein langer Weg, der mit Ihrer heutigen Ordination seinen ersten Abschluss findet.

2. Bevor ich auf die Ordination zu sprechen komme, möchte ich ein Bibelwort bedenken, den Wochenspruch für den heutigen 3. Advent:

Bereitet dem Herrn den Weg; denn siehe, der Herr kommt gewaltig.

Das klingt wie ein Motto für den Dienst eines Pfarrers; ein passendes Wort zu einer Ordination. Sie werden durch ihre Ordination in das Amt der öffentlichen Verkündigung berufen. Was gäbe es anderes oder besseres zu tun, als dem, den wir öffentlich zu verkündigen haben, den Weg zu bereiten! Aber wie geschieht das?

Lesen wir den Vers einmal vollständig. Er lautet: *In der Wüste bereitet dem Herrn den Weg, macht in der Steppe eine ebene Bahn unserem Gott!* Hier findet sich ein Hinweis, wo der Weg dieses Herrn verläuft: In Wüste und

Steppe, also in den Bereichen des Lebens, die nicht besonders vorzeigbar sind, nicht zu den Schokoladenseiten gehören, nicht zu den Hoch-Zeiten. Das gilt für die Gemeinde (das Wort ist ja an das Volk gerichtet), und das gilt für jede(n) einzelne(n). Dieser Herr, von dem die Rede ist, dient nicht der Verschönerung einer feiertäglichen Stimmung; er ist nicht das Sahnehäubchen auf dem Gebräu, das wir uns selbst zusammengebraut haben. Er kommt in unser ganzes Leben, seine Höhen und seine Tiefen.

3. Lieber Bruder, dazu werden Sie mit Ihrer Ordination beauftragt, und damit ist zugleich Wichtiges über Ihre Rolle als Pfarrer gesagt.

Sie sind als Pfarrer für *alle* Menschen hier zuständig: Für die, denen der Glaube von Kindesbeinen an wichtig ist, und für diejenigen, für die das eine eher zweifelhafte Sache ist. Für diejenigen auf der Sonnenseite des Lebens und für die, die sich auf der Schattenseite sehen, gerade in diesen Zeiten, in denen die Einschnitte ins soziale Netz spürbar werden.

Sie werden berufen, diesem Herrn den Weg zu bereiten auch da, wo man nicht mit ihm rechnet, wo verzweifelt nach ihm gefragt wird, wo manche ihn für eine Fata Morgana in der Wüste halten. Natürlich auch dort, wo er sehnsüchtig erwartet wird, willkommen ist, wo Menschen sich ihm öffnen und sich in seinem Namen versammeln.

Dazu werden Sie heute berufen, ermächtigt, beauftragt. Das sollen Sie ausrichten hier in den Gemeinden dieses Kirchspiels. Das wird geschehen in der Begegnung mit Kindern und Altgewordenen, mit Menschen mitten im Leben und an seinem Rand, mit Überzeugten und Zweifelnden; das wird geschehen durch Predigten und Ansprachen, durch Unterricht und Seelsorge, im öffentlichen Diskurs und im vertrauten Gesprächskreis, in kirchlichen Räumen oder auf der Straße, vielleicht auch mal im Festzelt; das wird geschehen durch Ihre Worte und Ihre Haltung.

4. Ein strammes Programm, wenn man es recht bedenkt. Ein zu großes Programm, das letztlich eine Überforderung ist? Ich gehe davon aus – ich bin davon überzeugt –, dass Sie neben Ihrer qualifizierten Ausbildung viel guten Willen, neue Ideen und Elan mitbringen. Ich weiß auf der anderen Seite (von anderen und auch aus eigener Erfahrung), dass das nicht immer ausreicht. Auch unter Pfarrerinnen und Pfarrern ist das Burn-out-Syndrom bekannt, dass jemand irgendwann völlig ausgebrannt ist. Deshalb spricht der Ordinationsvorhalt von Zweifeln und Enttäuschungen, die kommen können.

Wichtig ist deshalb der zweite Teil unseres Wochenspruchs: *Denn siehe, der Herr kommt gewaltig!* Das ist die Voraussetzung unseres Dienstes: Unser Herr kommt
– in jedem Wort, das wir in seinem Namen weitersagen,
– in jedem Zeichen der Liebe, das in seinem Namen getan wird,
– in jedem Ereignis, das uns zum Nachdenken zwingt,
– in jedem Lied, das mich anspricht,
– in jedem Gedanken, der mich öffnet,
– in jedem Gebet, das mich für sein Kommen sensibel macht.

Er kommt! Ich muss ihn nicht erst herbeilocken oder gar herbeizwingen. Wie zwanghaft sind solche Versuche! Er kommt und ich darf mich seiner göttlichen Mission, seinem Weg in diese Welt zur Verfügung stellen, mit allem, was ich bin und habe, mit meiner theologischen Ausbildung und meinen persönlichen Überzeugungen, mit meinen beruflichen Fähigkeiten und meiner Lebenserfahrung, mit meinen Grenzen und Schwächen: Er kommt, und ich darf dabei ein wenig Wegbereiter sein.

5. Noch einen letzten Gedanken möchte ich anfügen, an Sie, die Gemeinde, gerichtet. Eine Ordination geschieht nicht im luftleeren Raum, so ganz allgemein im Bereich unserer Kirche. Es gibt Landeskirchen, in denen wird ein ganzer Vikarskurs gemeinsam vom Bischof in einer der Hauptkirchen ordiniert. Bei uns geschieht Ordination sehr bewusst in einer konkreten Gemeinde. Die Ordination eines Pfarrers ist deshalb zugleich immer auch die Anfrage an diese Gemeinde, ob sie diesen Weg mitgehen will, ob sie gemeinsam mit ihrem Pfarrer auf diesen Herrn hoffen und mit ihm rechnen will. Ob sie mitmacht bei der Wegbereitung, oder ihren Pfarrer als bezahlten Berufschristen an dieser Stelle alleine werkeln lässt. Die Antwort auf diese Frage kann ich Ihnen nicht geben. Die müssen Sie selbst herausfinden, am besten gemeinsam mit Ihrem Pfarrer. *Eine* Antwort kann ich geben: Wo Pfarrer und Gemeinde gemeinsam Wegbereiter für diesen Herrn sind, da wird Gottes Segen spürbar werden. Diesen Segen wünsche ich Ihnen allen und Ihrem neuen Pfarrer.

Amen.

B. Ordination am Sonntag Miserikordias Domini

Liebe Festgemeinde im heutigen Ordinationsgottesdienst, lieber ...!

1. Das war ein längerer und manchmal etwas verschlungener Weg für Sie, angefangen von dem Beginn Ihres Theologiestudiums bis zum Antritt des Pfarramtes hier in diesen Gemeinden. Da gab es viele unterschiedliche Erfahrungen, auch andere berufliche Möglichkeiten, die sich boten: Die feste Anstellung als Gemeindehelfer oder das Wagnis eines Vikariats mit ungewissem beruflichen Ausgang; ein Vertrag als Lehrer oder das Risiko eines Auswahlverfahrens. Das waren nicht nur Umwege, die Sie gehen mussten. Das waren zugleich wichtige und prägende Erfahrungen, die Sie nicht missen möchten.

Heute, mit Ihrer Ordination, kommt dieser Weg zunächst einmal zu einem Abschluss und öffnet sich zugleich in eine neue Zukunft.

Auch für Sie, liebe Gemeinde, geht die lange Zeit der Vakanz zu Ende: 2 ½ Jahre mit vielen Fragen, ob und wie denn diese Stelle zu besetzen sei; mit manchen Ideen, die hoffnungsvoll erschienen, aber sich dann doch nicht umsetzen ließen. Nun ist es endlich so weit: Der neue Pfarrer ist da – mit Ehefrau und neugeborenem Kind –, im Pfarrhaus brennt wieder das Licht. In den Ort ist ein Stück Verlässlichkeit zurückgekehrt. Letzteres klingt beinahe wie eine Idylle.

2. Auch das Bild, das mit dem heutigen Sonntag Miserikordias Domini in Verbindung gebracht wird, legt eine Idylle nahe: Der Sonntag vom guten Hirten. Wir kennen ja solche Bilder, und vielleicht hängen sie hier und da auch in Ihren Wohnzimmern: Der gute Hirte, der seine Schafherde auf eine grüne, saftige Weide geführt hat und sie bewacht (in der Regel fehlt auf diesen Bildern der Hund, der auch beißen kann); der gute Hirte, der das eine Schaf auf seinen Schultern zur Herde zurückträgt. Wenn an diesem Sonntag der neue Pastor (und das heißt ja: der neue Hirte) der Gemeinde ordiniert und eingeführt wird, verstärkt sich dieses Bild.

Ist der Beruf eines Pastors, eines Pfarrers ein idyllischer Beruf ? Stellt er eine der wenigen Möglichkeiten dar, in Ausübung seines Berufs ein beschauliches und stilles Leben zu führen ? Was ist die Aufgabe eines Pfarrers, wozu wird er durch seine Ordination beauftragt?

3. Eigentlich wird Ihnen, lieber ..., etwas Unmögliches aufgetragen, nämlich der Welt das Heil anzusagen. Der Welt, die verstrickt ist in ihre gott-

losen Eigeninteressen, Verteilungskämpfe und Machtspiele; den Menschen, die verführt werden von Selbstüberschätzung oder auch von Resignation – ihnen zu sagen, dass sie Gott gehören, und dass es zu ihrem Heil dient, dies zu erkennen und anzuerkennen.

Dies gilt es festzuhalten gegenüber einer Wirtschaftsordnung, die den Markt zu ihrem Gott erhebt und dem alles andere unterordnet.

Das gilt es zu bezeugen gegenüber sogenannten modernen Menschen, die Kirche und Glauben als absterbendes Modell bezeichnen und stattdessen propagieren, sich durch Besinnung auf die eigenen Kräfte selbst zu erlösen.

Darauf gilt es hinzuweisen gegenüber denen, die meinen, letztlich sei doch jeder sich selbst der Nächste und es lohne nicht, so etwas wie Barmherzigkeit und Liebe in das menschliche Miteinander zu investieren.

Daran gilt es immer wieder zu erinnern gegenüber der resignativen Ansicht, der Tod habe doch das letzte Wort: Der physische Tod als das Ende aller menschlichen Möglichkeiten und der durch Kriege ausgelöste massenhafte Tod als Ende aller zivilen Bemühungen.

Sie werden beauftragt, der Welt und den Menschen zu sagen, dass es etwas anderes gibt, etwas außerhalb unserer Möglichkeiten, das dennoch wahr ist und die Wirklichkeit verändern kann: das Heil Gottes, sein Erbarmen, das aller Welt gilt.

4. In der konkreten Gemeindearbeit, die Sie hier und im Dekanat vorfinden, stellen sich diese großen Fragen nicht immer in der gerade skizzierten Deutlichkeit, sondern vermittelt in die Lebensfragen von Menschen. Und da sind Sie erwünscht und gefordert. Vermutlich haben Sie es auch schon gemerkt:

Menschen warten auf Predigten, die aufbauend und vorwärtsweisend sind, die Ihnen helfen bei der Gestaltung und Bewältigung ihres Alltags.

Kinder und Jugendliche wachsen in schwierigen Zeiten auf: einerseits umgeben von den Annehmlichkeiten eines hohen Lebensstandards, andererseits oft unbegleitet bei ihrer Suche nach einem gangbaren Weg ins Leben, nach erreichbaren Zielen und sinnvoller Freizeitgestaltung.

Ältere, kranke, vereinsamte, vielleicht verbitterte Menschen warten auf jemanden, der sie aus ihrer Situation herausholt, aus ihrer Gebundenheit, durch seine Gegenwart, seine seelsorgerliche Zuwendung.

Trauernde suchen jemanden, der nicht nur auf den Tod starrt, sondern vom Leben redet.

Gruppen und Kreise dieser Kirchengemeinden hoffen auf Begleitung, Impulse, Orientierung, um ihr Profil auch nach außen hin zeigen und einladend bleiben zu können.
Vereine am Ort, denen daran gelegen ist, zur Kultur dieses Gemeinwesens beizutragen, wünschen sich eine Kooperation.

In all dem geht es darum, den Anspruch Gottes auf das ganze Leben zu verkündigen und durch die eigene pfarramtliche Praxis mit zu leben. Nicht die fromme Stunde am Sonntag Vormittag und ein kirchlicher Vereins- und Unterhaltungsbetrieb in der Woche, sondern die Durchdringung des Lebens dieser Kirchengemeinden und ihrer Mitglieder von der Mitte her, oder, wie es Barmen II sagt, von Jesus Christus her, der aus gottlosen Bindungen befreit zu dankbarem Dienst.

Eine schöne Aufgabe ist es, zu der Sie heute ordiniert werden, und eine große zugleich. Sie müssen sich dabei nicht übernehmen, nicht alles auf sich nehmen. Sie dürfen aber darauf vertrauen, dass Gott selbst seine Sache in die Hand nimmt. Das gilt es zu verkündigen und zu bezeugen.

Amen.

C. Ordination in einer Landgemeinde, deren Pfarrstelle 2 Jahre vakant war

1. Das ist für Sie, lieber Herr …, ein ziemlicher Milieuwechsel. Aufgewachsen und groß geworden in ... (es folgen einige biographische Punkte von Studium, Vikariat und Berufstätigkeit in größeren Städten). Jetzt sind Sie hier, schon wohnlich eingerichtet im „Hinterland“, weit weg von den großen Metropolen und dem pulsierenden Leben. Aber doch nicht weit weg vom Leben:

Auch hier gibt es Menschen, die gerne hier leben und ihr Leben als Christen gestalten wollen. Auch hier gibt es Menschen, denen das Leben manchmal hart mitspielt, die Hilfe brauchen, Begleitung, Zuspruch. Auch hier gibt es Menschen, die sich ihres Lebens freuen, die Freude mit anderen teilen wollen und dabei nach Sinn und Orientierung fragen. Auch das Hinterland, auch ... ist ein guter Ort für einen Pfarrvikar, der nach Studium und Vikariat seinen Dienst beginnt. Ich glaube, Sie freuen sich darauf.

2. Dem korrespondiert die Freude der Gemeinde, nach zwei Jahren Vakanz endlich wieder einen eigenen Pfarrer in ihrer Mitte zu wissen. Die Gemein-

de war in dieser Zeit nicht allein gelassen: Pfarrer der benachbarten Gemeinden haben dafür gesorgt, dass die pastoralen Dienste hier getan werden konnten. Dazu kamen Prädikantinnen und Prädikanten, die das gottesdienstliche Leben bereicherten. Ihnen allen sei herzlich dafür gedankt.

Sie als Gemeinde freuen sich, jetzt wieder einen eigenen Pfarrer zu haben, wohl wissend, dass sein Tätigkeitsbereich nicht auf den Ort beschränkt bleiben wird. Aber es gibt viele Erwartungen. Der Kirchenvorstand hat das in seiner Ausschreibung, die ich auszugsweise zitiere, so ausgedrückt: Wenn Sie als Pfarrer oder Pfarrerin eine Person sind, die

– für die Menschen mit ihren Bedürfnissen offen ist und Nähe praktizieren möchte,
– den Menschen lebensnah den christlichen Glauben näher bringen möchte,
– Freude an einer engagierten, von Wort und Geist geprägten Predigt hat,
– Verständnis für unsere Jugend aufbringt,
– Freude an der Mitwirkung bei der Erziehung unserer Kindergartenkinder hat,
– eigene Ideen einbringen möchte und durchaus ein eigenes Profil hat, dann freuen wir uns als Gemeinde auf Sie.

Das war nur eine Auswahl aus den Wünschen und Erwartungen. Solche Ausschreibungen sind einladend, werbend – man kann sie aber auch so lesen, dass sie einen das Fürchten lehren. Wer kann und will das alles erfüllen – neben dem, was es sonst noch im Pfarramt zu tun gibt? Was ist die Grundlage, und woraufhin werden Sie heute ordiniert?

3. In dem vorhin verlesenen Grundartikel der EKHN heißt es: *Die Evangelische Kirche in Hessen und Nassau steht in der Einheit der einen heiligen allgemeinen und apostolischen Kirche Jesu Christi, die überall dort ist, wo das Wort Gottes lauter verkündigt und die Sakramente recht verwaltet werden.*

Es geht um Gott und sein Wort. Wir alle, die wir heute hier versammelt sind, stehen in Beziehung zu diesem Wort. Und Ihre Rolle als Pfarrer definiert sich von diesem Wort her, und zwar als Verkündiger und als Hörer.

a. Mit Ihrer Ordination wird Ihnen aufgetragen, das Wort Gottes auszulegen – in Predigten, Andachten, Seelsorge, Unterricht – wobei die diakonische und auch die gesellschaftspolitische Verantwortung der Kirche mit einbegriffen ist. Es gibt viele Erwartungen, was ein Pfarrer sagen soll (oder auch darf):

Da gibt es Menschen (nicht nur ältere), die erwarten das, was vertraut ist, was man kennt, was den eigenen Vorstellungen entspricht, die eigenen

Werte und Lebensauffassungen stabilisiert. Da gibt es andere (nicht nur jüngere), die erwarten etwas, das manches in Frage stellt, Aufbrüche schafft, neue Perspektiven auftut, Vertrautes auf den Kopf stellt – was aber manchmal nicht weniger von dem bestimmt ist, was man für sich selbst als richtig erkannt hat und deshalb gerne hört.

Beide Richtungen, die ich hier einmal holzschnittartig gezeichnet habe, haben ja irgendwo ihre Berechtigung; aber für alle muss klar sein: Sie als Pfarrer sind dem Wort Gottes verpflichtet. Sie sind nicht Sprecher der einen oder anderen Richtung, auch nicht Pressesprecher des Kirchenvorstands oder der Gemeinde, sondern durch Sie will und soll Gott zur Sprache kommen; Sie sind Sprachrohr Gottes. Das ist nicht der goldene Mittelweg; nein, das gerade nicht. Das kann auch bedeuten, dass Sie sich als Prediger in der einen oder anderen Frage exponieren, vielleicht exponieren müssen. Wir können uns die Zeitumstände nicht aussuchen, in die hinein wir zu sprechen haben – auch nicht die derzeitigen Umstände. Wer sich auf das Wort Gottes einlässt, setzt sich selbst in bestimmter Weise aufs Spiel – aber er ist zugleich getragen von diesem Wort, das ihm anvertraut und aufgetragen ist.

b. Das hat zur Voraussetzung, dass Sie selbst Hörer dieses Wortes sind. In dieser Beziehung sind Sie nicht von anderen Gemeindegliedern unterschieden. Natürlich haben Sie eine gründliche theologische Ausbildung, Einblicke in unterschiedliche kirchliche Situationen, Erfahrungen mit unterschiedlichen Strömungen. Aber wenn Sie einen Predigttext lesen, wissen Sie nicht gleich, was Sie darüber predigen werden. Dieser Text muss erst zu Ihnen sprechen, von Ihnen gehört werden und in Ihnen zum Klingen kommen.

Wenn Sie in eine seelsorgerliche Situation kommen, wissen Sie nicht schon vorher, was Sie sagen, wie Sie sich verhalten werden. Die Situation muss erst zu Ihnen sprechen – und Sie müssen dann aus Ihrem Glauben und Ihrer pastoralen Verantwortung auf diese Situation eingehen.

Sie sind Hörer, und es wird wichtig sein, sich Zeit zum Hören zu nehmen.

4. Sie kommen mit allem, was Sie mitbringen, hoffen, spannungsvoll erwarten in eine Gemeinde, die ihrerseits etwas mitbringt und zugleich Hoffnungen und Erwartungen hat. Sie haben die Chance, das Ihnen übertragene Amt an dieser Stelle mit Ihren Fähigkeiten und Begabungen, Ihren Kompetenzen und Ihrer Persönlichkeit auszufüllen. Sie werden nicht alles ausfüllen oder erfüllen können. Es wird immer etwas übrig bleiben, was noch getan werden könnte. Aber Sie müssen auch nicht alles können oder voll-

bringen. Gott selbst, der in seinem Wort und der darin gegründeten Liebe wirkt, wird mit Ihnen sein und zum Ziel kommen, wann immer er will.

Gehen Sie Ihren Weg hier, auf dieser Pfarrstelle, in dieser Gemeinde, gemeinsam mit dem Kirchenvorstand, den Kolleginnen und Kollegen im Dekanat, den Mitarbeiterinnen und Mitarbeitern und den vielen Menschen hier. Gehen Sie ihn auch im geschwisterlichen Kontakt mit den anderen Kirchen am Ort und im Gespräch mit denen, die zu keiner Kirche gehören.

Sie werden auf diesem Weg nicht allein sein. Gott wird durch sein Wort mit Ihnen sein.

Amen.

Theorie des Amtes

Zum Beispiel: Skifahrer

Christel Gottwals

„Nanu, wenn du um diese Zeit anrufst, dann ist irgendwas im Argen."

„Tut mir leid, Jochen, aber jetzt ist erst die Kirchenvorstandssitzung zu Ende - und ich bin völlig am Boden zerstört. Ich muss einfach mit jemandem reden. Und du bist mein bester Freund..."

„Ist ja schon gut. Was war denn los?"

„Also, ich habe mir das alles ganz anders vorgestellt. Ich habe mich so gefreut auf meine erste Stelle, - habe gedacht, die Gemeinde freut sich auch, dass wieder ein Pfarrer kommt. Du weißt ja, ich habe diese lange Ausbildung mit guten Noten abgeschlossen. Natürlich muss ich in einigen Dingen noch Erfahrungen machen. Und trotzdem bin ich im Vikariat schon recht gut gewesen im Predigen und Ansprachen halten. Ich kann auch ganz gut organisieren und mein Zeitmanagement hat sich immer mehr verbessert. Ich bemühe mich sehr, auch ein guter Seelsorger zu sein, den Menschen wirklich zuzuhören und wach zu sein für das, was ist. Ich kann und will Verantwortung übernehmen und habe mich wirklich schon lange darauf gefreut, Pfarrer zu sein. Außerdem, du weißt, es war nicht leicht, Frederike davon zu überzeugen, das alles mit zu tragen und als Frau des Pfarrers in einer Gemeinde mit mir zu leben."

„Das weiß ich doch alles, Jürgen. Das musst du mir doch hier nicht alles aufzählen. Was war denn nun los in der Sitzung? Hast du nichts davon zeigen können, wer du bist?"

„Nicht wirklich. Irgendwie ist von Anfang an alles in eine falsche Spur gelaufen. Der Propst hat die Kirchenvorsteherinnen und Kirchenvorsteher ermutigt, mich alles zu fragen, was ihnen wichtig ist. Dann haben sie losgelegt. Ob ich den Chor weiterführen könnte, den der Vorgänger ins Leben gerufen hat. Vierstimmige Sätze singen sie da. Und du weißt ja, dass ich froh bin, wenn ich eine einzige Stimme singen und einüben kann. Ausgerechnet das mussten sie zuerst fragen."

„Konntest du nicht erzählen, dass du ganz ordentlich Gitarre spielen kannst? Das ist doch auch was…“

„Hab ich schon erwähnt, aber sie haben es nicht weiter gewürdigt. Sie haben unbarmherzig weitergefragt und immerzu nach etwas, was ich nicht gut kann oder mir fremd ist.
Eine größere Baumaßnahme betreuen, jährlich zum Kirchweihfest ein Laienspiel mit Erwachsenen einüben, - und im Nachtgottesdienst am Heiligen Abend müsse auf alle Fälle eine besondere musikalische Darbietung stattfinden. Der Vorgänger hätte Cello gespielt und immer seinen kleinen Cellokreis motiviert, dort zu spielen. Dieser Vorgänger wurde ständig erwähnt und als Vorbild und Richtschnur hingestellt. Herr Engelhard tat dies und machte das.
Seine Frau war eine gute Pfarrfrau. Vorbildlich hat sie den Pfarrgarten bestellt und gepflegt…
Lieber Himmel Jochen, du kannst dir vorstellen, dass Frederike immer einsilbiger geworden ist. Sie hat bisher in der Großstadt gelebt. Gartenarbeit ist ihr fremd. Vielleicht mögen wir das irgendwann, aber das wissen wir doch jetzt noch nicht.“

„Ja, Mensch, muss man denn bei euch in allem sofort Profi sein? Wenn ihr keine Gartenarbeit hinkriegt, dann findet ihr doch sicher jemanden, der euch dabei hilft.“

„Dachte ich auch. Aber offenbar gehört das hier zum guten Pfarrerbild, dass man das selbst macht. Alles soll man können, alles soll einem gleich gelingen, selbst wenn es kaum etwas oder gar nichts mit dem Beruf zu tun hat. - Stell dir vor, sie haben sogar gefragt, warum wir nur verlobt und noch nicht verheiratet sind. Frederike hat das gut erklärt, dass wir nämlich in der Ausbildung noch nicht so viel Geld für eine Feier hatten…“

„Lass dir doch nicht so viel Angst machen, Jürgen. Die Menschen dort brauchen einfach ein wenig Zeit, bis sie merken, wer du bist und dass du ein guter Pfarrer sein kannst. Mensch, du hast viel im Kopf und bist auch so schnell nicht klein zu kriegen.
Irgendwann werden sie merken, dass du zwar nicht Herr Engelhard bist, dass du eben auf deine Art ein guter Pfarrer bist.“

„Ja, die haben mir wirklich Angst gemacht heute Abend.

Einer war besonders skeptisch. Ich wusste nach wenigen Minuten, dass ich bei dem nicht ankomme...“

„Das musst du ja auch nicht. Dafür kommst du bei anderen an. Und irgendwann schätzt er dich vielleicht auch. Ankommen bei andern, das ist sowieso so eine Sache... Muss man denn ständig überall ankommen?
Du, ich bin müde. Lass uns morgen weiterreden.“

„Okay, Jochen, ich danke dir, dass du zugehört hast.“

„Warte mal Jürgen, mir fällt da noch etwas ein, was ich dir kurz erzählen kann. Vielleicht passt es gar nicht ganz richtig...“

„Erzähl schon, was ist dir eingefallen?“

„Du weißt doch, dass ich vor kurzer Zeit im Skiurlaub war. Dort ist mir etwas aufgefallen.
Da gab es einige Profis. Die konnten alle Fahrstile perfekt. Sie hatten Spitzenausrüstungen und sind gefahren, dass man neidisch werden konnte. Aber weißt du, die Anfänger, die zum ersten Mal auf den Brettern standen und irgendwie den Berg hinunter gekommen sind, die komische Figuren gemacht haben, ordentlich ins Schwitzen kamen und oft genug lachend im Schnee gelandet sind - die waren so viel fröhlicher. Die hatten einen Spaß bei der Sache, dass es einfach schön war, mit ihnen zu tun zu haben. Ich war gerne in ihrer Gesellschaft. Und abends am Kamin haben wir viel gelacht, haben uns einfach am Leben gefreut...
Ich dachte ja nur, weil...“

„Verstehe schon. - Danke, - und gute Nacht.“

„Gute Nacht Jürgen.“

Der Pfarrberuf im Umbruch

Konturen einer erneuerten Theorie des Amtes

PETER SCHERLE

Zum Pfarrberuf gehört heute, dass ein Fünftel bis ein Drittel der Pfarrerinnen und Pfarrer nicht in Ortsgemeinden, sondern in Einrichtungen (wie Schulen, Gefängnisse, Bundeswehr), Verwaltungen oder in funktionalen Diensten und Ämtern tätig sind. Diese Entwicklung verdankt sich dem Versuch, neben den parochialen und den ‚Anstalts'-Pfarrämtern die *kirchliche Präsenz in einer funktional differenzierten Gesellschaft* zu sichern, um die christliche Weltverantwortung wahrnehmen zu können. Vor allem in Folge der missionstheologischen Wende in der ökumenischen Bewegung, ausgehend vom Konzept der ‚missio Dei' (vgl. Margull 1965 und Hoekendijk 1965) und der Entdeckung der Laien als ‚Kirche in der Welt', sowie der Vision einer ‚konziliaren Gemeinschaft' wurde das *Bild der „Kirche in der Region"* (Daiber/ Simpfendörfer 1970) leitend für die Kirchenreform-Bemühungen seit den 1960er Jahren. Noch die gegenwärtigen Modelle der Regionalisierung in den EKD-Landeskirchen verdanken sich inhaltlich diesem Impuls (vgl. Themenheft „Regionalisierung", PTh 2003). Die Konsequenz allerdings, mit der sie inzwischen verfolgt werden, entstammt wesentlich der seit den 1990er Jahren aufkeimenden Sorge um die Zukunft der kirchlichen Finanzen.

Die Vervielfältigung nicht-parochialer Pfarrämter, neue Versuche mit Team-Pfarrämtern, Teilzeit-Modelle, Pfarrerinnen und Pfarrer im Ehrenamt sowie die Stärkung der Ehrenamtlichen haben in der Folge *den Pfarrberuf und sein Umfeld verändert*. Der missionstheologische, gesellschaftsreformerische und ökumenisch-visionäre Hintergrund ist inzwischen verblasst, wobei jedoch in jüngster Zeit ein aus der US-amerikanischen Gemeindewachstumsbewegung kommendes problematisches Missionsverständnis diesen Hintergrund auszufüllen beginnt (vgl. Das Evangelium unter die Leute bringen 2001). Die Aufmerksamkeit richtet sich allerdings inzwischen mehr auf die Reform kirchlicher Strukturen und die durchaus spannungsreiche Beziehung zwischen parochialen und nicht-parochialen Pfarrämtern, zwischen dem Pfarrberuf und anderen kirchlichen Berufen, den Geistlichen und den Laien.

Welche Folgen diese Entwicklung für den Pfarrberuf hat ist keineswegs ausgemacht. Es ist sicher zugespitzt, von einer „Fluchtbewegung“ (Lindner 2000, 88) aus der Gemeinde zu sprechen. Verdichtet hat sich jedoch der Eindruck, dass der Wechsel in nicht-parochiale Pfarrämter bzw. Funktionsstellen inzwischen von manchen als Karrieresprung gesehen wird. Umgekehrt wird angesichts notwendiger struktureller Sparmaßnahmen die Frage laut, ob die vielen nicht-parochialen Tätigkeiten für die Kirche wirklich „wesentlich“ sind. Die Frage spitzt sich zu angesichts der Möglichkeit großflächiger Vakanzen im zweiten Jahrzehnt des 21. Jahrhunderts aufgrund der durch Neueinstellungen nur schwer auszugleichenden Pensionierungswelle. Daran schließen sich weitere Fragen an. Ist diese Vervielfältigung der Tätigkeiten von Pfarrerinnen und Pfarrern nicht eine Form der Klerikalisierung? Welche Rolle spielen in Zukunft andere Berufe wie Gemeindepädagogen, Diakonissen, Ökonomen oder Soziologinnen? Kann sich die Kirche überhaupt diese Professionalisierung leisten oder müsste sie nicht das Ehrenamt stärken?

Nachdenken über den Pfarrberuf

Bemerkenswert beim gegenwärtigen Nachdenken über den Pfarrberuf ist, wie sehr zwei Denklinien aneinander vorbeilaufen, die sich in ganz unterschiedlicher Art und Weise auf die eben nur angedeutete Situation beziehen.

Die eine Denklinie scheint – weitgehend unberührt von der Vervielfältigung pfarramtlicher Sozialformen oder in deutlicher Kritik an deren Existenz (z.B. Karle 2001) – *das parochiale Gemeindepfarramt als normativ anzunehmen.* Dafür werden sowohl pastoraltheologische als auch pastoralsoziologische Argumente angeführt. Unter der Hand wird dabei einerseits ein normativer Begriff von ‚Gemeinde‘ vorausgesetzt, wie sich in der Rede von den gemeindlichen und den übergemeindlichen Pfarrstellen (vgl. Möller 1992) erkennen lässt. Andererseits kann die Bestimmung von Kernkompetenzen, etwa über soziologische Professionstheorien, vor allem in der landeskirchlichen Rezeption (z.B. Das Amt des Pfarrers und der Pfarrerin in der modernen Gesellschaft 2001) wie eine rückwärtsgewandte Legitimierung der Aufgabenbestimmung pastoraler Grundversorgung wirken.

Die andere Denklinie scheint – unter Berufung auf sozialwissenschaftliche Theorien, aber unter Ausblendung von Erkenntnissen aus den kirchlichen Mitgliederbefragungen 1972 bis 2002 – *das parochiale Pfarramt nicht mehr für leistungsfähig zu halten.* Hier wird eine Sicht der ‚Gemeinde' normativ, die diese außerhalb der Gesellschaft ansiedelt und den Gesellschaftsbezug deshalb erst noch herstellen zu müssen meint.

> Dabei wird eine Traditionslinie erkennbar: vom Konzept der Laien als „Kirche in der Welt" (in den 1950er und 1960er Jahren) über Ernst Langes Bezeichnung der Ortsgemeinde als „Ensemble der Opfer" im Gegensatz zu den gesellschaftlich gestaltenden Kräften (Lange 1972) bis hin zu der seit den 1990er Jahren an Popularität gewinnenden Rezeption von Milieutheorien (vgl. Vögele u.a. 2002) und der These von der durch Milieuverengung verursachten Randständigkeit gemeindlicher Arbeit.

Das zur Leistungsfähigkeit der Kirche in der Moderne notwendige ‚Profil' soll über entsprechende Funktionsstellen und gesamtkirchliche Zentren, über Kirchenläden und milieuspezifische Angebote geschaffen werden.

Problematisch sind beide Ansätze aus mehreren Gründen. Die soziale Wirklichkeit des Pfarramtes in seinen vielfältigen Tätigkeitsfeldern wird jeweils nur ausschnitthaft wahrgenommen und deshalb der Pfarrberuf, je nach Option, verkürzt. Gleichzeitig verbinden sich in den Optionen normativ-einseitige Verständnisse von Gemeinde bzw. Kirche mit den entsprechenden Sichtweisen von Gesellschaft. Was beide Denklinien jedenfalls nicht bieten, ist eine Theorie des Pfarramts, die die Gesamtheit pfarramtlicher Sozialgestalten wahr- und ernst nimmt und theologisch auf einen gemeinsamen Grund hin reflektiert.

Was also macht eine Tätigkeit in der Schule, im Zentrum Ökumene usw. zum Pfarramt? Wodurch ist die Tätigkeit in der Parochialgemeinde als Pfarramt qualifiziert? Vor allem: Was verbindet solche nicht-parochialen mit den parochialen Pfarrämtern? Und schließlich: Lässt sich eine einheitliche Theorie des Amtes skizzieren, die nicht nur die Vielfalt der Formen des Pfarramts wahrnimmt und theologisch reflektiert, sondern dabei auch andere Sozialgestalten des Amtes (z.B. andere kirchliche Berufe) mit einbezieht?

Bevor diese Aufgabe angegangen werden kann, sind allerdings zwei Klärungen notwendig, um scheinbare Gewissheiten über das Pfarramt aufzubrechen. Es geht einerseits um die Annahme, das Pfarramt sei notwendig auf die ‚Gemeinde' bezogen und andererseits um die Gewohnheit, den Begriff ‚Laien' vom Amt her zu definieren.

Das Pfarramt, die Gemeinde und die Laien – Notwendige Klärungen

Pfarramt und ,Gemeinde'

Das Pfarramt durch seine Bezogenheit auf die Gemeinde qualifiziert zu sehen und dabei die territorial definierte Parochialgemeinde vor Augen zu haben, scheint auf den ersten Blick nahe liegend. In der Rede von den gemeindlichen und übergemeindlichen Pfarrämtern zeigt sich diese Macht der Gewohnheit ebenso wie in der rechtsförmig abgesicherten Macht parochialer Pfarrerinnen und Pfarrer in kirchlichen Synoden. Nicht-parochiale Pfarrerinnen und Pfarrer in anderen kirchlichen Diensten, Werken und Verbänden beklagen diese Machtverhältnisse seit langem (vgl. Reuter 1996).

Rücken wir von dieser Gewohnheit einmal ab, zeigt sich Bedarf an Klärung. So ist es offensichtlich genauer, *nicht vom ,Gemeinde'-Pfarramt zu sprechen sondern vom ,Parochial'-Pfarramt*, damit der Begriff der Gemeinde nicht vorschnell und – historisch und theologisch betrachtet – kurzschlüssig mit der Sozialgestalt der Parochie identifiziert wird (vgl. Holtz 1967, 39ff.; Pohl-Patalong, 2003a und 2003b). Im Blick auf die Geschichte des parochialen Pfarramtes würde damit auch die gewohnheitsmäßige Identifikation mit den Arbeitsfeldern, die auf das seit dem 19. Jh. entwickelte Gemeindehaus bezogen sind, hinterfragbar (vgl. Roosen 1997a). Zumindest lässt sich erkennen, dass die Pflege vereinskirchlichen Lebens ebenso wenig wie die ,gemeindliche' Verwaltung (im Unterschied zu Verwaltungstätigkeiten, die im Zusammenhang gottesdienstlichen und seelsorgerlichen Handelns stehen, wie z.B. Kirchenbuchführung) oder der ,Gemeinde'-Aufbau notwendig und unter allen Umständen zur Aufgabe von Pfarrerinnen und Pfarrern gehören muss. Vielmehr sind dies in der Folge von Kirchenreformen seit der Mitte des 19. Jahrhunderts dem parochialen Pfarramt zugewachsene Aufgaben, die allerdings mit einem so hohen Maß an Selbstverständlichkeit und Verinnerlichung ausgestattet sind, dass sie nur schwer in Frage zu stellen sind. Das mag die Vehemenz erklären, mit der ein Plädoyer für die Ortspfarrerin, den Ortspfarrer den Gemeinde-Begriff grundsätzlich in Frage stellt. Beabsichtigt ist dabei eine Abgrenzung zu vereinskirchlicher und kerngemeindlicher Einengung des kirchlichen Lebens, wie sie im Begriff der Gemeindepfarrerin, des Gemeindepfarrers durchscheint. Allerdings ersetzt die Provokation „Der Begriff der Gemeinde vernebelt das Gehirn und vergiftet die Seele" (Hartmann 1996, 13) noch nicht eine Re-Vision dieses Begriffs im Blick auf die heutige kirchliche Situation.

Entscheidend für einen solchen Versuch ist zum einen, die *polemische Funktion des Gemeinde-Begriffs in der reformatorischen Tradition* zu erkennen (vgl. Möller 1984). Diese Polemik reicht von Luther (der das neutestamentliche „ekklesia" in Abgrenzung zur „Kirche" seiner Zeit vorzugsweise als „versammelte Gemeinde" verstand), über den Pietismus und den darauf bezogenen Bewegungen für Gemeindeaufbau und Gemeindewachstum (um die „wahrhaftige Gemeinde" in der veräußerlichten „Kirche" zu erneuern, zu bauen oder wachsen zu lassen), die Kirchenreform-Bewegung am Ausgang des 19. Jahrhunderts (mit ihrer Suche nach „überschaubaren" und „lebendigen Gemeinden" in der Zeit der Industrialisierung), bis hin zur Bekennenden Kirche (in der die „Gemeinde unter dem Wort" sich im Widerstand gegen eine völkisch organisierte Reichskirche sah). Auf dieser Linie bewegt sich auch eine Polemik, die in den gegenwärtigen Strukturreformen mit ihrer Stärkung regionaler und gesamtkirchlicher Strukturen den Vorrang der ‚Gemeinde' behauptet und diese mit der parochialen ‚Kirchengemeinde' identifiziert.

Zum anderen hat der Gemeinde-Begriff in der reformatorischen Tradition eine *kritisch-konstruktive Funktion, indem in ihm Christus-Bezug und Sozialgestalt zusammengehalten werden.* „Gemeinde ist die in Christus berufene Versammlung, in der Gottes Wort lauter verkündigt wird und die Sakramente recht verwaltet werden. Wo dies geschieht, steht die Verheißung in Kraft, dass Jesus Christus selbst gegenwärtig ist, durch den Heiligen Geist Glauben wirkt und Menschen in seinen Dienst stellt" (Art. 1 Abs. 1 KO der EKHN). Als (empirische) Versammlung der Gläubigen, in der die (geglaubte) Christus-Gemeinschaft konkret wird, ist ihr die rechtliche Verfasstheit als Organisation keineswegs äußerlich. Diese Differenzierung ist auch im Kirchen-Begriff fruchtbar zu machen (vgl. Scherle 2002). Werden die drei Ebenen der Christus-Gemeinschaft (communio sanctorum), der Versammlung, in der das Evangelium kommuniziert wird (congregatio fidelium) und der Organisation (ecclesia particularis) unterschieden, dann lässt sich die doppelte Funktion des Gemeinde-Begriffs erschließen. Indem er die beiden Ebenen der Gemeinschaft und der Versammlung umfasst, kann er sowohl polemisch als auch kritisch-konstruktiv auf jede Organisationsgestalt von Kirche bezogen werden.

Deshalb kann ‚Gemeinde' nicht ausschließlich mit einer bestimmten Organisationsform (wie der Parochie), bestimmten Handlungsvollzügen (wie dem Gottesdienst) oder einer bestimmten organisatorischen Ebene der Kirche (wie der Region) identifiziert werden. *‚Gemeinde' kann vielmehr in unter-*

schiedlichsten kirchlichen Verhältnissen, Handlungsfeldern und christlichen Lebensformen wahrgenommen werden. Diese sind umgekehrt kritisch zu befragen, inwiefern sie als ‚Gemeinde', als „irdisch-geschichtliche Existenzform Jesu Christi" (Karl Barth) identifizierbar sind.

Nur wenn es gelingt, den Begriff der ‚Gemeinde' aus der parochialen Engführung zu befreien, lässt sich sein Verhältnis zum ‚Pfarramt' klären. Die Begriffe ‚Gemeinde' (als in Christus berufene „Versammlung") und ‚Predigtamt' (als von Gott gegebenes „Mittel" zur Kommunikation des Evangeliums, im Sinne von CA V) bezeichnen den Zusammenhang von Christus-Gemeinschaft (der gerechtfertigten Sünder, im Sinne von CA IV) und konkreter Versammlung (um Wort und Sakrament, im Sinne von CA VII). Die Begriffe ‚Kirchengemeinde' und ‚Pfarramt' bezeichnen im Unterschied dazu den Zusammenhang der so qualifizierten ‚Gemeinde' und des ‚Predigtamtes' mit bestimmten (im Sinne von CA XIV und XXVIII menschlich gestalteten) Organisationsformen. Eine Theorie des Amtes muss diese doppelten Zusammenhänge zum Ausdruck bringen und die kirchenrechtlichen Regelungen darauf befragen, ob die darin liegenden Spannungen zum Ausdruck gebracht werden.

Pfarramt und ‚Laien'

Es gehört zu den Selbstverständlichkeiten der gegenwärtigen Diskussion um das Ehrenamt in der Kirche, dieses durch das ‚Priestertum aller Gläubigen' zu begründen. Abgesehen von der Frage, ob es nicht präziser und hilfreicher wäre, vom ‚Priestertum aller Getauften' zu sprechen (Martin Luther: „ … aus der Taufe kriechen Priester, Bischof und Papst …"), gerät dabei die Rede vom allgemeinen Priestertum in den Sog der Amtsdiskussion. Die *reformatorische Bedeutung des Priesterbegriffes* geht dadurch verloren. Stand dort die – keiner priesterlichen Vermittlung bedürfende – Gottunmittelbarkeit aller Christen und eine daraus resultierende Verantwortung für die Gestaltung des christlichen Lebens in Familie, Beruf und (christlicher) Gesellschaft im Vordergrund (vgl. Barth 1990), so erscheint nunmehr die Taufe als eine Art Beauftragung zum ehrenamtlichen Engagement in der Kirche, vorzugsweise in der Parochialgemeinde. Das wird im gegenwärtigen gesellschaftlichen und kirchlichen Klima noch verschärft durch die Tendenz, berufliche Tätigkeit durch ehrenamtliches, bürgerschaftliches Engagement zu ergänzen oder gar zu ersetzen.

Das ist in zweifacher Weise schwerwiegend. Zum einen bedeutet es eine *ekklesiale Verengung*, die dem christlichen Leben keinen Eigenwert neben dem kirchlich organisierten Christentum einräumt. Aus dieser Perspektive erscheinen dann all jene, die sich nicht kerngemeindlich einbringen, als ‚Distanzierte', wie umgekehrt die kerngemeindlich geprägte Parochie als Ort außerhalb der Gesellschaft gesehen wird. Zum anderen *wird das kirchliche Amt dadurch zur Norm bzw. zum Bezugspunkt christlichen Lebens.* Laien sind demnach alle, die kein Amt innehaben, das Gottesvolk wird im Gegenüber zum Klerus definiert. Das alltägliche Christsein, das Priestertum der Getauften, erscheint als defizitär. Die Kirche wird klerikalisiert.

Nur wenn es gelingt, *den reformatorischen Priesterbegriff aus der ekklesialen Verengung und Klerikalisierung zu befreien*, kann der Amtsbegriff seine Leistungsfähigkeit für den Protestantismus wieder gewinnen. Dann lässt sich die konkrete Sozialgestalt etwa des Pfarramtes als der kirchlichen Organisation zugehörig verstehen, deren Leistungsfähigkeit sich daran erweist, ob sie Menschen hilft, Christen zu werden und zu bleiben. Eine Theorie des Amtes muss diesen doppelten Bezug, auf die Kirche und die christliche Lebenspraxis, wahrnehmen.

Transformation der Sozialformen des Pfarramts

Neben der Infragestellung der unmittelbaren Verbindung von Pfarramt und Gemeinde sowie der Befreiung des reformatorischen Priesterbegriffs aus ekklesialer Verengung und Klerikalisierung ist es *notwendig, zwischen unterschiedlichen Sozialformen des Christlichen in der Moderne zu unterscheiden.* Das kann im Rückgriff auf Ernst Troeltsch geschehen, der schon zu Beginn des 20. Jahrhunderts die *Sozialformen der Anstalt, des Vereins und der individuellen Frömmigkeit* wahrnehmen konnte (Troeltsch 1912). Die zugrunde liegende Typologie ‚Kirche – Sekte – Mystik' geht von eigenständigen und evangeliumsgemäßen Sozialformen des Christlichen aus. „In Wahrheit sind die Sekten und die Mystik Lebensformen der christlichen Idee neben der kirchlichen Lebensform, die ihre eigene Bedeutung und ihre selbständige Anknüpfung an das Evangelium und das Urchristentum haben." (zitiert nach: Fechtner 1995, 80) Damit hat er lange vor einer intensiven Diskussion dieser Aspekte die Fraglichkeit der Institutionalität der Kirchen (vgl. Scherle 1998), deren Transformation zu (vereinsförmigen) Organisationen und das Entstehen einer individualisierten Frömmigkeit bzw. Religiosität thematisiert. In ähnlicher Weise kann von einer *Transformation des Pfarramts* gesprochen werden.

Fraglichkeit der Institutionalität des Pfarramtes
Das Pfarramt wird *in seiner Institutionalität und gesellschaftlichen Bedeutung fraglich*. Der Verlust ehemals obrigkeitlicher bzw. hoheitlicher Aufgaben wie z.B. der Schulaufsicht oder die Beschränkung direkten gesellschaftlichen Einflusses z.B. durch Maßnahmen der Kirchenzucht werden als schmerzlich erfahren. Der Gewinn an gesellschaftlicher Würdigung der seelsorgerlichen Rolle scheint für viele diesen Verlust nicht aufzuwiegen. Zumindest aber ist eine Verunsicherung erkennbar, die sich in immer neuen *Vergewisserungsversuchen* Ausdruck verschafft, deren „Hochkonjunktur" (Grethlein 2000, 372) wir in den letzten Jahren beobachten konnten. Der Grundton scheint dabei in dem Satz zu liegen, dass das Amt nicht mehr die Person trage, sondern dass die Person das Amt tragen müsse. Nicht mehr die Institutionalität (das „Amt") sondern die Subjektivität (die „Person") wurde zum wesentlichen Bezugspunkt der Vergewisserung (vgl. Lämmermann 1991; Klessmann 2001, Drehsen 1998). Angesichts der gesellschaftlichen Individualisierungs- und Pluralisierungsprozesse, an denen auch Pfarrerinnen und Pfarrer teilhaben, gibt es eine Gegenbewegung. Sie versucht die Fraglichkeit des Pfarrberufs auf zwei Wegen zu bearbeiten: zum einen pastoralsoziologisch über Berufstheorien (vgl. Dahm 1974), heute vorwiegend über den Begriff der Profession, der eine Konservierung institutionell-rechtlicher Ausgestaltung des ‚Amtes' zu begründen scheint (Krech 1997, 1998 und 2000; Karle 1999 und 2001), – zum anderen kirchenpraktisch über so genannte „Leitbilder" (vgl. Weber 2002), die allerdings eigenartig kontextlos wirken, weil sie wenig geschichtsbewusst und vorrangig am parochialen Gemeindepfarramt orientiert sind (vgl. Themenheft PTh 89, 2000).

So hilfreich und orientierend all diese Versuche für Pfarrerinnen und Pfarrer im Einzelnen sein mögen, so wenig vermögen sie doch die grundlegende Fraglichkeit des Pfarrberufs zu beseitigen. Angesichts der externen (gesellschaftlichen) und internen (kirchlichen) De-Institutionalisierung reicht es in der Kirche – die sich zugleich als göttlich ‚gestiftet' und menschlich ‚gestaltet' versteht – nicht, das ‚Amt' über die Person, die berufliche Rolle oder organisatorische Leitbilder zu konstruieren. Andererseits erscheint eine Vorgegebenheit des ‚Amtes', die sich theologisch – jenseits der Alternative von Stiftungs- und Übertragungstheorie (vgl. den Beitrag von Helmut Peters in diesem Band) – als ‚Dienst' am selbstwirksamen Evangelium (vgl. Goertz 1997, 182f.) beschreiben lässt, noch keineswegs hinreichend. Immerhin kann damit aber die *Notwendigkeit einer Theorie des Amtes* – im Sinne einer „realistischen Theologie“ (Dalferth 1986) – benannt werden, in der die notwendigen Reflexionen über Person, Rolle und Leitbild der Pfarrerin/des Pfarrers mit den ebenso notwendigen amtstheologischen Reflexionen zusammengeführt werden. Die Konturen eine solchen Theorie sollen am Ende dieses Beitrags angedeutet werden.

Organisationsförmigkeit des Pfarramts

Die gewachsene Organisationsförmigkeit des Pfarramts ist in zweierlei Hinsicht bedeutsam. Zum einen tritt neben das Pfarramt als „Lebensform“ die Berufsförmigkeit (vgl. Lukatis 2000), die der zunehmenden Selbstbeschreibung der Kirche als Organisation – deutlich erkennbar in den EKD-Mitgliedschaftsbefragungen seit 1972 oder landeskirchlichen Selbstvergewisserungen (vgl. Auftrag und Gestalt 1995) – und einer damit verbundenen wachsenden Organisationsförmigkeit entspricht (vgl. Lukatis 2000; Grethlein 2001 und in diesem Band den Beitrag von Plagentz). Zum anderen wird das Gemeindehaus als Ort vereinsförmig organisierten Christentums zum zweiten Fokus pfarramtlicher Tätigkeit neben der Kirche (vgl. Roosen 1997b und dazu Pohl-Patalong 2003b). In beiden Fällen entstehen neue Sozialformen des Pfarramts.

Die *wachsende Berufsförmigkeit* lässt sich in vielerlei Hinsicht beobachten und an der Rolle des Pfarrhauses fokussieren. Die Vervielfältigung von Sozialformen des Pfarramts durch nicht-parochiale Tätigkeiten (über die strukturanalog konzipierten ‚Anstalts'-Pfarrämter hinaus) und die Schaffung von Teilzeit-Stellen, die zu deutlichen Abgrenzungen der Arbeitszeit zwingen, haben zwei nachhaltige Veränderungen mit sich gebracht. Der *Zusammenhang von Pfarramt und Pfarrhaus löst sich auf* und – durch Einbindung in die Rhythmen der Arbeitswelt – *Arbeits- und Freizeit werden unterschieden bzw. unterscheidbar.* In der Konsequenz – die Auseinandersetzungen um die praktischen Folgen sind gegenwärtig von großer Intensität – lässt sich das Pfarrhaus aus zwei Perspektiven betrachten. Vor allem von der ‚Gemeinde', aber bei Bedarf auch von Kirchenleitung bzw. -verwaltung und von Pfarrerinnen und Pfarrern, wird das Pfarrhaus weiterhin als zur Lebensform gehörig betrachtet. Dann sind Residenzpflicht und Ansprechbarkeit, aber auch Bauunterhaltung (einschließlich Renovierung) usw. selbstverständlich. Im Sinne der Berufsförmigkeit – und darauf berufen sich außer der ‚Gemeinde' die anderen Beteiligten bei Bedarf immer öfter – wird das Pfarrhaus einer ‚Dienstwohnung' vergleichbar. Dann sind Privatheit und Freizeit abgrenzbar, aber auch eine finanzielle Inanspruchnahme für das Pfarrhaus die Folge.

Dass die Beteiligten jeweils das eine oder das andere betonen können und wollen stört die Kommunikation nachhaltig.

Die daraus entstehenden Spannungen wären allerdings nur um den Preis der Option für eine gesellschaftlich rückwärts gewandte Lebensform oder der Option für eine völlige Berufsförmigkeit im Sinne der Organisationsentwicklung aufzulösen. Solche klaren Lösungen haben den Nachteil, dass sie einem einheitlichen Verständnis von Kirche unangemessen sind und die *doppelte Verpflichtung* von Pfarrerinnen und Pfarrern übersehen. Diese gilt für Kirchenvorstände mit der Aufgabe der geistlichen Leitung ebenso wie für Pfarrerinnen und Pfarrer. Für letztere ist diese doppelte Verpflichtung erkennbar im *gottesdienstlichen Geschehen der Ordination* einerseits und in der *Begründung einer dienstrechtlichen Beziehung zur Organisation* (die selbst noch einmal in die zwei Rechtsakte zerfällt: die Begründung des ‚Dienstverhältnisses' durch die ‚Ernennung' und den ‚Dienstauftrag' durch Übertragung einer Planstelle) andererseits. In der Ordination erfolgt die Verpflichtung auf die jeweiligen (auf die Bibel verweisenden) Bekenntnisgrundlagen und – wie die entsprechenden Ausführungen in Kirchenordnungen dazu zeigen – im Kern auf die öffentliche Wahrnehmung von Wortverkündigung und Sakramentsverwaltung (nach CA VII), also der „Kommunikation des Evangeliums" (Ernst Lange) in den Grund-Handlungsfeldern Gottesdienst, Kasualien, Seelsorge und Bildung. In der dienstrechtlichen Beziehung zur Organisation erfolgt eine Verpflichtung auf die organisationsförmigen Regeln einer konkreten Kirche, die eine bestimmte Gestalt des Pfarramtes (im Sinne des „rite vocatus" nach CA XIV) beschreiben und damit eine bestimmte Form der Beziehung zur Organisation wie auch zu ihren Mitgliedern bzw. den ‚Klienten' ihres Handelns.

Diese doppelte Verpflichtung gerät durch die neuere Debatte um die Professionalität des Pfarramts deutlicher in den Blick. Die ältere Organisationssoziologie wollte daraus resultierende Konflikte in der Praxis durch die Unterscheidung eines formalen und eines informellen Sektors der Organisation verstehen (Krech 1997, 51). Dem entsprach eine Begründung im Raum der Kirche, die diese doppelte Verpflichtung ebenfalls unsichtbar machte, nämlich die Unterscheidung zwischen rechtlicher Bindung und seelsorgerlicher Freiheit. Im Lichte der neueren Organisations- und Professionssoziologie lässt sich dagegen erkennen, *dass die Spannung zwischen rechtlich wirksamer Bekenntnis-Bindung und Organisations-Verpflichtung zur Struktur kirchlicher Ämter gehört* – um nicht zu sagen: gehören muss.

Für die Kirche hat das zur Folge, dass sie ihren Geistlichen die Aufgabe zugesteht, die Gott-Offenheit, auf welche Bekenntnis- und Schriftbindung abzielen, um der Organisation willen auch gegen die Organisation anzumahnen. Die Bekenntnis-Bindung der Pfarrerinnen und Pfarrer wäre Makulatur, würde sie mit der jeweiligen Organisationsentwicklung kurzgeschlossen und/oder das Bekenntnis theologisch normiert. Diese Sichtweise hat Folgen von der Personalentwicklung bis hin zur Visitation. Gefördert und visitiert werden müsste demnach in erster Linie *die Fähigkeit, in den organisationsförmigen Zusammenhängen eine Gott-Offenheit kirchlichen Handelns zu ermöglichen.* Das erfordert neben der Unterstützung einer beständigen theologischen Weiterbildung und geistlichen Entwicklung auch besondere Angebote zu der Frage, wie die Bekenntnis-Bindung in kirchliche Organisationsentwicklung einzubringen ist.

Für Pfarrerinnen und Pfarrer ergibt sich aus den bisherigen Überlegungen *die Aufgabe der lebendigen Aneignung des Bekenntnisses,* um so einen genuinen Beitrag zur Kirchenentwicklung zu leisten. Diese Sicht ist keineswegs neu, sondern war in den reformatorischen Kirchen von Beginn an vorhanden. Und so lässt sich ein Bogen spannen vom Katechismus für Geistliche bis zur heutigen wissenschaftlichen und praktischen theologischen Ausbildung. An diesem Bogen lässt sich allerdings auch erkennen, dass die Aufgabe nie als abgeschlossen betrachtet wurde und dass die Vorstellungen einer lebendigen Bekenntnis-Bindung sowohl gesellschaftlich beeinflusst als auch konfessionell und von Frömmigkeitskulturen geprägt wurden und werden. Unter heutigen Bedingungen ergibt sich daraus eine besondere Herausforderung.

Wo diese Spannung – aus guten Gründen – zum durchgängigen Organisationsprinzip kirchlicher Ordnung gemacht wird (wie etwa in der EKHN), wird jeder Versuch der Organisationsentwicklung vor grundsätzliche Probleme gestellt (vgl. z.B. Hilberath/Nitsche 2002). Weil es in einer solchen Kirche kein Steuerungszentrum gibt (und geben kann), von dem aus die individuelle Verpflichtung der Ämter auf Wort und Sakrament durch ein Lehramt definiert werden kann, ist Vertrauen die wesentlichste Ressource der Kirchen- und Gemeindeleitung. Ist dieses Vertrauen gestört, kann die Spannung zwischen Selbststeuerung und Gottesbezug zum Instrument eigenmächtiger Verweigerung werden. Umgekehrt wird auch keine Reform der Strukturen oder Konzentration der Ressourcen nach bestimmten Prioritäten dieses Vertrauen ersetzen können.

In einer solchen Kirche kommt der *Leitung durch Visionen* eine besondere Rolle zu. Verstehen wir Visionen als Heimsuchungen Gottes, so ist dies die Frage nach einer professionellen Gott-Offenheit, die Prozessen der Leitbild-Entwicklung vorausliegt. Außerdem ist jede Steuerung der Kirche grundsätzlich mit dem Problem der „Überkomplexität“ (Isolde Karle) und des „Technologiedefizits“ (Niklas Luhmann) konfrontiert, die allen Versuchen, Gott in der Welt aufzuspüren bzw. Menschen auf die Spur Gottes zu bringen, zu eigen ist. Insofern lässt sich durchaus von Steuerung durch Sinngebung sprechen und damit jener Punkt markieren, an dem heute Wirtschaftsunternehmen von Kirche und Religion lernen. Die Kirche ist gut beraten, sich des Risikos der Leitung in der Spannung von Gott-Offenheit und Selbststeuerung bewusst zu werden. Sie wäre nicht gut beraten, wenn sie sich diese Spannung durch fertige theologische Konzepte und Gemeindeentwicklungsmodelle verstellen ließe, die keine Heimsuchung Gottes mehr erwarten.

Pfarramt und individuelle Frömmigkeit

Auch *Pfarrerinnen und Pfarrer haben an den Individualisierungsprozessen teil*, die heute im Zentrum (religions-)soziologischer Untersuchungen stehen. Je nach diagnostischem Instrumentarium kann damit – um nur eine kleine Auswahl zu nennen – eine postmoderne biographische Fragmentierung gemeint sein, die durch den Verlust von „Großerzählungen“ gekennzeichnet ist (vgl. Grözinger 1998), eine durch die „Zweite Moderne“ hervorgebrachte riskante Freiheit (vgl. Beck 1986), die den „Zwang zur Häresie“ (Peter Berger) beinhaltet, oder eine durch kulturelle Pluralisierung induzierte Orientierung an Mikro-Milieus, die durch Stile und Mentalitäten gekennzeichnet sind (vgl. Kretzschmar 2003). Werden die unterschiedlichen Perspektiven aufgenommen, dann ergibt sich der *Gesamteindruck von Prozessen der gesellschaftlichen „Entbettung“* (Anthony Giddens), *denen wiederum mit Einbettungsprozessen begegnet wird*, die sich vielfältiger kultureller Muster bedienen. In jedem Fall wächst die Last der Konstruktion der Identität und die Gefahr der „Biographiehavarie“ (Karl Heinz Bieritz). Auch die Form der Religiosität der Menschen ist durch diese Prozesse beeinflusst. Sie mit Ernst Troeltsch mystisch zu nennen, verweist auf die Langfristigkeit solcher Prozesse. Dass individuelle Religiosität erfahrungsorientiert ist, dass sie synthetisch bzw. synkretistisch ist (vgl. Schreiter 1997, 97ff.), all das ist ja keineswegs neu. Damit ist eine weitere legitime Tradition des Christlichen benannt, deren Bedeutung in der krisenhaften Moderne noch gewachsen ist.

Pfarrerinnen und Pfarrer geraten dadurch in ein weiteres *Spannungsfeld.* Sind sie einerseits durch Ordination und Dienstverhältnis *auf Schrift und Bekenntnis sowie die kirchlichen Ordnungen verpflichtet*, so haben sie andererseits *Teil an der Verflüssigung von Frömmigkeitskulturen sowie der Plurali-*

sierung und Kontextualisierung von Theologie. Zu der doppelten Verpflichtung aus Ordination und Dienstverhältnis kommt daher die Notwendigkeit eines glaubwürdigen Zeugnisses, das sich aus den eigenen Wahrnehmungen Gottes und einer lebendigen Aneignung des Bekenntnisses speist.

Damit ist es möglich, die pastoraltheologische Polarität: ‚Das Amt trägt die Person – Die Person trägt das Amt' als notwendig zu verstehen. Im Pfarrberuf stimmt eben beides. Das erschwert allerdings die pastorale Aufgabe und kann dazu führen, die Spannung entweder durch Gleich-Gültigkeit gegenüber dem Bekenntnis oder durch Ein-Deutigkeit im Bekennen auflösen zu wollen. Auch aus diesem Grund ist es notwendig, dass Pfarrerinnen und Pfarrer von der Kirche in der lebendigen Aneigung der Verpflichtung auf Schrift und Bekenntnis beständig unterstützt werden.

Dabei wäre m.E. eine *Orientierung an der Ordination* hilfreich (vgl. Stein 1994; Dombois 1961, 473-627). Gemeint ist die gottesdienstliche Gestalt, deren Grundstruktur in allen christlichen Traditionen gleich ist und die deshalb auch ökumenisch leistungsfähig sein könnte. Die liturgische Handlung mit ihrer Dreigliedrigkeit der Berufung (vocatio interna und externa), der Segnung (benedictio, als Gebet mit Handauflegung) und der Sendung (missio, als Beauftragung) ermöglicht eine differenzierte Betrachtung der genannten Spannungen. Geistliche können sich in ein fruchtbares Spannungsfeld hineingestellt sehen, das durch die Notwendigkeit gekennzeichnet ist, die eigene innere Berufung (ihr Bekennen) zu der äußeren Berufung durch ihre Kirche (das Bekenntnis) in Beziehung zu setzen. Durch die Segnung sind sie hineingenommen in die Gott-Offenheit (der Bekenntnis-Grund) und in der Sendung auf die Gesellschaft hin ausgerichtet (der Bekenntnis-Horizont). Eine lebendige Aneignung der Bindung an Schrift und Bekenntnis unter den Bedingungen einer individuellen mystischen Religiosität in einer verflüssigten Gesellschaft muss alle vier Aspekte einbeziehen. Für die kirchliche Praxis könnte das Folgen haben.

Stärker als gegenwärtig in evangelischen Landeskirchen üblich, sollte m.E. versucht werden, *angehenden Geistlichen bei der Selbstklärung ihrer inneren Berufung zu helfen*, z.B. durch geschulte geistliche Begleiter, die völlig unabhängig von Ausbildungs- und Einstellungsprozessen sind. Im Blick auf die äußere Berufung erscheint es gegenwärtig – bei zunehmend kerngemeindlich geprägten und ausgerichteten Studierenden – *nicht hilfreich, die Praxisorientierung des Theologiestudiums weiter auszubauen.* Im Gegenzug wäre allerdings eine verstärkt enzyklopädische Ausrichtung der wissenschaftlich-theologischen Ausbildung hilfreich, die auf eine das ganze Berufsleben durchziehende theologische Intensität zielt. Solche Intensität, die dort entsteht, wo Theologie sich eingespannt sieht zwischen Wahrnehmung der Gott-Offenheit und der gesellschaftlichen Prozesse, sollte daher auch im Zentrum der Förderung von Pfarrerinnen und Pfarrern stehen.

Konturen einer Theorie des Amtes

Die Konturen einer Theorie des Amtes können nach den bisherigen Überlegungen immerhin angedeutet werden. Dabei sind nicht nur die Transformationen der Sozialformen des Pfarramts zu berücksichtigen. Aufzunehmen sind auch die Überlegungen zum Begriff der Gemeinde, die den Zusammenhang von Pfarramt und Kirchengemeinde erhellen, und zum Begriff der Laien, die den reformatorischen Priesterbegriff aus einer ekklesialen Verengung und Klerikalisierung befreien. Notwendig ist also eine Theorie des Amtes, die das geistliche Amt in der Kirche ausreichend differenziert betrachtet, zugleich aber auf einen theologischen Grund hin reflektiert.

Wird *das ‚Amt' als Dienst am selbstwirksamen Evangelium* verstanden, so lässt sich das ‚Pfarramt' als eine bestimmte Sozialgestalt (im Sinne von CA XIV und CA XXVIII) des göttlich gestifteten ‚Predigtamtes' („Mittel" zur Kommunikation des Evangeliums, im Sinne von CA V) verstehen, das durch lautere Wortverkündigung und rechte Sakramentsverwaltung (CA VII) als Mittel der Kommunikation des Evangeliums dient, um den Rechtfertigungsglauben (CA IV) zu wecken und zu fördern. Das Pfarramt ist damit keineswegs die einzig mögliche Form des einen 'Predigtmtes'. Aber es ist spezifisch darin, dass der Dienst an der Kommunikation des Evangeliums durch öffentliche Wortverkündigung in Gestalt von Gottesdienst, Seelsorge und Bildung geschieht.

Parochiales und nicht-parochiales Pfarramt

Das so bestimmte ‚Pfarramt' in seiner Gegebenheit und Gestaltbarkeit hat aufgrund der territorialen Ausrichtung der kirchlichen Organisation vorrangig die Gestalt des parochialen Pfarramtes angenommen. Das ist aber theologisch keineswegs zwingend und faktisch längst nicht mehr die einzige Gestalt. *Eine Theorie des Amtes muss parochiale und nicht-parochiale Pfarrämter gleichermaßen einbeziehen.* Da sie deren faktische Existenz aber theologisch reflektiert, hat das Folgen. Alle Pfarrämter sind im Blick auf die grundlegende Dienstfunktion (die ja auch in Ordinationsformularen und in Kirchenordnungen festgehalten wird) zu gestalten, die zunächst keine Frage persönlicher Wahl, berufstheoretischer Neubestimmungen oder organisationspraktischer Leitbilder ist. Daraus resultierende Anforderungsprofile, Strukturen und rechtliche Regelungen müssen als Gestaltungen der Dienstfunktion erkennbar sein. Werden diese Gestaltungen im Sinne einer realistischen Theorie des Amtes einbezogen, so hilft das umgekehrt, eine kurzschlüssige Gleichsetzung der Dienstfunktion mit bestimmten Formen pfarramtlicher Praxis zu verhindern.

Das könnte für die pfarramtliche Praxis in der Parochie Entlastung von den Ansprüchen vereinskirchlichen Lebens bedeuten und eine Konzentration auf den Dienst an der Kommunikation des Evangeliums in persönlichen und gesellschaftlichen Prozessen ermöglichen, die der Selbstorganisation von Christinnen und Christen gleichzeitig Raum gibt. Für die Pfarrerinnen und Pfarrer in nicht-parochialen Tätigkeiten könnte es Entlastung von den Ansprüchen der Steuerungsfähigkeit von Kirche und Gesellschaft bedeuten und ebenfalls eine Konzentration auf den Dienst an der Kommunikation des Evangeliums in persönlichen und gesellschaftlichen Prozessen ermöglichen. Damit kommt eine *gemeinsame kirchliche Praxis* in den Blick, die unsachgemäße Unterscheidungen wie ‚gemeindlich – übergemeindlich', ‚innerkirchlich – gesellschaftlich' oder ‚Grundversorgung – Profil' überwindet.

Die *Prozesse der Regionalisierung*, die in den Kirchenreformen seit den 1960er Jahren vorangetrieben und – angesichts der Notwendigkeit von Ressourcenkonzentration – in den Strukturreformen seit den 1990er Jahren durchgesetzt werden, *können in diesem Sinn genutzt werden.* Die Konzentration auf den Dienst an der Kommunikation des Evangeliums in persönlichen und gesellschaftlichen Prozessen als gemeinsame (nicht nur: pfarramtliche) Praxis eröffnet kreative Perspektiven. Eine Zuordnung der vorhandenen kirchlichen Orte (Kirchen, Gemeindehäuser, Kindergärten, Beratungseinrichtungen, Verwaltungsgebäude usw.), der unterschiedlichen Tätigkeiten (Gottesdienste, Bildungsveranstaltungen, Beratung und Seelsorge, Diakonie, Verwaltung, usw.) und des entsprechenden Personals (das differenziert zu beschreiben dieser Beitrag versucht) zur gemeinsamen Dienstfunktion könnte Denkhemmungen überwinden.

Bei der Betrachtung der Transformationen der Sozialgestalten des Pfarramts sind wir auf die Rolle des Pfarrhauses aufmerksam geworden. Auch dieses ist Veränderungen unterworfen, die zu beachten sind (vgl. Greiffenhagen 1991; Grethlein 2001, 274ff.). Das Pfarrhaus gerät in das Spannungsfeld von Lebensform und Berufsförmigkeit, in der sich die grundlegende Spannung im Kirchenbegriff noch einmal abbildet: Die Kirche ist als Organisation nur zureichend beschrieben, wenn sie zugleich als Gemeinschaft der Heiligen und Versammlung der Gläubigen beschrieben wird (vgl. Scherle 2002, 16ff.). Faktisch und erlebbar für Pfarrerinnen und Pfarrer kommt es in der heutigen gesellschaftlichen Situation und der nicht mehr zu hintergehenden Berufsförmigkeit zu zwei Verlusten, die ausgeglichen werden müssen. Zum einen ist das Pfarrhaus – in dem nur noch selten die Vollzeit-Pfarrfrau, die Pfarr-Familie und weitere unterstützende Personen anzutreffen sind – nicht mehr oder nur sehr begrenzt Anlaufstelle für Notlagen und Raum für Gruppen. Dadurch müssen diese Leistungen, die dem Pfarramt zugerechnet wurden, anders erbracht werden, d.h. als berufliche Leistung der Pfarrerin, des Pfarrers oder durch ehrenamtlich Tätige. Zum anderen ist das Pfarrhaus nicht mehr Ort eines verdichteten geistlichen Lebens, obwohl sich die Sehnsüchte und Erwartungen der Menschen weiterhin darauf richten. Dadurch entstehen Ansprüche, die berufsförmig nicht oder nur unzulänglich zu befriedigen sind, und die nicht unwesentlich zum „Burnout-Syndrom" (vgl. von Heyl 2003) beitragen. Versuche kommunitären Lebens im Pfarrhaus oder an anderer Stelle im Ort (Wethen, Gnadenthal u.a.) beziehen daraus ihre Attraktivität.

Pluralität der Sozialgestalten des Amtes

Eine Theorie des Amts muss die Vielfalt der Pfarrämter auch *auf andere Gestalten des Dienstes am selbstwirksamen Evangelium beziehen.* Das ist besonders deutlich im Blick auf jene anderen Berufe und Ehrenamtliche, die zu einer Form dieses Dienstes förmlich beauftragt sind. Gemeindepädagoginnen, Diakone, Lehrerinnen und Kirchenmusiker gehören zu Ersteren, Prädikantinnen und Lektoren zu Letzteren. Dazu kommen in jüngerer Zeit noch die Pfarrerinnen und Pfarrer im Ehrenamt.

Angesichts der skizzierten Pluralität der Sozialgestalten des Amtes könnte ein Blick auf amtstheologische Traditionen hilfreich sein, die eine Pluralität der Ämter entwarfen. Dazu gehört in erster Linie *die reformiert-calvinistische Tradition der Vier-Ämter-Lehre,* die zwischen Pastoren, Doktoren (Lehrern), Ältesten (Presbytern) und Diakonen unterschied. Dazu gehören aber auch kirchengeschichtlich-kirchenrechtliche Untersuchungen, die eine noch weitaus größere *Vielfalt der Ämter in der Alten Kirche* nachweisen konnten (z.B. Hans Dombois). Als Beispiel sei hier nur das altkirchliche Amt der ‚Türsteher' genannt, da es sehr deutlich die Frage aufwirft, ob nicht bestimmte Tätigkeiten der Küsterin/des Küsters (vom Schmücken der Kirche bis zum Glockenläuten) ebenfalls in den Zusammenhang des Dienstes am selbstwirksamen Evangelium gehören. Vielleicht wäre von daher sogar die Frage nach einem umfassenderen Amt der Gastfreundschaft in den heutigen Kirchen zu stellen.

Keine Rolle für unsere Erörterungen kann dagegen die problematische ökumenische Konvergenz spielen, die das dreifach gestufte (hierarchische) Amt von Bischof, Presbyter (Pfarrer) und Diakon als gegeben voraussetzt (so in Taufe,

Eucharistie, Amt 1982). Denn dabei handelt es sich nicht wirklich um eine plurale Struktur des einen Dienst-Amtes, sondern um ein gestuftes Weiheamt, das einen geistlichen Stand begründet, wie die Praxis episkopaler Kirchen zeigt.

Würde also die heute existierende (und wandelbare) Pluralität der Sozialformen des (geistlichen) Amtes ernstgenommen und theologisch reflektiert, dann könnte ein Modell skizziert werden, das unterschiedliche Profile des einen Dienstes am selbstwirksamen Evangelium für die kirchliche Praxis markiert. Von besonderer Bedeutung erscheint eine deutliche Klärung der Profile der oben genannten Berufsgruppen (nicht jedoch für die Kirchenmusik) im Verhältnis zum Beruf der Pfarrerin/des Pfarrers.

Das gemeindepädagogische Amt

Ausgehend von einer deutlichen Unterscheidung der Handlungsorte Kirche und Gemeindehaus ist eine erste Profilierung möglich. Eine Konzentration von Pfarrerinnen und Pfarrern auf die Kirche schafft im Gemeindehaus, d.h. dem Ort vereinskirchlichen Lebens, nicht nur den Raum für die Selbstorganisation der Christinnen und Christen. Sie hilft auch, das *Gemeindehaus als Ort gemeindepädagogischen Handelns* wieder zu entdecken (Pohl-Patalong 2003b, 230ff.). ‚Gemeinde'-Pflege (Schoell 1911; vgl. dazu Roosen 1997b, 80ff.), ‚Gemeinde'-Aufbau (vgl. Möller 1990) oder ‚Gemeinde'-Entwicklung wären dann die Aufgabe von Gemeindepädagoginnen und Gemeindepädagogen. Handelt es sich dabei um *Hilfe zur Selbstorganisation der Christinnen und Christen*, dann geht es um praktische Unterstützung, um Aus- und Fortbildung derer, die selbst Verantwortung übernehmen wollen, und um geistliche Orientierung. Der so definierte gemeindepädagogische Dienst bräuchte selbst entsprechende Unterstützungssysteme auf landeskirchlicher oder sogar EKD-weiter Ebene.

Eine solche Profilierung – die kaum ohne einen weiten Begriff der Bildung zu denken ist – würde das Amt der Gemeindepädagogin/des Gemeindepädagogen aus der Konkurrenz mit dem Amt der Pfarrerin/des Pfarrers befreien und gleichzeitig dem vereinskirchlichen ‚Gemeinde'-Leben neue Perspektiven eröffnen, die nicht auf einem problematisch verengten ‚Gemeinde'-Begriff beruhen. Das *Gemeindehaus* als „Herberge" (Hendriks 2001) für unterschiedlichste Gruppen und Initiativen könnte *als Ort der Kirchwerdung* (wieder-)entdeckt werden, an dem die gesellschaftlich transformative Kraft des Evangeliums aufscheinen kann.

In der ökumenischen Bewegung hat sich dafür der Begriff der Ekklesiogenese eingebürgert. Darin spiegelt sich die – von Dietrich Bonhoeffer stark gemachte – Erkenntnis, dass Gemeinschaft nicht mit ‚Gemeinde' gleichzusetzen ist, dass letztere vielmehr entsteht, indem Menschen aus ihren Gemeinschaften herausgerufen werden. Geprägt wurde der Begriff der Ekklesiogenese durch Erfahrungen gesellschaftlicher Ausgrenzung und Viktimisierung, die sich im Raum der Kirche abbildeten und theologisch legitimiert wurden. Gegen solche Tendenzen formierte sich eine „Kirche der Armen" und eine „Kirche der Frauen". Kirchwerdung wird befreiungstheologisch (vgl. Boff 1987) und feministisch theologisch (vgl. Ruether 1988) als Transformation auch der gesellschaftlichen Verhältnisse, als Prozess der Emanzipation verstanden.

Das diakonische Amt

Eine weitere Profilierung ist für *das Amt der Diakonin/des Diakons* möglich (vgl. dazu Das evangelische Diakonat 1996). Diese Bezeichnung kann zwar an die reformierte Ämterlehre anknüpfen und die in Gestalt der Diakonissenhäuser bewahrte Sozialgestalt des ‚Ordens' aufnehmen. Sie müsste aber Engführungen in der Praxis überwinden, die das Diakonat entweder mit dem gemeindepädagogischen Handeln identifiziert oder aber auf individuelle Fürsorge eingengt. Demgegenüber wäre m.E. für ein *gesellschaftsgestaltendes Diakonat* zu plädieren, bei dem *Diakoninnen und Diakone auf Themen oder Handlungsfelder bezogen* eingesetzt werden. Am schon länger etablierten „Schalomdiakonat" des Oekumenischen Dienstes (OeD) lässt sich der Grundgedanke erkennen. Allerdings wollen die Träger dadurch weder das Amt der Diakonin/des Diakons wieder beleben, noch hat sich in den Kirchen oder den Diakonischen Werken eine entsprechende kirchentheoretische Resonanz ergeben.

Das Diakonat in diesem Sinne wiederzugewinnen, würde eine Chance eröffnen, *die Vielfalt von themenbezogenen Funktionsstellen in Handlungsfeldern und Einrichtungen*, die oft mit Pfarrerinnen und Pfarrern besetzt sind, in einer Theorie des Amtes zu verorten und praktische Klärungen zu schaffen. Wo wechselnd von ‚Pfarrerin für …', ‚Beauftragter für …', ‚Referentin für …' usw. gesprochen wird, handelt es sich m.E. um einen (gesellschafts-) diakonischen Dienst, mithin eine *Form des Amtes der Diakonin/des Diakons*. Hier wird der Dienst am selbstwirksamen Evangelium verbunden mit besonderen Qualifikationen hinsichtlich des Themas oder Handlungsfeldes. *Geistliche Ausrichtung und Expertise müssen zusammenkommen.* Deshalb sind Pfarrerinnen und Pfarrer weder besser noch schlechter geeignet als Andere, obwohl in manchen Stellen theologische Bildung notwendig ist. Sie nehmen aber in diesen Zusammenhängen kein ‚Pfarramt' wahr, bei dem durch Ordination und Dienstverhältnis/Dienstauftrag die Konzentration auf gottesdienstliche Wortverkündigung und Sakramentsverwaltung und damit zusammenhängender Seelsorge und Bildungsarbeit vorgegeben sind. Handelt es sich also um ein diakonisches Amt, dann ist die Bedeutung der Expertise nicht zu unterschätzen. Das wirft Fragen hinsichtlich der Praxis einer grundsätzlichen zeitlichen Befristung solcher Stellen für Pfarrerinnen und Pfarrer auf, denn es macht wenig Sinn, die Ressource der Expertise auf diese Weise zu verschleudern. Zumal auch die inzwischen manchmal anzutreffende Sichtweise, es würde sich um einen Karriere-Sprung handeln (der im Gegenzug u.a. durch die zeitliche Befristung wieder zugunsten der Normativität des parochialen Pfarramtes gebrochen wird), verändert wird. *Das diakonische Amt steht nicht über oder unter dem Pfarramt, sondern daneben.*

Eine solche Gleichrangigkeit ist sicher nur schwer zu gewährleisten und ohne tief greifende Veränderungen in der kirchlichen Kultur kaum vorstellbar. Strukturelle Maßnahmen wie eine finanzielle und dienstrechtliche Gleichstellung, eine angemessene Repräsentation in kirchenleitenden Gremien und eine eigene Form gottesdienstlicher Beauftragung (vgl. dazu: Das evangelische Diakonat 1996, 13f.) könnten diesen Prozess sicher befördern. Dennoch wird die grundsätzliche Skepsis gegenüber dem Begriff Diakonat nur schwer zu überwinden sein.

Es ist auch möglich, dass die angedachten Veränderungen ohne eine grundsätzliche Reform theologischer Ausbildung kaum durchführbar sind. Sollte es zu einer Unterscheidung von Bachelor-Abschluss (B.A. oder B.D.) und Master-Abschluss (M.A. oder M.D.) kommen, dann würden sich neue Möglichkeiten eröffnen. Ein – das Studium auf drei oder vier Jahre konzentrierender – Bachelor-Abschluss in Theologie könnte als Voraussetzung einer beruflichen Differenzierung dienen. Es könnte sich danach eine Ausrichtung auf den Pfarrberuf ergeben mit einem entsprechenden Master-Abschluss und einem ebenfalls examinierten Vikariat. Davon unterscheiden ließe sich ein (gesellschafts-)diakonischer Master-Studiengang, der auch – über eine theologische Zusatzqualifikation wie einen M.A. in Theologie (zwei Jahre) – offen bliebe für andere Berufsgruppen.
Der Vorschlag, das bisherige Vikariat in einen „M.A. in Pastoraltheologie (zwei Jahre)" (Bundschuh 2003, 396) umzuwandeln, ist dagegen problematisch. Dadurch ergäbe sich – wenn für den B.A. in Theologie, wie üblich, drei Jahre angesetzt würden – eine Verkürzung der Ausbildungsdauer um vier Jahre. Das dabei zu erwartende Defizit an theologischer Bildung (vgl. Wasserberg 2003, 571) wäre wohl nicht im Sinne der vom Autor zu Recht geforderten „Sprachfähigkeit

in der ‚Welt'" (Bundschuh 2003, 396) und einer m.E. wünschenswerten Einübung in die Lebensförmigkeit des Pfarramtes, die das Vikariat auch leistet.

Eine besondere Chance könnte im Anknüpfen an die Tradition der Diakonissenhäuser liegen, also einer bewussten *Aufnahme der kirchlichen Sozialgestalt der ‚Orden' und ‚Dienstgemeinschaften'*. Diese Überlegung kann sich auf kirchenrechtliche Arbeiten von Hans Dombois stützen (Dombois 1974, 35ff.), die von Wolfgang Huber aufgenommen, aber auch verkürzt wurden (Huber 1979, 44ff.). Sehr viel fruchtbarer wurde das Modell der vier Sozialgestalten bei Ulrich Duchrow. Er hat nicht nur die kritische Kraft der Unterscheidung von zwei „primären" Gestalten von Kirche – der (geglaubten) universalen und der (jeweils aktualen) Orts-Kirche – von zwei „sekundären" (im Dienst der Aktualisierung der geglaubten Kirche stehenden) Gestalten von Kirche – der Partikularkirchen (wie der EKHN) und der Orden – erkannt (z.B. Duchrow 1980). Er hat vielmehr in den „Nachfolgegruppen" Sozialgestalten des Christentums erkannt, die in der Tradition der Orden stehen, die selbst jeweils auch Antworten auf die gesellschaftliche Dysfunktionalität der parochial organisierten Kirche waren. In eben dieser Tradition sehen sich auch viele der nach dem II. Weltkrieg gegründeten Kommunitäten. Nehmen wir diesen Gedanken für eine Theorie des Amtes auf, dann könnten *Kommunitäten* nicht nur als eine verdichtete Form christlichen Lebens, als eine Form der ‚Gemeinde', sondern auch *als eine Sozialgestalt des diakonischen Amtes* gesehen werden. Die Ausstrahlungskraft solcher Kommunitäten oder auch Dienstgemeinschaften (wie z.B. der Johanniter) kann kaum überschätzt werden, sie ist kirchen- und gesellschaftsformend.

Damit würde *neben Kirche und Gemeindehaus ein dritter kirchlicher Ort* identifizierbar, an dem verdichtetes christliches Leben und diakonische Praxis greifbar werden. Das Pfarrhaus hatte beide Funktionen – zumindest teilweise – erfüllt. Die gesellschaftlich induzierten Veränderungen in den Pfarrfamilien und in der Berufsförmigkeit des Pfarramts untergraben allerdings diese Funktionalität. Die Sehnsucht nach solch einem Ort verdichteten christlichen Lebens und diakonischer Praxis bleibt dennoch bestehen. Es wäre zu überlegen, ob sie *in Form ordensähnlicher Kommunitäten* – also durchaus in der Tradition der diakonischen Brüder- und Schwesternhäuser – wieder einen Haftpunkt finden kann. Zumindest stellt sich die Frage, ob *kirchliche Einrichtungen, wie z.B. ‚Zentren' oder sog. ‚Häuser der Kirche'* als weitere kirchliche Orte dieser Sehnsucht gerecht werden. Als Orte der konzentrierten und berufsförmigen Wahrnehmung des diakonischen Amtes erscheinen sie in einer hochgradig differenzierten Gesellschaft jedenfalls hilfreich (vgl. S. 41 f.).

Das Amt der Prädikantinnen und Prädikanten

Eine weitere Profilierung ist im Blick auf Prädikantinnen und Prädikanten (vgl. Klueting 2002) sowie Pfarrerinnen und Pfarrer im Ehrenamt möglich. Deren „Beauftragung" bzw. „Ordination" wird zwar nicht verbunden mit einem (berufsförmigen) Dienstverhältnis, wohl aber mit einer (gering honorierten) Verpflichtung auf die partikularkirchliche Organisation. Sie *haben ehrenamtlich Anteil am Amt der öffentlichen Wortverkündigung und Sakramentsverwaltung*, sind also eine Gestalt des ‚Predigtamtes' nach CA V. Damit weisen sie eine große Nähe zum ‚Pfarramt' nach CA XIV auf, denn auch hier ist das „rite vocatus" Voraussetzung. Allerdings wird die (innere und äußere) Berufung hier nicht zum Beruf im modernen Sinn.

Liegt der wesentliche Unterschied von Pfarrerinnen und Prädikanten in der Berufsförmigkeit, dann bringen berufstheoretische Überlegungen wie etwa der neueren Professionssoziologie entscheidende Einsichten. Der „Pfarrberuf als Profession" (Karle 2001) bewegt sich in der eigentümlichen Spannung von Lebens- und Berufsform, von einer die ganze Lebensführung umfassenden Verpflichtung auf das Amt der öffentlichen Wortverkündigung und Sakramentsverwaltung und einer abgrenzbaren und weiter entwickelbaren beruflichen Qualität in allen pastoralen Handlungsfeldern. Die *genannten Ehrenamtlichen sind in diesem Sinne keine Professionellen.* Sie sind nicht in jedem Fall, d.h. dauerhaft und verlässlich, ansprechbar auf ihre pastorale Kompetenz, das Evangelium existentiell und mit Relevanz für Einzelne und die Gesellschaft in allen Lebenslagen zu kommunizieren.

Deshalb sollten auch alle Signale vermieden werden, die den Eindruck vermitteln, es handele sich um ehrenamtliche Pfarrerinnen und Pfarrer. Das Tragen eines Talars wie auch der Begriff „Pfarrer/Pfarrerin im Ehrenamt" sind m.E. solche Signale. Sie erzeugen Erwartungen, die von den Beteiligten nicht eingelöst werden können. Vom Amt der Prädikantin/des Prädikanten zu sprechen, hat also den Vorteil einer klaren Aufgabenbeschreibung (vgl. auch Marquard 2003).

Das Amt der Kirchenvorsteherinnen und Kirchenvorsteher

In den Kirchenordnungen der evangelischen Landeskirchen ist ein *eigenständiges Amt der geistlichen Leitung der parochialen Gemeinden* vorgesehen. Der Kirchenvorstand soll sicherstellen, dass die materiellen und personellen

Voraussetzungen vorhanden sind, damit der vielfältige Dienst an der Selbstkommunikation des Evangeliums gelingen kann. Die Verschachtelung der Zuständigkeiten mit dem Pfarramt soll dies sicherstellen. So müssen sich etwa Entscheidungen darüber, was in einer Kirche stattfindet, das ‚Hausrecht' des Kirchenvorstands und das ‚Kanzelrecht' der Pfarrerin/des Pfarrers aufeinander beziehen. Ob Pfarrerinnen und Pfarrer deshalb als ‚geborene Mitglieder' zum Kirchenvorstand gehören müssen, ist eine andere Frage.

Angesichts der gesellschaftlichen Komplexität und ihrer Rückwirkungen auf Leitungs- und damit zusammenhängendem Verwaltungshandeln stellt sich die Frage, ob hier die Berufsförmigkeit nicht ausgebaut werden müsste. Für landeskirchliche Verwaltungstätigkeiten ist das seit langem der Fall, inzwischen gilt dies auch für die regionale oder mittlere Ebene der Kirchen. Denkbar wäre auch auf der Ebene von Gemeinden, die bisherige Sekretariatstätigkeit in eine Form des Gemeindemanagements zu transformieren, um langfristig eine ehrenamtliche Leitung der Parochialgemeinde tragbarer zu machen.

Für das Amt der Leitung sollten in der Kirche außerdem neue Unterstützungssysteme aufgebaut werden, wie sie im Konzept der „Ehrenamtsakademie" anklingen. *Für das Amt der Leitung braucht es Aus- und Weiterbildung.* Wer darauf verpflichtet wird, die Gemeinde geistlich zu leiten – also dafür Sorge zu tragen, dass das Wort lauter verkündigt, die Sakramente recht verwaltet und die Ordnungen der Gemeinde und der Kirche geachtet und sachgemäß weiterentwickelt werden – muss dieser Pflicht auch nachkommen können.

Weitere nicht-berufsförmige Ämter

Bisher mögen die Konkretionen in der skizzierten Theorie des Amtes wie eine Neuauflage der reformierten Ämterlehre wirken. Die Differenzierung in Pfarramt, gemeindepädagogisches Amt, diakonisches Amt und Leitungsamt (einschließlich Verwaltungs- bzw. Managementhandeln) ist allerdings ebenso der gesellschaftlichen Veränderung geschuldet und trifft sich nur oberflächlich gesehen in der Vierzahl. Darum ist es hilfreich, *den Blick noch einmal hin zur altkirchlichen Tradition einer weitergehenden Pluralität der Ämter zu weiten.* Auch hier ist allerdings eine Kontextualisierung notwendig. Einige wenige Beispiele sollen dafür genügen.

Es wäre m.E. weiterführend, ein *Amt der Gastfreundschaft* zu profilieren, das solche Tätigkeiten wie die Begrüßung an der Kirchentür, die Öffnung von Kirchen, die Speisung und Beherbergung von Bedürftigen oder die Öffnung der kirchlichen Räume für andere gesellschaftliche Gruppen umfassen könnte (vgl. Hendriks 2001). Gesellschaftliche Verantwortung und diakonisches Handeln fänden in solchen ehrenamtlichen Gastgeberinnen und Gastgebern eine zeitgemäße Konkretion.

Ebenso wäre ein *Amt der ökumenischen Verantwortung* vorstellbar, das für ökumenische Beziehungen im Sinne der Anwaltschaft eintritt (wie es etwa auch die Charta Oecumenica vorsicht), also auch Kontakte zu anderen Kirchen und Religionsgemeinschaften pflegt. Damit Ökumene konkret wird, braucht es ehrenamtliche Ökumene-Anwältinnen und -Anwälte.

Auch Parochialgemeinden benötigen in einer medial geprägten Gesellschaft ein *Amt der öffentlichen Kommunikation*, das sich um die Präsentation der kirchlichen Arbeit bemüht. Das reicht von den Schaukästen über die Gemeindebriefe bis hin zum Gesamtbild kirchengemeindlicher Selbstdarstellung. Damit Öffentlichkeitsarbeit gestaltet wird, braucht es ehrenamtliche Öffentlichkeitsarbeiterinnen und -arbeiter.

Diese drei Beispiele sollen in erster Linie Phantasie wecken für eine zeitgemäße und traditionsgesättigte Theorie des Amtes. Sie sollen nicht eine beliebige Vielzahl an Ämtern andeuten, sondern im Zusammenhang mit den zuvor genannten grundlegenden Ämtern stehen, die sich aus dem Dienst am selbstwirksamen Evangelium ergeben und deren Sozialgestalten im Zusammenhang mit den geschichtlich gewordenen kirchlichen Orten und der Steuerungsaufgabe der Kirche stehen: das Pfarramt (mit dem Handlungsort Kirche), das gemeindepädagogische Amt (mit dem Handlungsort Gemeindehaus), das diakonische Amt (mit unterschiedlichen Handlungsorten wie Häuser der Kirche und Kommunitäten), sowie das Amt der Leitung. Die Chancen einer solchen Sichtweise liegen in erster Linie darin, vom theologischen Grund her und im Blick auf die heute zu erbringenden Leistungen nach einer Theorie der Ämter zu fragen. Diese muss sich deshalb daran messen lassen, ob sie praktisch anregend wird.

Literatur

Das Amt des Pfarrers und der Pfarrerin in der modernen Gesellschaft. Ein Diskussionspapier der Theologischen Kammer der Evangelischen Kirche von Kurhessen-Waldeck, Kassel 2001.

Auftrag und Gestalt. Vom Sparzwang zur Besserung der Kirche. Theologische Leitvorstellungen für Ressourcenkonzentration und Strukturveränderung. Eine Studie des Leitenden Geistlichen Amtes der Evangelischen Kirche in Hessen und Nassau, Frankfurt a.M. 1995.

BARTH, HANS-MARTIN: Einander Priester sein. Allgemeines Priesterum in ökumenischer Perspektive, Göttingen 1990.

BECK, ULRICH: Risikogesellschaft. Auf dem Weg in eine andere Moderne, Frankfurt/Main 1986.

BOFF, LEONARDO: Und die Kirche ist Volk geworden: Ekklesiogenesis, Düsseldorf 1987.

CORNELIUS-BUNDSCHUH, JOCHEN: Zukunft der theologischen Aus- und Fortbildung, in: DtPfrBl 8 (2003), 395-397.

DAHM, KARL-WILHELM: Beruf: Pfarrer. Empirische Aspekte zur Funktion von Kirche und Religion in unserer Gesellschaft, München [3]1974.

DAHM, KARL-WILHELM: Art. Pfarrer, Pfarramt, in: EKL 3, 3.Aufl. Göttingen 1992.

DAIBER, KARL-FRITZ/SIMPFENDÖRFER, WERNER (Hg.): Kirche in der Region, Stuttgart 1970.

DALFERTH, INGOLF U.: Theologischer Realismus und realistische Theologie bei Karl Barth, in: EvTh 46 (1986), 402-422.

DOMBOIS, HANS: Das Recht der Gnade. Oekumenisches Kirchenrecht I, Witten 1961.

DOMBOIS, HANS: Das Recht der Gnade II, Witten 1974.

DREHSEN, VOLKER: Vom Amt zur Person: Wandlungen in der Amtsstruktur der protestantischen Volkskirche. Eine Standortbestimmung des Pfarrberufs aus praktisch-theologischer Sicht, in: IJPT 2 (1998), 263-280.

DUCHROW, ULRICH: Konflikt um die Ökumene. Christusbekenntnis – in welcher Gestalt der ökumenischen Bewegung?, München [2]1980.

DAS EVANGELISCHE DIAKONAT ALS GEORDNETES AMT DER KIRCHE (EKD-Texte 58), Kammer für Theologie der EKD (Hg.), Hannover 1996.

DAS EVANGELIUM UNTER DIE LEUTE BRINGEN. Zum missionarischen Dienst der Kirche in unserem Land, Kirchenamt der EKD (Hg.), Hannover 2001.

FECHTNER, KRISTIAN: Volkskirche im neuzeitlichen Christentum. Die Bedeutung Ernst Troeltschs für eine künftige praktisch-theologische Theorie der Kirche, Gütersloh 1995.

GOERTZ, HARALD: Allgemeines Priestertum und ordiniertes Amt bei Luther, Marburg 1997.

GRETHLEIN, CHRISTIAN: Pfarrersein heute. Zwischen „Führer" ins Heilige und „intellektuellem Amt", in: DtPfrBl 1 (1999), 10-13.

GRETHLEIN, CHRISTIAN: Pfarrer(in)sein als christlicher Beruf. Hinweise zu den veränderten Rahmenbedingungen einer traditionellen Tätigkeit, in: ZThK 98 (2001), 372-398.

GREIFFENHAGEN, MARTIN (Hg.): Das evangelische Pfarrhaus. Eine Kultur- und Sozialgeschichte, Stuttgart ²1991.

GRÖZINGER, ALBRECHT: Die Kirche – ist sie noch zu retten? Anstiftungen für das Christentum in postmoderner Gesellschaft, Gütersloh 1998.

HARTMANN, GERT: Kirche und Gemeinde: Wer oder was ist das?, in: WzM 48 (1996), 13-25.

HENDRIKS, JAN: Gemeinde als Herberge. Kirche im 21. Jahrhundert – eine konkrete Utopie, Gütersloh 2001.

HERMELINK, JAN: Pfarrer als Manager? Gewinn und Grenzen einer betriebswirtschaftlichen Perspektive auf das Pfarramt, in: ZThK 95 (1998), 536-564.

HILBERATH, BERND JOCHEN/NITSCHE, BERNHARD (Hg.): Ist Kirche planbar? Organisationsentwicklung und Kirche in Interaktion, Mainz 2002.

HOEKENDIJK, JOHANNES CHRISTIAN: Die Zukunft der Kirche und die Kirche der Zukunft, Stuttgart ²1965.

HOLTZ, GOTTFRIED: Die Parochie, Gütersloh 1967.

HUBER, WOLFGANG: Kirche, Stuttgart/Berlin 1979.

JOSUTTIS, MANFRED: Der Pfarrer ist anders. Aspekte einer zeitgenössischen Pastoraltheologie, München ⁴1991 (1982).

JOSUTTIS, MANFRED: Die Einführung in das Leben. Pastoraltheologie zwischen Phänomenologie und Spiritualität, Gütersloh 1996.

KARLE, ISOLDE: Der Pfarrberuf als Profession. Eine Berufstheorie im Kontext der modernen Gesellschaft, Gütersloh 2001.

KARLE, ISOLDE: Was heißt Professionalität im Pfarrberuf?, in: DtPfrBl 1 (1999), 5-9.

KLESSMANN, MICHAEL: Pfarrbilder im Wandel. Ein Beruf im Umbruch, Neukirchen-Vluyn 2001.

KLUETING, HARM: Öffentliche Wortverkündigung und Sakramentsverwaltung im Ehrenamt. Laienprediger – Prädikanten – Predigthelfer – Ältestenprediger – Lektoren in den Gliedkirchen der EKD, Stuttgart 2002.

KRECH, VOLKHARD: „Missionarische Gemeinde" – Bedingungen und Möglichkeiten aus soziologischer Sicht, in: EvTh 58 (1998), 433-444.

KRECH VOLKHARD: Probleme der Kirchenorganisation in der modernen Gesellschaft, in: Ratzmann, Wolfgang / Ziemer, Jürgen (Hg.), Kirche unter Veränderungsdruck. Wahrnehmungen und Perspektiven, Leipzig 2000, 52-68.

KRECH VOLKHARD: Soziologische Aspekte, in: Bock, Wolfgang/Diefenbacher, Hans/Krech, Volkhard/Reuter, Hans-Richard, Reformspielräume in der Kirche. Ortsgemeinde und Regionalstrukturen am Beispiel der Evangelisch-lutherischen Landeskirche in Braunschweig, Heidelberg 1997, 31-69.

KRETZSCHMAR, GERALD: Milieutheorien als Wege zum Menschen? Problemgeschichtliche und erkenntnistheoretische Überlegungen zu neuen Referenztheorien der Praktischen Theologie, in: WzM 55 (2003), 229-244.

LÄMMERMANN, GODWIN: Der Pfarrer – elementarer Repräsentant von Subjektivität. Zum Widerspruch von Individuum und Institution, in: ZEE 35 (1991), 21-33.

LANGE, ERNST: Überlegungen zu einer Theorie kirchlichen Handelns, in: ders., Kirche für die Welt. Aufsätze zur Theorie kirchlichen Handelns (1972), R. Schloz (Hg.), München 1981, 197-214.

LINDNER, HERBERT: Kirche am Ort. Ein Entwicklungsprogramm für Ortsgemeinden, völlig überarb. Neuausgabe, Stuttgart/Berlin/Köln 2000.

LUKATIS, INGRID: Pfarrer/in – Berufs- oder Lebensform?, in: DtPfrBl 100 (2000), 531-537.

MARGULL, HANS JOACHIM: Mission als Strukturprinzip, Genf 1965.

MARQUARD, REINER: Einheit *und* Unterscheidung im Predigtamt, in: DtPfrBl 8 (2003), 399-404.

MÖLLER, CHRISTIAN: Art. „Gemeinde I“, in: TRE 12, 1984, 316-335.

MÖLLER, CHRISTIAN: Lehre vom Gemeindeaufbau, Bd. 1: Konzepte – Programme – Wege, 2. durchges. Aufl. Göttingen 1987.

MÖLLER, CHRISTIAN: Lehre vom Gemeindeaufbau, Bd. 2: Durchblicke – Einblicke – Ausblicke, Göttingen 1990.

MÖLLER, CHRISTIAN: Ortsgemeinde und übergemeindliche Dienste. Überlegungen zu einem gestörten Verhältnis, in: DtPfrBl 92 (1992), 3-8.

PFARRAMT UND GEMEINDE. Zur Klärung ihrer Aufgaben. Das Leitende Geistliche Amt der Evangelischen Kirche in Hessen und Nassau nimmt Stellung, Kirchenleitung der EKHN (Hg.), Frankfurt/Main 1998.

POHL-PATALONG, UTA: Regionalisierung – Das Modell der Zukunft? Plädoyer für eine ebenso grundlegende wie kreative Debatte, in: PTh 92 (2003), 66-80 (2003a).

POHL-PATALONG, UTA: Ortsgemeinde und übergemeindliche Arbeit im Konflikt. Eine Analyse der Argumentationen und ein alternatives Modell, Göttingen 2003 (2003b).

REUTER, HANS-RICHARD: Die Bedeutung der kirchlichen Dienste, Werke und Verbände im Leben der Kirche. Ekklesiologische Überlegungen, in: PTh 85 (1996), 33-50.

ROOSEN, RUDOLF: Gemeindehaus vor dem „Aus"? Die Milieugesellschaft und die Reform der evangelischen Gemeindearbeit, in: DtPfrBl 97 (1997), 63-67 (1997a).

ROOSEN, RUDOLF: Die Kirchengemeinde – Sozialsystem im Wandel. Analysen und Anregungen für die Reform der evangelischen Gemeindearbeit, Berlin/New York 1997 (1997b).

RUETHER, ROSEMARY R.: Unsere Wunden heilen, unsere Befreiung feiern. Rituale in der Frauenkirche, Stuttgart 1988.

SCHERLE, PETER: Fragliche Kirche. Ökumenik und Liturgik – Karl Barths ungehörte Anfrage an eine ökumenische Kirchentheorie, Münster 1998.

SCHERLE, PETER: Kirchentheorie in der Praxis, in: Herborner Beiträge. Zur Theologie der Praxis. Modelle, Erfahrungen, Reflexionen 1/2002, Theologisches Seminar Herborn (Hg.), Frankfurt am Main 2002, 10-30.

SCHOELL, Jakob: Die evangelische Gemeindepflege. Handbuch für evangelisch-kirchliche Gemeindearbeit, Heilbronn 1911.

SCHREITER, ROBERT: Die neue Katholizität. Globalisierung und die Theologie, Frankfurt 1997.

STEIN, ALBERT: Ordination, in: Rau, Gerhard/Reuter, Hans-Richard/Schlaich, Klaus (Hg.), Das Recht der Kirche Bd. III. Zur Praxis des Kirchenrechts, Gütersloh 1994, 73-117.

TAUFE, EUCHARISTIE UND AMT. Konvergenzerklärungen der Kommission für Glauben und Kirchenverfassung des Ökumenischen Rates der Kirchen, überarbeitete deutsche Übersetzung Ursula und Günther Gaßmann, Frankfurt a.M./Paderborn 1982.

VÖGELE, WOLFGANG/BREMER, HELMUT/VESTER, MICHAEL (Hg.), Soziale Milieus und Kirche, Würzburg 2002.

VON HEYL, ANDREAS: Zwischen Burnout und spiritueller Erneuerung. Studien zum Beruf des evangelischen Pfarrers und der evangelischen Pfarrerin, Frankfurt/M. u.a. 2003.

WASSERBERG, GÜNTER: Die Reform der theologischen Ausbildung, in: DtPfrBl 11 (2003), 568-571.

WEBER, KLAUS: Das Bild der Pfarrerin und des Pfarrers. Vorstandsbericht bei der Mitgliederversammlung des Verbandes am 30. September 2002 in Kiel, in: DtPfrBl 11 (2002), 555-559.

Beitrag zu einer Praktischen Theologie des Amtes in Grundzügen

HELMUT PETERS

1. Vorwort

1.1. Das Thema Amt

Irgendwann zu Beginn des Vikariats kommt der Talarschneider. Es gilt, Talare anzuprobieren und einen passenden auszuwählen. „Fühlen Sie sich darin wohl?“, fragt eben der Schneider, während ich wie gebannt in den Spiegel schaue und mich antworten höre: „Da muss ich wohl noch hineinwachsen.“

Ich finde es weder muffig unter dem Talar. Da hatte eine ganze Generation vor mir für „frischen Wind“ gesorgt. Noch kann ich ein Wiehern und Stauben vom Amtsschimmel merken. Nein, mir bereitet schlicht die Größe Unbehagen, denke ich für mich, als der Schneider sein Ergebnis verkündet: „Junger Mann, der passt wie angegossen!“ – „Ich finde ihn sehr groß!“, erwidere ich bestimmt, nicht ohne mir im Spiegel so eben zum ersten Mal gefallen zu haben.

Die nun folgende Diskussion um die Größe lässt sich im Nachhinein gut so erklären, dass Schneider über Talargrößen eben anders reden als Theologen. Mit diesem Talar soll ich ein Amt bekleiden, das Luther das größte und „höchste Amt in der Christenheit“ genannt hat. Da wird man doch wohl erst noch hineinwachsen können dürfen. Ich ahne, dass man dafür lange brauchen würde. Ich hoffe, dass mir dann – wie der Schneider eben – ein Anderer sagt: „Passt!“

Um diese theologische Perspektive geht es in diesem Artikel. In der Anprobeszene verdichtet sich die Grundauseinandersetzung der Vikariatszeit um das Amt und die Person. Dabei zeigt sich, dass die Frage, was das Amt theologisch sei, alles andere als leicht zu beantworten ist. Die derzeitige systematisch-theologische Diskussion umfasst Positionen, wie: Luthers Lehre vom Allgemeinen Priestertum schließe ein besonderes Amt in der Kirche aus, bis hin zu der Spitzenaussage, das Amt sei von Gott gestiftet.

Die unübersichtliche Diskussion erschwert die Auseinandersetzung. Zudem löst der Begriff „Amt“ bei vielen negative Assoziationen aus – verstaubt, unflexibel, lebensfern, autoritär – oder wird als schlichtweg unevangelisch der römisch katholischen Kirche zugeordnet: Amtskirche und Laien.

Andererseits habe ich in der gemeindlichen Praxis immer wieder die Erfahrung gemacht, gerade auf das Amt angesprochen zu werden: Der Vertrauensvorschuss wegen der Amtsverschwiegenheit in der Seelsorge oder die herausgehobene Position der Pfarrerin oder des Pfarrers im Gottesdienst dienen dafür als Beispiele.

1.2. Das Vorhaben

Mit diesem Beitrag möchte ich meine Auseinandersetzung über die Amtsfrage offen legen und dabei meine frischen Erfahrungen aus dem Vikariat und meine theologischen Überlegungen zusammenhalten. Bei der ungeheuren Komplexität des Themas geht es mir hier um die Konzentration auf Grundzüge. So blende ich zum Beispiel die wichtige ökumenische Perspektive der Amtsdiskussion für diesen Artikel aus.

Da sich in den Bekenntnisschriften reformatorische Überzeugungen verdichtet haben und sich die Evangelische Kirche in Hessen und Nassau (EKHN) in ihrem Grundartikel darauf beruft, setze ich ein mit der Confessio Augustana (CA). Die beiden gegensätzlichen Grundpositionen (2), die sich bis heute durchhalten, wurzeln in der unterschiedlichen Auslegung der CA, besonders der Artikel V und XIV. Als tragfähig für eine Theologie des Amtes erweist sich die CA aber nur dann, wenn sie mindestens eine Linie der Bibel aufnimmt: anhand von 2Kor 5 lassen sich wichtige Einsichten festhalten (3). Sie werden wieder auf die das Amtverständnis der CA bezogen und zu einem differenzierten Kirchenbegriff ins Verhältnis gesetzt (4). In der Kirchenordnung der EKHN als Rahmen gegenwärtigen pfarramtlichen/kirchlichen Handelns lässt sich die Linie wiederentdecken und auf die Praxis des Pfarramtes beziehen (5).

2. Zwei gegensätzliche Positionen im evangelischen Amtsverständnis

Der Artikel V der CA handelt vom „Predigtamt“. Um die Bedeutung des Artikels wird bis heute gerungen. Es heißt in der ursprünglichen Fassung der CA:

> „Solchen Glauben zu erlangen, hat Gott das Predigtamt eingesetzt, Evangelium und Sakrament geben, dadurch er als durch Mittel den heiligen Geist gibt ...“

Die Diskussion um das Verständnis dessen, was hier mit „Predigtamt" gemeint ist, lässt sich auf die folgenden beiden Grundpositionen zuspitzen.

2.1. Die Übertragungstheorie

Die eine Lesart sieht im „Predigtamt" den von Gott erteilten Auftrag zur Verwaltung der Gnadenmittel. Dieser Auftrag gelte nach der Lehre vom allgemeinen Priestertum allen Getauften/der ganzen Kirche. Erst in CA XIV sei von dem konkreten nach menschlichen Ordnungen geschaffenen Pfarramt die Rede.

> „Vom Kirchenregiment wird gelehrt, daß niemand in der Kirchen öffentlich lehren oder predigen oder Sakrament reichen soll ohn ordentlichen Beruf."

Den göttlichen Auftrag, den alle Getauften hätten (das Predigtamt, CA V), übertrügen diese per Beruf*ung* einem Einzelnen zur öffentlichen Ausübung, dem „Kirchenregiment" oder Pfarramt. Die sogenannte Übertragungstheorie trennt also den allgemeinen Auftrag „Predigtamt" vom nach kirchlichen Ordnungen gestalteten Pfarramt. Damit wäre das Pfarramt ein gleichberechtigtes Amt unter anderen Ämtern in der Kirche und könnte ebenso gut auch anders strukturiert oder sogar aufgelöst werden, wenn auf andere geeignete, dem Predigtamt als allgemeinem Auftrag entsprechende Weise, Evangelium und Sakramente gegeben würden. Verkündigung und Sakramentenverwaltung müssten eben irgendwie organisiert werden. Die Gnadenmittel selbst wären ganz in der Verfügungsgewalt aller Getauften. Ein Gedanke, der mit der Ablehnung von Autoritäten seit den 70er Jahren und der Betonung des allgemeinen Priestertums in der Praktischen Theologie populär wurde und durchaus in der Praxis begegnet. Der Ausspruch einer engagierten jungen Kirchenvorsteherin mag dies verdeutlichen: „Zum Gottesdienstfeiern, egal ob mit Abendmahl oder nit, brauche' mir kan Parre!" Noch ca. drei Jahrzehnte vorher hat eben dieser Gedanke, dass die Gnadenmittel in der freien Verfügungsgewalt der Menschen lägen, die Theologen der Bekennenden Kirche entsetzt, sahen sie doch an der Vermischung von Nazionalsozialismus und Christentum zu welchen Auswüchsen das führen konnte.

2.2. Die Stiftungstheorie

Geradezu gegensätzlich versteht die Stiftungstheorie das „Predigtamt" von CA V als göttliche Stiftung und identifiziert es mit dem Pfarramt von CA XIV. Sie leitet das kirchliche Amt aus dem Mandat Chisti ab, das die Sendung der Apostel und daraus auch das kirchliche Leitungsamt im Gegenüber zur Gemeinde begründe. So sei das kirchliche Pfarramt göttlichen Rechts und stünde keineswegs zur Disposition. Übersteigert führte diese Ansicht zu der weit verbreiteten Vorstellung, der Pfarrer stünde aufgrund seines göttlichen Amtes zwischen den Menschen und Gott. Sie zeigt sich bisweilen in der älteren Generation von Gemeindegliedern in der devoten Haltung dem „Herrn Pfarrer“ gegenüber, findet sich aber in Variation auch bei jüngeren Menschen.

In Theorie und Praxis stehen sich also beide Positionen unvermittelt gegenüber. Es ließen sich mühelos wenigstens tendenziell die verschiedenen Stile in der Amtsführung von Pfarrerinnen und Pfarrern der Übertragungs- oder der Stiftungstheorie zuordnen. Die korrespondierenden Gemeindetypen lassen sich in Folge der Stiftungstheorie als pfarrerzentriert beschreiben, weil das Pfarramt als göttliche Institution den Mittelpunkt der Gemeinde bildet oder in Folge der Übertragungstheorie als aktive Mitmach-Gemeinde, in der alles und eben auch die Gottesdienste vom Engagement der aktiven Mitglieder abhängt. Nicht selten treten Pfarrerinnen und Pfarrer in solchen Gemeinden in der Rolle des hauptberuflichen Experten als Coach auf. Im Mittelpunkt der Gemeinde stehen nicht mehr allein Pfarrerin oder Pfarrer, sondern ganze Teams von Aktiven. Der Logik des Modells nach sollen immer mehr Aktive hinzukommen, bis alle am „Evangelium und Sakramente geben“ beteiligt sind.

Beide Modelle tendieren in der Praxis daher zur Überforderung des Pfarramtes. Beide Theorien enthalten aber auch unaufgebbare Einsichten. Während die Übertragungstheorie das „Predigtamt“ als allgemeinen Auftrag (CA V) klar vom Pfarramt (CA XIV) trennt, setzt die Stiftungstheorie beide in Eins. Hier soll nun der Versuch unternommen werden, göttliche Stiftung des Amtes und kirchliche Ausgestaltung in einer Theorie des Amtes zusammenzuhalten und dabei die unterschiedlichen Aspekte klar zu unterscheiden. Dazu halte ich zunächst ohne Anspruch auf Vollständigkeit einige Einsichten zum Amtverständnis fest, wie ich sie anhand der Exegese von 2Kor 5 gewonnen habe.

3. Ein biblischer Rekurs

3.1. CA V im Licht von 2Kor 5

Im 2. Korintherbrief entwickelt Paulus eine Theologie seines Apostelamtes. In 2Kor 5,18ff. werden die Aspekte von CA V genannt: Gott habe das Amt gegeben. Es ist das Amt, das die Versöhnung predigt. Einer, nämlich Paulus, hat das Amt exklusiv für Korinth. Es geht im Zusammenhang um Rechtfertigung (vgl. CA IV mit 2Kor 5,19: „rechnete ihnen ihre Sünden nicht zu").

> Aber das alles von Gott, der uns mit sich selbst versöhnt hat durch Jesus Christus und das Amt gegeben, das die Versöhnung predigt. Denn Gott war in Christus und versöhnte die Welt mit ihm selber und rechnete ihnen ihre Sünden nicht zu und hat unter uns aufgerichtet das Wort von der Versöhnung. So sind wir nun Botschafter an Christi Statt, denn Gott vermahnt durch uns; so bitten wir nun an Christi Statt: Lasset euch versöhnen mit Gott.

3.2. Amt und διακονια

Luthers Übersetzung von διακονια mit „Amt" ist oft kritisiert worden. Ich halte sie für sachgemäß, weil Paulus hier von der Herrschaft Gottes in politisch-juristischer Sprache schreibt. Paulus sieht sich als Diplomat Gottes. Im besiegten Feindesland – ‚diese Welt' nach Johannes oder der Bereich von Sünde und Tod – soll der Friedensdiplomat für den neuen Herrscher werben. Seine Botschaft von der Generalamnestie für alle Bewohner (Rechtfertigung der Sünder) mündet in der eindringlichen Aufforderung: *Lasst euch versöhnen mit Gott!* Paulus ist Botschafter des Reiches Gottes. Als solcher tritt er den Korinthern gegenüber. Die *„Diakonia der Versöhnung"* ist mehr als ein allgemeiner Auftrag an alle Christen:

- Sie hat innerhalb des Reiches Gottes eine klare Funktion.
- Es gibt ein klar umgrenztes Aufgabenfeld.
- Für diese Aufgabe ist sie ausgestattet mit der Vollmacht des Auftraggebers.
- Sie besteht unabhängig von Personen, wird denen aber zur Ausübung verliehen.
- Sie ist daher eine verlässliche Institution.

All dies rechtfertigt Luthers Übersetzung von *„Diakonia der Versöhnung"* mit „Amt".

Allerdings verdeckt Luthers Übersetzung für heutige Ohren leicht vier für das christliche Amtsverständnis wesentliche Aspekte, die für Luther aber von der Etymologie des Wortes her selbstverständlich waren. Nach dem Grimmschen Wörterbuch setzt Amt etymologisch „wie ministerium/ minister, den persönlichen begrif eines dienenden voraus." (Grimm/ Grimm 1984, 280) Kluges Ethymologisches Wörterbuch weist auf die frühe Entlehnung von Amt aus dem keltischen ambactos „Höriger, Diener" hin. „Der

Diener, Hörige ist also bezeichnet als 'Begleiter, Gefolgsmann' (derjenige, der sich beim Herrn aufhält)." (Kluge 1999, 35f.).

Der Dienstcharakter des Amtes

Jesus hat den Begriff der Diakonia vermutlich zur Beschreibung der eigenen Mission eingebracht und Diakonia vom Tischdienst her verstanden (Beyer 1935, 83ff.). Ebenso ist die Botschaft der Versöhnung ein Dienst an den Menschen. Im lateinischen Text der CA wird dieser Dienstcharakter des Amtes mit ministerium verbi wiedergegeben.

Eine zweite Einsicht ist so banal wie folgenschwer:

Dienen setzt ein Gegenüber voraus

Der Diener steht der Tischgesellschaft immer gegenüber, bewegt sich immer auf sie zu, ohne sich mit an den Tisch zu legen oder zu setzen. Legt oder setzt er sich dazu, hat er aufgehört zu dienen und hat die Rolle des Dieners abgelegt. Auch wenn einer aus der Runde aufsteht, um für die anderen etwas zu holen, ist er in dem Moment deren Diener und steht ihnen gegenüber. Ebenso der Friedensvermittler, der völlig allein dem feindlichen Lager gegenübersteht und sein Versöhnungsangebot unterbreitet.

Diener als Gefolgsmann

In der Antike haben Herrscher Speisungen für das Volk veranstaltet. Die bei solchen Speisungen eingesetzten Tischdiener sind Gefolgsleute ihres Herrn, dienen aber dem Volk. Der Friedensbotschafter Paulus ist im Auftrag Gottes unterwegs, dient aber den Korinthern. Es ist also zu fragen, *wessen* Amt ausgeübt wird und *wem* die Amtsperson Rechenschaft schuldig ist. Gerade diese Frage beantworten die oben referierten Theorien für das Pfarramt unterschiedlich.

Dienst und Macht

Wenn die Herrschaften zu Tisch liegen, hat der Diener für den Moment des Dienens die erhabene Stellung inne. Er steht da (groß) und leitet das Essen (aktiv), sie liegen (klein) zu Tisch und lassen sich bedienen (passiv). Sonst muss sich der Diener vor dem Herrn niederwerfen. Im Moment des Dienens sind die Machtverhältnisse augenfällig umgekehrt. Die Umkehrung der Verhältnisse liegt ganz in der Logik des Reich Gottes.

3.3. Fazit

Da das Neue Testament selbst vielfach auf politische und juristische Kategorien zurückgreift, um das Wirken Gottes in der Welt auszudrücken und die Verkündigung des Reiches Gottes sehr wahrscheinlich im Mittelpunkt der Verkündigung Jesu stand, ist es sachgemäß, auch in der Übersetzung Begriffe aus der Rechts- und Amtssprache zu verwenden. Wer von Reich Gottes spricht, muss auch vom Volk und himmlischer Bürgerschaft, von der Volksversammlung (Ekklesia), vom Kriegsdienst und den Waffen des Lichts, vom Gerichtshof und den Ämtern reden. So bleibt es zum Beispiel leblos, von Versöhnung oder Rechtfertigung zu reden, wenn man nicht überlegt, wie die Friedensbotschaft oder der befreiende Richterspruch zu den Menschen kommt. In der Logik Gottes als König und Richter eines himmlischen Reiches gibt es für dessen irdische Ausbreitung und Ausweitung ein Amt.

4. Das Amtsverständnis der CA und der dreistufige Kirchenbegriff

Den biblischen Überlegung folgend fragt CA V – nachdem der Artikel zuvor von der Rechtfertigung gehandelt hatte –, wie die Menschen den Glauben erlangen könnten, dass sie gerechtfertigt sind. Die Antwort der CA ist: Im Gottesdienst, wo durch das Predigtamt das Evangelium und die Sakramente gegeben werden, da kann man solchen Glauben erlangen. Wo das geschieht, ist nach CA VII die wahre Kirche. Das heißt die Gnadenmittel, Predigt und Sakramente, bleiben zum Vollzug an das göttliche Amt gebunden. Sie bleiben im Machtbereich Gottes und gehen nicht in die Verfügungsgewalt von Menschen über. Hierin besteht der wesentliche Unterschied zum Beispiel zur römisch katholischen Lehre, wonach die zu Priestern geweihten Menschen durch ihre Weihe eine besondere Macht an den Sakramenten haben. Sie allein können überhaupt die Wandlung vollziehen. Die Idee der Reformatoren ist: Gott gibt die Sakramente nicht einem Menschen zur Weitergabe, sondern setzt ein Amt dafür ein, das darüber verfügt. Folglich sind alle am Gottesdienst beteiligten Menschen ihrer Person nach vor Gott gleich. Es gibt keine Unterscheidung von Klerus und Laien. Alle Getauften sind Priester. Gott tritt dem Allgemeinen Priestertum gegenüber ohne besondere Mittlerpersönlichkeiten allein in Wort und Sakrament. Diese Gnadenmittel zu geben, hat er das „Predigtamt" eingesetzt.

Wer dieses Amt ausüben soll, hat Gott nach dem Verständnis der CA nicht geregelt, sondern nach reformatorischer Überzeugung der Gemeinde überlassen. Hätte Gott nämlich auch die Person ausgesucht, so gäbe es vor Gott über die 'normalen' Christen hinaus die zum Mittlerdienst erwählten Christen, also eine Aufteilung der Kirche in Kleriker und Laien. Diese Aufteilung wollte Luther aber gerade mit seiner Lehre vom Allgemeinen Priestertum überwinden zugunsten der Einheit der Kirche.

Bis dahin ist festzuhalten: Das Predigtamt ist zwar von Gott eingesetzt und insofern gestiftet. Wem es aber übertragen wird, entscheidet die ganze Gemeinde.

CA XIV nähert sich dem Amt, das Evangelium und Sakramente gibt, von der Fragestellung her, wer es innehaben soll. Antwort: niemand ohn' ordentlichen Beruf. Die Gemeinde/Kirche steht vor dem Problem, wem sie dieses göttliche Amt überträgt und wie sie die Übertragung gestaltet und ihrerseits ausstattet. Mit dem Begriff Kirchenregiment ist die Bezugsgröße der Kirche/Gemeinde als zu leitender Organisation genannt. Regiment (wieder Wortfeld „Reich"!) oder Leitung geschieht durch Evangeliumsverkündigung und Sakramente, also vom Gottesdienst her. Damit geht es in CA V und XIV um dasselbe Amt aus je verschiedenen Perspektiven. Das eine Amt lässt sich differenziert auf drei Ebenen betrachten parallel zur dreistufigen Differenzierung des Kirchenbegriffs (Vgl. Scherle 2002, 16-20).

Im Sinne der Glaubensaussage gehört das Amt in das Reich Gottes als institutioneller Bestandteil der himmlischen Wirklichkeit. Es ist hier eine Funktion des selbstwirksamen Wortes.

Auf der Ebene des Gottesdienstes ist es das Amt der Liturgie und Predigt, das der Versammlung gegenübersteht und Wort und Sakramente reicht. Der Gottesdienst ist gewissermaßen die Schnittmenge von himmlischer und irdischer Wirklichkeit. Hier tritt eine Person in das Amt. Das wird durch das Tragen des Talars zum Ausdruck gebracht. Seiner Person nach bleibt er oder sie ein „Priester" wie alle anderen, denen Gott im Gottesdienst entgegentritt. Dem Amt nach gehört er oder sie in den Machtbereich Gottes und verkündet jene andere, verheißene Wirklichkeit, die dadurch wirklich wird.

Gleichzeitig gehört die Gottesdienstordnung, Ordnungen über den Kirchenraum, die Auswahl der Person, die den Gottesdienst leiten soll, deren Rechte und Pflichten usw. der Ebene der Organisation Kirche an. Es geht um die rechtliche Ausgestaltung jenes Amtes, also um die menschliche Ordnung des Pfarramtes.

So wie die Kirche erst sachgemäß erfasst ist, wenn sie differenziert als Gemeinschaft, Versammlung und Organisation in den Blick genommen wird, so lässt sich auch das eine Amt nur auf den genannten drei Ebenen beschreiben. Von einem göttlichen und einem völlig anderen menschlichen Amt zu reden, erhellt nicht deren Zusammenhang. Ein menschliches Pfarramt, das keinen Bezug zum Reich Gottes hätte – Was soll das sein?! Das ist ebenso widersinnig wie ein irgendwie geartetes göttliches Amt ohne Bezug zu den Menschen. Wenn es so etwas gäbe, wir wüssten es als Menschen nicht einmal.

Die Schlussfolgerung lautet: Es ist sachgemäß, parallel zum dreistufigen Kirchenbegriff von einem dreistufigen Amtsbegriff auszugehen. Es gibt *ein* Amt in der Kirche in *drei* zu differenzierenden Perspektiven. „In der Kirche" ist in meinem Fall die EKHN.

5. Das Pfarramt in der Kirchenordnung der EKHN (KO)

Die nachfolgende Analyse einiger Artikel der KO soll die Struktur der KO und die ihr innewohnenden Spannungen hinsichtlich der Amtsthematik erhellen. Der differenzierte Amtsbegriff erweist sich dabei als hilfreich.

5.1. Der Ordinationsvorhalt

Im Ordinationsvorhalt (Art 14,2 KO) lassen sich die oben genannten drei Ebenen leicht ausmachen. Es ist der folgende Aufbau erkennbar: a-b-c-b-a:

a) Den Rahmen bildet das Wort der Heiligen Schrift. Der Vorhalt beginnt mit Gottes Auftrag und Verheißung an *seine* Kirche und mit der Beziehung zum Allgemeinen Priestertum. Er schließt mit der „Zusage unseres Herrn Jesus Christus" an den Ordinanden. Das ist die Ebene des Glaubens und der Verheißung. Hier geht es um den göttlichen Auftrag und die Ausstattung mit der Zusage Christi.

b) Im nächst inneren Kreis geht es um die Organisation Kirche. Bleibt die Ebene mit den Formulierungen „alle Ämter der Kirche" und „die Kirche ist dafür verantwortlich..." zunächst noch fließend, so schafft die dritte Formulierung „unsere EKHN" Klarheit. Am Ende verpflichtet sich „unsere Kirche" dem Ordinanden beizustehen. (Die Versorgungszusage wurde wegen der Ordination ins Ehrenamt gestrichen. Bis 1998 stand sie an dieser Stelle im Ordinationsvorhalt.) Der Ordinand verpflichtet sich gewissermaßen im Gegenzug zur Achtung der „Ordnung unserer Kirche", zur Wahrung des Beichtgeheimnisses und der seelsorgerlichen Schweigepflicht.

c) Das Zentrum des Ordinationsvorhaltes bildet die Ebene des Gottesdienstes. Hier werden zunächst Predigt, Taufe und Abendmahl genannt und daraus folgende Mitwirkung am Aufbau der Gemeinde. Dann geht es ganz in der Logik der anderen Ebenen darum, woher der Ordinand Stärkung und Hilfe bekommt, nämlich aus dem Bekenntnis der Kirche, dem geschwisterlichen Gespräch, der Gemeinschaft der Mitarbeitenden und aus der Fürbitte der Gemeinde. Da der Gottesdienst kein abgeschlossenes Geschehen ist, sondern Wirkung entfaltet, sind die Ebenengrenzen hier fließend. Für Predigt und Sakramente zu Beginn und Fürbitte zum Schluss des Vorhalt-Mittelteils ist der Bezug zur Ebene der Liturgie jedoch eindeutig.

Der Ordinationsvorhalt weist alle drei Ebenen des dreistufigen Amtsbegriffs auf. Allerdings wird der Begriff Amt nicht ausdrücklich gebraucht und nur einmal unspezifisch im Plural aufgenommen: „Der Erfüllung dieses Auftrags dienen alle Ämter der Kirche." Diese Beobachtung führt zu der Frage nach dem Pfarramt in der KO zurück.

5.2. Der Pfarrer – Die Artikel 13-19 der Kirchenordnung

Seit der Neufassung der KO von 1966 stehen die Artikel über den Pfarrer (Art. 13-19) an fünfter Stelle im Abschnitt I der KO über die „Kirchengemeinde". Seitdem ist die fortlaufende Zählung – 1. Die Gemeinde, 2. Der KV, 3. Der Mitarbeiterkreis, 4. Die Gemeindeversammlung, 5. Der Pfarrer – gebräuchlich.

Das war bei der Bekenntnissynode zwanzig Jahre vorher noch anders. Die Artikel über den Pfarrer finden sich zwar in dem Abschnitt über die Kirchengemeinde, stehen aber vor den Artikeln über Ältestenrat und Kirchengemeindevertretung.

Diese Umstellung deutet auf ein Ringen um die Verhältnisbestimmung von Pfarrer und Gemeinde hin. Das folgende Zitat aus den Erläuterungen zum Bekenntnis-Entwurf von 1946 ist dazu aufschlussreich:

> „Ein wesentlicher Grundzug der vorliegenden KO ist die Nebeneinanderordnung von Gemeinde und Amt; Damit ist die Überzeugung ausgesprochen, dass weder die Gemeinde noch das Amt den Vorrang in der Kirche haben; keines von beiden darf auf Kosten des anderen überbetont werden." (zit. nach Grunwald 1999, Anhang Nr. 2, S. 2).

In der Auseinandersetzung mit den Deutschen Christen haben Theologen der BK aufgrund dieser Überlegung das Amt betont. Zwanzig Jahre später ist die Situation völlig anders. Gegen den deutlichen Vorrang des Amtes, gegen Pfarramtsherrlichkeit vielerorts, betont die Neufassung der KO von 1966 die Gemeinde stärker.

In der gemeindlichen Praxis überlagern sich seither beide Auffassungen und werden – wie wir sahen – je auch theologisch begründet.

Die angestrebte Nebeneinanderordnung von Gemeinde und Amt ist keineswegs rechtlich austariert und ausgeglichen. Im Gegenteil stehen sich Pfarramt und Gemeinde auch in der KO spannungsreich und unvermittelt gegenüber; allerdings keineswegs offensichtlich. Denn (vermutlich) um einer Überbetonung des Amtes vorzubeugen, wird der Begriff Amt für den Pfarrdienst gar nicht verwendet. Der Begriff wird erstens auf Dekane (Art 28), Pröpste (Art 51) und den Kirchenpräsidenten (Art. 53) bezogen und zweitens auf sämtliche Dienste in der Kirche ausgeweitet inklusive Ehren-Amt. Überbleibsel der Verwendung von „Amt" für den Pfarrdienst sind jedoch noch erkennbar. In Art. 17,3 geht es um die „pfarramtliche Verwaltung", in Art. 19,2 um „pfarramtlichen Dienst".

Es zeichnet sich daraus eine Tendenz ab, die von der Vorordnung, über die Nachordnung bis zum Verschwinden des Pfarramtes aus der KO reicht. Verfassungsrechtlich kann man daraus folgern, dass Auftrag und Dienst des Pfarrers/der Pfarrerin nicht im Gegenüber, vielmehr gemeinsam mit der Gemeinde und für sie wahrgenommen werden soll.

Entsprechend geht Art 13 vom Allgemeinen Priestertum aus, dessen *„unbeschadet" „der Pfarrer zum kirchlich geordneten öffentlichen Dienst"* berufen sei. Das heißt nach der inneren Logik, dass es neben dem Allgemeinen Priestertum gar kein besonderes Amt geben könne.

Das Wörtchen „unbeschadet" ist nun eine schwache Begründung für den Pfarrer. Mit ihm drückt sich die KO vor der Verhältnisbestimmung. Wenn jedes Gemeindeglied die Aufgabe hat, das Evangelium zu bezeugen – wie es heißt – und dies in der Kirchenordnung steht, dann kann das Spezifische des Pfarrers nicht der kirchlich geordnete Dienst sein. Denn kirchlich geordnet ist, dass jedes Gemeindeglied das Evangelium bezeugen soll.

Bleibt noch, die Pointe in dem Wörtchen „öffentlich" zu suchen. Nun kann nicht gemeint sein, dass jedes Gemeindeglied im Privaten, im stillen Kämmerlein das Evangelium bezeugen soll, der Pfarrer aber öffentlich. So wäre die Lehre vom Allgemeinen Priestertum gründlich missverstanden. Denn nach ihr soll jeder und jede überall und zu jeder Zeit durch Tun und Lassen das Evangelium bezeugen, im Beruf, in der Familie, im politischen Engagement.

Die logische Konsequenz daraus wäre, dem Pfarrer gar keine eigenen Artikel in der KO zu widmen, ihn gleichrangig einzureihen in die anderen kirchlichen Dienste, Ordination und das Pfarrerdienstrecht abzuschaffen usw. –

und solche Bestrebungen gibt es ja durchaus in der EKHN. Ganz auf dieser Linie liegt auch Abs. 2, wonach auch „andere dazu beauftragte Gemeindeglieder am Dienst der Verkündigung teilhaben“ können. Das heißt nichts anderes, als dass es nicht unbedingt Pfarrer für diesen Dienst braucht. Bleibt man ganz auf der Organisationsebene der Kirche – und auf diese nimmt Art 13 mit der Formulierung „*kirchlich* geordneter Dienst“ ausdrücklich Bezug – dann kann man in der Tat zu diesem Ergebnis kommen. Insbesondere für Menschen, die sich intensiv mit den Organisationsfragen der Kirche beschäftigen, kann die herausgehobene Bedeutung des Pfarramtes als völlig unverständlich gelten.

Die Logik der Organisationsebene ist gegenwärtig in der EKHN eine sehr mächtige. Sie ist auch nicht falsch, kann aber durch Ausblenden der anderen beiden Ebenen zu verheerenden Fehlentwicklungen führen. Das ist auch auf der Organisationsebene der Kirche selbst erkannt worden. Dem Bedeutungsverlust des Pfarramtes wird zum Beispiel durch die Entwicklung von Leitbildern entgegen zu wirken versucht. Dabei wird vor allem die Bedeutung des Pfarramtes (jetzt heißt es wieder so, vgl. Landeskirchenamt 2001) für die Gesellschaft hervorgehoben und das Pfarramt als Profession stark gemacht. Innerkirchlich soll es eine neue Kultur der Wertschätzung geben.

Ich halte derartige Versuche für kurzschlüssig, wenn sie die theologische und liturgische Dimension des Pfarramtes nicht einbeziehen und nicht die drei Ebenen differenziert betrachten. Ein solcher „Kurzschluss“ ist zum Beispiel den Verfassern des EKKW-Amtspapiers passiert, wenn sie „Die Gegenwart des Heils und die Präsenz der Amtsträger“ zusammenordnen, „Die Vollständigkeit des Heils und die Begrenzung der Amtstätigkeit“ in einem Atemzug nennen oder wenn sie „Die Einheit des Heils und die Vielfalt der Amtsführung“ unter dem Stichwort Zusammenarbeit verhandeln (Landeskirchenamt 2001).

Das Heil hängt weder an den Amtsträgern und Amtsträgerinnen, noch an deren Tätigkeiten und Amtsführung, wie hier der Eindruck vermittelt wird. Nicht mit der Person und deren Taten, wenn überhaupt hat das Heil etwas mit dem Amt zu tun. Dann aber auch nur, wenn das Amt auf der Ebene der Organisation Kirche als Ausgestaltung des göttlichen Amtes die Heilmittel gibt in Predigt und Sakramenten.

Für den Ordinationsvorhalt habe ich den dreistufigen Amtbegriff in der KO aufgezeigt. Doch vermeidet auch Art 14,1, auf den sich der Vorhalt bezieht, den Begriff „Amt“ ausdrücklich zu nennen. Die Gründe dafür habe ich nun anhand von Art 13 durchgespielt. Sachlich geht es jedoch in Art 14,1 gar nicht nur um einen „Dienstauftrag", sondern, wie aus dem folgenden Vorhalt deutlich wird, auch um die Ausstattung des Auftrags mit Verheißungen, Zusagen, Vollmachten und Rechten. Die Formulierung erweist sich also als ungenau. Gemeint ist eigentlich ein Mehr als nur der Auftrag.

Dieses Mehr bringt der Begriff Amt zum Ausdruck. Die Beschränkung auf Auftrag und Dienst muss die Personen, die einen solchen Auftrag erhalten überfordern. Keiner kann immer nur dienen und Aufträge erfüllen, wenn er dafür nicht mit Mitteln und Zusagen ausgestattet ist.

Zudem hat der biblische Rekurs auf die „Diakonia der Versöhnung" gezeigt, dass es sehr wohl um Machtfragen und um ein Heraus- und Gegenübertreten geht. Mit dem Begriff Dienst werden diese Aspekte verschleiert. „Diakonia der Versöhnung" oder „ministerium verbi" ist kein gleichrangiger Dienst unter anderen und keine basisdemokratische Einrichtung, sondern das höchste Amt der Christenheit. Als solches ist es vorrangig ein geistliches Amt. Seine Kernbereiche werden mit Gottesdienst, Seelsorge und Unterweisung/ Lehre Art 13,1 benannt – so auch im Ordinationsvorhalt (14,2). Nicht genannt werden Gemeindeleitung und Verwaltung des kirchlichen Eigentums (anders als z.B. in der EKKW).

In Art 17 geht es um weitere Aufgaben des Pfarrers: Dass ihm die Leitung des Gottesdienstes obliegt (Kanzelrecht), liegt von den o.g. Kernbereichen her nahe (17,1), dass die Kernbereiche eine pfarramtliche Verwaltung (17,3) mit sich bringen, auch.

Von der pfarramtlichen unterscheidet Art 17,3 die kirchengemeindliche Verwaltung. Zu ihr ist der Pfarrer nur verpflichtet, wenn er den Vorsitz im KV innehat und in dessen Vertretung. Das stellt für Art 17,2 in Verbindung mit § 32 KGO eine Pflicht im Ausnahmefall dar.

In dieser Parallelstruktur von pfarramtlicher und kirchengemeindlicher Verwaltung kommt das Gegenüber von Pfarramt und Gemeinde noch klar zum Ausdruck.

5.3. Fazit:

Es gibt in der Kirchengemeinde neben ihren eigenen Organen das Pfarramt, zu dem der Pfarrer oder die Pfarrerin berufen ist. Die Art 13-19 , die sich mit dem Pfarrer befassen, lassen deutlich den Bezug zur Ebene des Gottesdienstes und zu göttlicher Verheißung und göttlichem Auftrag erkennen. Wegen seines Bezugs zur himmlischen Wirklichkeit bleibt das Pfarramt immer vor allem Gegenüber zur Gemeinde. Der Pfarrer oder die Pfarrerin ist der Person nach Gemeindeglied.

Man kann festhalten, dass sich die kirchenrechtlichen Bestimmungen zum Pfarrer trotz anderer Tendenzen tatsächlich weitgehend auf das eine Amt des Evangeliums und der Sakramentenverwaltung beziehen. Auch das Gegenüber von Pfarramt und Gemeinde zieht sich weitgehend auch auf der Ebene der Organisation durch. Das wird unterstrichen durch das Dienstverhältnis des Pfarrers zur Landeskirche und deren Beauftragung, den pfarramtlichen Dienst in einer Gemeinde zu tun.

Es gibt eine folgenschwere Ausnahme. Zu den Aufgaben des Pfarrers gehört nach Art 17,2 auch, „den Vorsitz im Kirchenvorstand zu führen", „sofern nicht ein Kirchenvorsteher zum Vorsitzenden gewählt worden ist." In diesem Fall ist er nicht nur für die pfarramtliche Verwaltung verantwortlich, sondern auch für die kirchengemeindliche Verwaltung (17,3).

Steht der Pfarrer oder die Pfarrerin aufgrund des Pfarramtes eigentlich wie gezeigt der Gemeinde gegenüber, so rückt er oder sie mit dem Vorsitz im Kirchenvorstandes mitten hinein. War sie oder er in seinem klar umgrenzten Aufgabenbereich, nämlich Gottesdienst und sich daraus ergebender Seelsorge und Unterweisung und pfarramtlicher Verwaltung als Pfarrerin, als Pfarrer wahrnehmbar, so vermischt sich das nun mit der Rolle der Dienstvorgesetzten, des Kunden und der Vertragspartnerin. Der Pfarrer, die Pfarrerin hat in der Rolle des Vorsitzenden oder der Vorsitzenden die Interessen der Kirchengemeinde zu verfolgen, die nicht immer mit dem Amt im Einklang stehen müssen.

Umgekehrt hat der Kirchenvorstand „darauf zu achten, dass in der Gemeinde das Wort Gottes lauter verkündigt wird und die Sakramente recht verwaltet werden." (Art 6,1) Der KV ist das Kontrollgremium der Gemeinde und als solches Gegenüber der Pfarrerin und des Pfarrers. Hat aber der Pfarrer, die Pfarrerin den Vorsitz inne, werden häufig pfarramtliche Aufgaben von der Gemeinde übernommen.

Im Sinne klarer Gewaltenteilung und Verantwortlichkeit ist diese strukturelle Vermischung von Pfarramt und Gemeindeleitung nicht. Was von der KO als im Einzelfall zu begründende Ausnahme vorgesehen wurde, ist in der Praxis die geläufige Regel.

6. Schluss

Nach diesem Schnelldurchgang durch die CA, den Rekurs auf einige neutestamentliche Linien und den Blick in die KO sind die Überlegungen zum Pfarramt keineswegs abgeschlossen. Im Gegenteil: Weil ich einen differenzierten Amtsbegriff für sehr leistungsfähig halte angesichts der praktischen Herausforderungen in der Kirche, möchte ich zu einer intensiven Auseinandersetzung um das Pfarramt beitragen.

Das ist im Übrigen die bleibende Grundaufgabe jeder Vikarin und jedes Vikars. Wenn der Talarschneider kommt, wird es einem bewusst. Wer dieses große Amt der Christenheit bekleiden will, muss darum ringen. Man wird weder darauf warten können, dass Gott einem einen Rock mache und einen ankleide; auch wenn Gott das zweifelsohne nach Gen 3,21 tun könnte. Noch wird sie oder er vom Schneider die Antwort auf seine Frage erhalten: Passe ich in den Talar?

Literatur

BEYER, HERMANN WOLFGANG: Art. διακονεω, διακονια, διακονος, in: ThWNT Bd. II, Stuttgart 1935, 81-93.

GRIMM, JACOB / GRIMM, WILHELM: Deutsches Wörterbuch I, Nachdruck der Erstausgabe [1854], München 1984.

GRUNWALD, KLAUS-DIETER (u.a.): Die Ordnung der Evangelischen Kirche in Hessen und Nassau. Kommentar, Frankfurt am Main 1999.

KLUGE, FRIEDRICH: Etymologisches Wörterbuch der deutschen Sprache, Berlin ²³1999.

LANDESKIRCHENAMT DER EVANGELISCHEN KIRCHE VON KURHESSEN-WALDECK (Hg.): Das Amt des Pfarrers und der Pfarrerin in der modernen Gesellschaft. Ein Diskussionspapier der Theologischen Kammer der Evangelischen Kirche von Kurhessen-Waldeck, Kassel 2001.

SCHERLE, PETER: Kirchentheorie in der Praxis, in: Herborner Beiträge 1 (2002), 10-30.

Die pastorale Kernrolle im gesellschaftlichen Wandel

Gemeindeausflug

Christel Gottwals

Das ist wirklich eine der merkwürdigsten Geschichten, die ich je gehört habe. Ein Kollege aus Frankfurt hat sie mir erzählt vor einigen Wochen.

Der Gemeindeausflug war gut vorbereitet. Durch sein Bürofenster kann der Pfarrer sehen, wie Frauen und Männer aus der Gemeinde in den Bus einsteigen und sich dabei angeregt unterhalten. Er überprüft noch einmal die Unterlagen: Zeitplan, Sammeleintrittskarten, Fahrtroute, – alles ist da.

In diesem Moment geht die Türe auf und die Gemeindesekretärin kommt aufgeregt herein. „Ausgerechnet jetzt sitzt da wieder so einer", sagt sie nervös. „Ausgerechnet jetzt, wo wir doch gleich losfahren wollen, sitzt er da auf der Treppe. Und stellen Sie sich vor: er will auch noch mitfahren!" „Wer sitzt auf der Treppe?", will der Kollege wissen. „Na, wieder mal ein ... Obdachloser", antwortet die Sekretärin und seufzt. „Und er will unbedingt mitfahren, hat er gesagt."
Der Kollege holt tief Luft und überlegt. Was werden die anderen sagen? Er hört schon förmlich die Fragen und Einwände. Was denn, den sollen wir mitnehmen? Wohin wir auch gehen, mit dem blamieren wir uns doch nur. Den lassen sie doch weder in das feine Schloß noch ins Restaurant ...
Bestimmt werden einige gar nicht erst zulassen, daß er in den Bus einsteigt. Er wird unangenehm riechen. Außerdem hat er nichts für die Fahrt bezahlt. Nein, Herr Pfarrer, das geht beim besten Willen nicht. Geben sie ihm was, und dann soll er sich schleichen ...- Ja, so werden sie sagen. Irgendwie ist es ja auch unzumutbar, ihn mitzunehmen. Und wenn er das tut, hat er die ganze Reise über die Beschwerden im Ohr, muss ständig beruhigen, vermitteln, um Verständnis bitten, - und womöglich selbst noch dem Geruch des Obdachlosen ausgesetzt sein. Aber er denkt auch an das Jesuswort: „Was ihr einem dieser meiner geringsten Brüder getan habt, das habt ihr mir getan."

Mit einem Seufzer geht er hinaus zur Treppe. Die Sekretärin folgt ihm mit einem kleinen Abstand. Vor dem Obdachlosen bleibt er stehen und sieht ihn an. Viel von ihm kann er nicht erkennen. Etliche zerlumpte Kleidungsstücke trägt er und hat noch eine alte Decke um sich geschlagen. Langes zerzaustes Haar quillt aus der Strickmütze, die er tief in sein angeschmutztes Gesicht gezogen hat. Er blickt zur Seite, vermeidet es, den Pfarrer anzusehen. „Guten Tag, ...Sie wollen also mit uns fahren ...", beginnt der Kollege das Gespräch. „Ja, ja, möchte mitfahren, weiß wo es hingeht ..." Mit merkwürdiger Stimme hat der Obdachlose gesprochen und den Blick weiter abgewandt. Der Kollege ist ratlos und verwundert. Woher weiß dieser Mensch auch noch, wo es hingeht? Was soll er bloß tun?

Jetzt, gerade im Moment größter Hilflosigkeit, passiert etwas. Der Obdachlose steht auf, wendet sich dem Pfarrer zu, zieht die Strickmütze ab samt der Perücke mit dem wuschligen Haar. Der Kollege muß zwei Mal hinsehen und kann es kaum fassen. Vor ihm steht mit schmutzigem Gesicht ... sein eigener Vater. „Was um Himmels willen ..." ruft der Kollege aus und nimmt den Vater im selben Moment in die Arme. Dann sieht er ihn an und fragt: „Was hast du dir dabei nur gedacht?" „Ich habe dir doch gesagt, daß ich dich irgendwann mal richtig überraschen werde, wenn du gar nicht dran denkst." Der Kollege schüttelt den Kopf. „Auf so eine Idee zu kommen ..., - du hast mich vielleicht ins Schwitzen gebracht."

Gerne hätte ich noch mehr darüber erfahren, warum der Vater den Sohn auf solch eine Probe stellt. Aber die Zeit war knapp und ich hatte auch nicht das Gefühl, der Kollege könnte darauf eine schnelle Antwort geben. Ich habe aber noch im Ohr, was er sagte, bevor wir uns verabschieden mußten: „Weißt du," hat er gesagt, „weißt du, seitdem schaue ich mir die, die hier vorüberkommen, noch genauer an, nehme mir auch Zeit für sie, lade sie zum Kaffee ein oder sonstwas. Es könnte ja mein Vater sein, meine Schwester oder mein Bruder ...

Theologia gubernationis – Leitung und Macht

Eine pastoralpsychologisch orientierte Reflexion

GUDRUN JANOWSKI

Kennzeichen des Berufsbildes Pfarrer/Pfarrerin ist, jedenfalls solange das pastorale Feld, die Gemeinde, in ihrer jetzigen Gestalt besteht, die *Rollenvielfalt* des Pfarrers/der Pfarrerin als „Generalist" oder „Generalistin" (vgl. den Beitrag von Mühlmeier in diesem Band), die es den Pastorinnen und Pastoren erlaubt, sich *je nach Bedarf* als „Managerin/Manager" in der Leitung der Gemeinde zu bewegen oder als „Lehrerin"/Lehrer" in Bildungszusammenhängen, als Prediger/Predigerin und „Führerin/Führer" durch gottesdienstliche Handlungen oder als „aktive/r Zuhörer/in" in Zusammenhängen von Seelsorge und Beratung, u.v.m. zu verhalten. Über die Gewichtung der Rollenteile wird z.Zt. im Rahmen der Diskussionen über das Berufsbild heftig gestritten.

Wie auch immer das Berufsbild Pfarrer/Pfarrerin sich entwickeln wird – vieles spricht für eine stärkere Konzentration auf die „Kernbereiche" pastoraler Tätigkeiten im Dienste der gesellschaftlichen Profilierung von Kirche –, dem Pastor, der Pastorin als leitender Person im System Gemeinde, Theologinnen und Theologen in leitenden kirchlichen Funktionen, steht es gut an, Rollensicherheit und ein *bewusstes Verhältnis zu Macht* zu gewinnen und dieses in einem *theologischen* Begründungszusammenhang zu reflektieren.

Die Rollenvielfalt des Pfarrberufes erzeugt eine extreme Spannung im Selbstverständnis der Theologin/des Theologen im Pendeln zwischen Machtverzicht und Übernahme von Macht, von Raum gewähren und Raum nehmen, von Sich-Zurücknehmen und Hervortreten:

In den seelsorgerlichen Beziehungen ist es für den Seelsorger/die Seelsorgerin um der Hilfe zur Selbsthilfe willen nicht angezeigt, eigene Macht-Interessen zu verfolgen. Spätestens seit der Entdeckung des sog. Helfersyndroms (Schmidbauer 1977), aber auch in Anlehnung an psychoanalytische Erkenntnisse und psychotherapeutische Methoden ist Agieren in der Seelsorge fragwürdig. Pastorale Supervision spürt dementsprechend unbewusstes Machtstreben auf, deckt es auf und hilft dem Pastoranden/der Pastorandin somit, eigene Interessen zurück zu stellen, damit er/sie das Gegenüber wahrnehmen und ihm Raum gewähren kann.

In den übrigen pastoralen Zusammenhängen steht dagegen der persönliche Gestaltungswille stärker im Vordergrund. Strukturiertes, lösungsorientiertes Handeln sowie Leitungsverhalten erfordern keinen Machtverzicht sondern einen selbstbewussten verantwortungsvollen Umgang mit Macht – allerdings im Sinne von aggredi (Vorangehen) im Gegensatz zu der oben beschriebenen Haltung des regredi (Zurückgehen).

Nachdem in den letzten Jahren Management-Theorien und Management-Konzepte Einzug gehalten haben in den pastoralen Bereich, stellt sich für Pfarrerinnen und Pfarrer die Frage nach dem persönlichen Umgang mit Macht noch expliziter. Selbstbewusst, machtvoll und z.T. konkurrent (aggredi) werden Methoden und Inhalte von ihren Vertreterinnen und Vertretern in kirchliche Handlungsfelder eingebracht. Die/der leistungsstarke, selbstbewusste und erfolgsorientierte Manager/in scheint die/den zurückgenommene/n Seelsorger/in in den Hintergrund zu drängen, so als gehörte nicht beides zum Berufsbild: Die agierende, machtvolle und „Welt-gestaltende" Seite *und* die kontemplative, abwartende Seite, die aus dem „Gottvertrauen" lebt und Veränderungen sich entwickeln lässt. In der Identifikation mit nur einer Seite entstehen Polarisierungen, in der die als gegensätzlich empfundene Haltung als Bedrohung erlebt wird. Aversionen entstehen. Der jeweils zurückgedrängte Aspekt der Persönlichkeit („Schatten"-Anteile, Jung 1988, 168-176) wird im Anderen bekämpft.

Die „Kunst" der Profession Pfarrerin/Pfarrer liegt m.E. darin, beiden Seiten Raum zu gewähren: Biblisch gesprochen hieße das, Martha *und* Maria (Lk 10,38-42) sein. – Je nach Situation tritt die eine oder andere Seite hervor, wobei der kontemplative Aspekt sowohl persönlich als auch kulturell der gefährdetere zu sein scheint. Pastoral*soziologie* und Pastoral*psychologie* berühren einander methodisch in Konzepten von (Team-)Supervision, Gruppen- und Organisationsberatung, auch wenn sie sich i.d.R. in ihrer Perspektive unterscheiden. Die Wertschätzung der jeweils anderen Seite ist allerdings die Voraussetzung für ein fruchtbares, komplementäres Miteinander.

Die folgenden Überlegungen bringen die pastoralpsychologische Perspektive ein in die Diskussion um das Berufsbild der Profession Pfarrer/Pfarrerin. Meine Auseinandersetzung mit Aspekten der Organisationsberatung verstehe ich als konstruktiv-kritischen Diskussionsbeitrag im Ringen um personal identity und corporate identity im Spannungsfeld von Kirche. Mit Hilfe von psychologischen, theologischen und philosophischen Überlegungen werde ich den Versuch unternehmen, Ambivalenzen, Widersprüche und Paradoxien auszuleuchten, in der die Profession der Theologinnen/Theologen sich bewegt, mit dem Ziel, genau diese Spannungen (aus-)zu halten. Dabei versuche ich der Frage nachzugehen, wie eine Theologia gubernationis aussehen könnte. Psychoanalytisch reflektierte Erfahrung wird mich hierbei ebenso leiten wie theologische Überlegungen und erkenntnistheoretische Prämissen.

Theologie und Zeitgeist – Impulse für den Pfarrberuf

In der Spannung von Tradition, Situation und (Zukunfts-)Vision adaptiert Praktische Theologie Zeitgeist gemäß Strömungen in Form von Inhalten und Methoden und bringt neueste Erkenntnisse aus dem Bereich der Humanwissenschaften in Bezug zu theologischen und pastoralen Zusammenhängen.

Die Integration *organisationsberatender* Konzepte in den pastoralen Zusammenhang scheint sich dabei ebenso widersprüchlich zu gestalten wie die Integration *therapeutischer* Methoden und Ansätze zu Beginn der „Seelsorgebewegung“, die vor ca. 50 Jahren entstand, da die jeweilige theologische Reflexion den Erfahrungen in der Praxis der Beratungen hinterher hinkte.

> Für die „Seelsorgebewegung“, die ihre Impulse aus den psychotherapeutisch orientierten Humanwissenschaften bezog, scheint der Integrationsprozess weitgehend abgeschlossen zu sein: Die Poimenik kennt und benennt die Abgrenzung von Seelsorge und Therapie sowie Seelsorge und Beratung. Pastoralpsychologische Supervision reflektiert Person und Rolle in der Perspektive von Theologie, Glaube und Spiritualität, so dass Pfarrerinnen und Pfarrer in die Lage versetzt werden, eine eigene pastorale Identität herauszubilden (vgl. Janowski 2002a). Auch Seelsorgerinnen und Seelsorger ohne Vorbildung eines Theologiestudiums, die z. T. hauptamtlich, zum weitaus größten Teil ehrenamtlich in den Gemeinden wirken, können in pastoralpsychologischen Fortbildungen und Supervisionen ihre Seelsorgepraxis auf dem Hintergrund ihres persönlichen Glaubens und ihrer Identifikation mit Kirche oder einem Teilsystem der Organisation erleben und reflektieren. Allerdings stellt sich m.E. auch in der pastoralpsychologischen Supervision die Frage nach Leitungsverantwortung und Macht wieder neu, nachdem mit den Impulsen aus Organisationsberatung, insbesondere der Managementkonzeptionen, die Leitungsfunktionen in allen pastoralen Bereichen besonders beleuchtet werden.

Gibt es eine Theologie der Leitung?

Wie sieht die Abgrenzung von Pastoralsoziologie und Organisationsberatung auf dem Hintergrund ekklesiologischer Überlegungen aus? Sind Modelle von Organisationsentwicklung, die speziell für den Non-Profit-Bereich diskutiert und entwickelt wurden, wirklich uneingeschränkt auf Kirche zu übertragen? Was ist das Spezifische kirchlicher „Kultur" und wie wirkt sich diese „Kultur" mit der „Gesamtheit von Normen, Werthaltungen und Denkvorstellungen, die das Verhalten der Mitarbeiter aller Stufen und somit das Erscheinungsbild eines Unternehmens prägen" (zitiert nach Schwarz 1992, 318) aus?

Erfahrungsgemäß verursachen neue Konzepte, die in eine Organisation „von außen" hineinstreben, „Störungen", die das System anregen, sich neu zu organisieren. Im Fall von Kirche können durch Zeitgeist geprägte Impulse zu einer massiven *Wertediffusion* führen, die sich in Richtungskämpfen von Teilsystemen und gegenseitigen Polarisierungen äußern und/oder Identitätsdiffusionen Einzelner verursachen.

Gerade eine Organisation, die sich nicht nur über „Normen, Werthaltungen und Denkvorstellungen" definiert sondern darüber hinaus sich dadurch reproduziert, dass ihre Mitglieder und MitarbeiterInnen in mehr oder weniger starkem Maße *Tradition, Situation* (erlebte Realität) und *Zukunftsvision* in dialektische Beziehung miteinander bringen und aus solchermaßen gewonnener *Glaubensperspektive* die „Welt" deuten (und somit auch in Frage stellen), muss ernsthaft die Werte prüfen, die der Zeitgeist als innovativ und erstrebenswert vermittelt.

> Alfred Jäger beleuchtet in seinem umfassenden Werk „Konzepte der Kirchenleitung für die Zukunft" (1993) die Spannung von Kirchensoziologie und Ekklesiologie. Er warnt bei aller Befürwortung beratender Prozesse vor allzu pragmatischer Zweckorientierung, die in ihrer Ergebnis-Orientierung die Potentiale des Gelingens, aber auch des Scheiterns in sich trägt. „Reiner Pragmatismus, der zumeist ausgeprägt zum Geist von Management-Konzepten gehört, kann ohne zureichenden Tiefgang des Mit- und Vordenkens in einer Oberflächlichkeit stecken bleiben, für die das vordergründig Machbare wichtiger wird als das langfristige Nötige. Sofern es gelingt, die verschiedenen Reflexionsebenen in einem zielgerichteten Ablauf zu integrieren, ergibt sich in der kybernetischen Begleitung ein unersetzlicher theologischer Resonanzboden, der selbst bei unscheinbaren Maßnahmen aus der Tiefe mitschwingt, Misstöne verstärkt zu Gehör bringt und der Stimmigkeit des Ganzen dient" (Jäger 1993, 38).

Der Pfarrer/die Pfarrerin übt sich in immer wieder neuen Situationen im *Deuten von Wirklichkeit.* Diese theologische Perspektive der Weltdeutung durchzieht das gesamte pastorale Handeln. Es ist nicht leicht, die Spannung permanent zu halten, aus der sich *pastorale Identität* speist: *Zeitgenossenschaft zu teilen* und sich gleichzeitig von einer Perspektive leiten lassen, die die zeitliche Dimension überschreitet und in Frage stellt. Wer nicht *die emotionale Stärke* mitbringt, diese Spannung (aus-) zu halten, wird der Belastung eines Pfarramts auf Dauer nicht gewachsen sein.

Da Managementkonzepte längst Anwendung finden in Gemeinden und kirchlichen Einrichtungen, stellt sich, wie es in der Poimenik nach längeren Prozessen mit therapeutischen Konzepten schon gelungen zu sein scheint, für die Pastoral*soziologie* und Pastoral*psychologie* gleichermaßen die Aufgabe, Managementkonzepte auf ihre Tauglichkeit für den kirchlichen Bereich zu überprüfen, sinnvolle Impulse zu integrieren und die Philosophie (Ideologie) der aus der Unternehmenskultur der „freien Wirtschaft" entwickelten Konzeptionen theologisch zu reflektieren.

> Wie zu Beginn der „Seelsorgebewegung" zu beobachten war, unterlagen Pfarrerinnen und Pfarrer häufig der Versuchung, eine „geliehene" Identität herauszubilden, indem sie sich etwa (unbewusst) als „kleine" oder gar als die „besseren" Therapeutinnen und Therapeuten verstanden: Der dem therapeutischem Zusammenhang entliehene Begriff „Klient"/„Klientin" etwa war lange Zeit heftig umstritten. Es spiegelte sich in diesem Begriffstreit eine durchaus wichtige Auseinandersetzung um Angleichung und Abgrenzung seelsorgerlicher Begegnung und beraterischer Praxis wider, eine Differenzierung von aus der „Hinwendung zum Nächsten" begründeter seelsorgerlicher Praxis (für KlientInnen kostenlose „Geh-Struktur" der SeelsorgerInnen) mit einer offenen Zielsetzung, die sich nicht an „Heilskonzepten" von Therapie und Beratung orientiert, und lösungsorientierter Beratung (in Form von „Komm-Struktur").
> Dieselbe Form der „Identitäts-Anleihe" scheint sich aktuell in manchen Prozessen der Adaption marktwirtschaftlich orientierter Management-Konzepte zu vollziehen, so als gälte es zu beweisen, in pastoralem Zusammenhang der „bessere" Manager oder die „perfektere" Managerin zu sein.

Schon 1982 betonte M. Josuttis in seiner pastoralpsychologischen Analyse des Pfarrberufs („Der Pfarrer ist anders") die doppelte und z.T. gegensätzliche Verankerung des Theologen im pastoralen Zusammenhang von Gemeindearbeit als einer Person, die einerseits *Teil der Gemeinde* ist und deren Leben teilt, sich also nicht unterscheidet von den übrigen Gliedern der Gemeinschaft der Gläubigen, die jedoch *andererseits* eine führende und somit herausragende oder vorangehende Position im Sinne *geistiger Führerschaft* einnimmt.

Zur Zeit wieder aktuell gewordene kirchensoziologische Versuche, „Laiinnen“ und „Laien“ mit hauptamtlichen Theologinnen und Theologen gleichzusetzen, missachten vielfach die spezifische theologische Kompetenz, die Pfarrerinnen und Pfarrer durch ein langes akademisches Studium und durch im Berufsleben erworbene und reflektierte Praxis erlangt haben. Diese Nivellierung führt zu tiefen Kränkungen im Kern des pastoralen Selbstverständnisses, da sich die Pfarrerin/der Pfarrer, der oder die sich schon in nahezu allen anderen Zusammenhängen pastoraler Tätigkeiten als Dilettant/in erleben wird, nun auch ihres/seines eigentlichen Expert/innen-Seins beraubt sieht. Dabei steht die permanente Entwertung theologischer Kompetenz in unzweifelhaftem Widerspruch zu gesellschaftlichen Erwartungen, wie sie z.B. in der massiven Anfrage nach Notfallseelsorge u.a. „Dienstleistungen“ an Geistliche herantragen werden (vgl. Janowski 2002b).
Das Verhältnis von hauptamtlich angestellten Theologinnen und Theologen und ehrenamtlich wirkenden Mitarbeitenden sollte durch gegenseitige Achtung der jeweiligen Kompetenzen geprägt sein, in der sich die Andersartigkeit der KooperationspartnerInnen fruchtbar auswirkt. Es kann nur zu (Rollen- und Identitäts-) Konfusionen führen, wenn unterschiedliche Kompetenzen nicht benannt und gegenseitig akzeptiert werden. Die/der Pfarrer/in darf sich getrost als Experte/Expertin in religiösen Fragen verstehen, auch wenn TheologInnen und NichttheologInnen aufgrund der Prämisse des „Priestertums aller Gläubigen“ fruchtbare Diskussionen auf der Glaubensebene führen können.

Die *Gleichzeitigkeit* der beiden berechtigten Anforderungen an den Pfarrer oder die Pfarrerin erzeugt eine *Spannung im Selbstverständnis, die es auszuhalten gilt.* Nicht selten entziehen sich die Betreffenden dieser Spannung (ein solcher emotionaler Spagat wird verständlicherweise als sehr anstrengend empfunden!), indem er oder sie, je nach Persönlichkeitsdisposition, sich auf die eine oder andere Seite schlägt.

Pastoralpsychologisch begründete Supervision bearbeitet dieses Spannungsfeld im Blick sowohl auf die Persönlichkeitsanteile des jeweiligen Supervisanden/der jeweiligen Supervisandin als auch auf die Rollenfindung im pastoralen Feld und als dritte Ebene – dies hatte Josuttis 1982 noch nicht im Blick – den persönlichen theologischen und spirituellen Begründungszusammenhang (vgl. dagegen Josuttis 1996).
Konkret bedeutet dies z.B., dass ein/eine Pfarrer/Pfarrerin mit stärker ausgeprägten „depressiven“ Persönlichkeitsanteilen (vgl. Riemann 1999, dessen Typologie selbst in neuesten Trainingskonzepten eine Renaissance erfährt) eher die Nähe zu Gemeindegliedern oder Gruppierungen in der Gemeinde sucht und dementsprechend Mühe hat, sich in pädagogischen, homiletischen oder dienst-

rechtlichen Zusammenhängen in die Position des Gegenübers zu begeben und sich außerhalb der schützenden Nähe der Gemeinschaft den kalten Wind des „Andersseins“ um die Ohren blasen zu lassen. Dasselbe gilt natürlich für die übrigen Persönlichkeitsdispositionen in entsprechender Weise: Wer überwiegend „zwanghaft“-kontrolliernd (meist patriarchal) die Gemeinde „leitet“, indem er sie zu beherrschen strebt, lässt die solidarische geschwisterliche Nähe zur Gemeinschaft vermissen. Wer die anderen als „Bühne“ seiner/ihrer hysterischen Bedürfnisse missbraucht, wird wenig Einfühlsamkeit mitbringen, ebenso wenig wie der/die „schizoid“ -distanziert Veranlagte. Und doch sind alle Persönlichkeitsanteile bewusst zu entwickeln, um der Rollenvielfalt der Profession gerecht zu werden.

Der spielerische Umgang mit den mehr oder weniger gut ausgeprägten eigenen Persönlichkeitsanteilen ist Teil der seelsorgerlichen Ausbildung und verhilft den angehenden Pfarrerinnen und Pfarrern dazu, sich, je nach den beruflichen Erfordernissen, in den verschiedenen Rollenbildern zu bewegen: „Hebamme“ oder „Geburtshelfer“ (meist in tiefgehenden seelsorgerlichen Zusammenhängen) sein für die Artikulierung dessen, was dem Gegenüber auf der Seele brennt, „Prophetin“, „Prophet“ sein (oft in homiletischen und gesellschaftspolitisch relevanten Situationen), „Priesterin, Priester“ (verstärkt bei Kasualien und Symbolhandlungen), „Hirtin“, “Hirte“ (im Sinne des fürsorglichen seelsorgerlich-diakonischen Nachgehens oder Vorangehens) „Lehrerin“, “Lehrer“ (in Bildungszusammenhängen), „Vater, „Mutter“, „weise Frau“, „weiser Mann“, „Zauberin“, „Zauberer“. Das sind Figurationen, die in ihrer symbolischen Bildhaftigkeit Raum eröffnen und Raum abstecken, um die vielseitige und schillernde Profession Pfarrerin/Pfarrer zu füllen.

Es existieren viele „Fallen“, in die die/der Pfarrerin/Pfarrer im pastoralen Kontext „tappen“ kann: So drängen berechtigter Maßen Beraterinnen und Berater aus der Perspektive von Management-Trainings darauf, dass die Rolle des/der Dienstvorgesetzten auch im pastoralen Feld gegenüber Mitarbeitenden in der Gemeinde klarer wahrgenommen werden soll als vielfach üblich ist. Das ist nicht neu, doch die Orientierung an dem Berufsbild Manager/in forciert die Rollenklärung. Schon lange hat sich in Supervisionen erwiesen, dass Konflikte mit Mitarbeitenden zu „Dauerbrennern“ werden, wenn Pfarrer/Pfarrerinnen bei Dienstvergehen von hauptamtlichen Mitarbeitern/Mitarbeiterinnen in seelsorgerlich-verständnisvoller Haltung verharren und das Dienstverhältnis ausgeblendet wird. In der Regel führt das dazu, dass notwendige personale Konsequenzen vermieden werden.

Mit Sicherheit hängt diese Rollenverweigerung mit der Motivation von Theologinnen und Theologen zum Pfarrberuf zusammen. (Alle Untersuchungen ergeben immer wieder, dass Gottesdienst und Seelsorge die Felder sind, mit denen sich Pastorinnen und Pastoren am stärksten identifizieren-, was im Übrigen kongruent ist mit der Erwartung von Gemeindegliedern und Kirchenfernen an die Profession.) Die Scheu, Macht und Autorität zu zeigen, hat jedoch noch eine andere Dimension: Sie ist spürbar auch in pädagogischen und sozialen Bereichen und steht für mich im Zusammenhang mit der Abwehr patriarchal-autoritäter Strukturen nach 1945. Der Aufbau demokratisch orientierter Selbstverständnisse und der Kampf der Geschlechter vollzog sich in der Kritik hierarchisch geprägter Strukturen. Macht und Autorität wurden abgewehrt. Ein verantwortungsvoller, selbstbewusster und weiser Umgang mit Macht musste und kann sich noch entwickeln

In einem Beruf, der es erfordert, dass die betreffenden Funktionäre/Funktionärinnen sich in unterschiedlichen Rollen zu bewegen lernen, liegt es im Sinne der Angstabwehr nahe, auf ein weniger unsicheres und unbequemes Terrain zu flüchten, wenn die Gefahr besteht, durch eine klare Positionierung Ablehnung zu erfahren. (Der verständnisvolle Pfarrer fühlt sich verständlicherweise mehr geliebt als die strenge Dienst-Vorgesetzte.) Thema in vielen pastoralpsychologischen Supervisionen und Fortbildungen ist demzufolge die (häufig depressiv verankerte) Angst vor Liebesverlust, beruhend auf mangelndem Selbstwertgefühl. Daraus ergibt sich als Beratungsziel, den Respekt vor sich selbst und anderen zu stärken, persönliche Autorität zu entwickeln und Ängste abzubauen, die Abgrenzung und Profilierung der Persönlichkeit mit klaren Konturen verhindern.

Mit Macht und Ohnmacht leiten

Warum Theologinnen und Theologen sowie haupt-, neben- und ehrenamtliche Mitarbeiterinnen und Mitarbeiter erkennbar häufig Mühe haben, ein eindeutiges Verhältnis zu dem Umgang mit Macht zu entwickeln, trägt jedoch m.E. seine Ursache nicht nur in persönlichkeitsbedingter Abwehr sondern resultiert aus dem besonderen „Unternehmen“ Kirche, das die „Firma Gott, Sohn + Co“. (Thomé 1998) darstellt. – Hier berühren sich die Perspektiven von Pastoralpsychologie, Pastoralsoziologie und Theologie.

… denn Gottes Kraft ist in den Schwachen mächtig (2.Kor. 12,9)
Die Hinwendung zum Nächsten (diakonischer Impetus) und die Identifikation mit Schwachen und Benachteiligten (seelsorgerlicher und politischer

Impetus) „verbietet" es den solchermaßen Identifizierten geradezu, sich auf die Seite der Macht zu stellen, auch wenn Leitungsfunktionen dies erfordern. Die beiden Pole Identifikation mit der Position der Ohnmacht einerseits und funktional gebotene Übernahme von Verantwortung und Gestaltungswillen anderseits führen zu einer emotionalen Konfliktlage, deren Bewältigungsstrategie häufig Verschleierung heißt. *Doch nichts wirkt mächtiger als unbewusste und somit sublime Machtstrukturen.* Sie zu entschlüsseln ist Aufgabe von Supervision und (Organisations-)Beratung mit dem Ziel, destruktive „Machtspiele" zu entlarven und einen *verantwortungsvollen Zugang zu Machtpositionen* zu ermöglichen. Pastoralpsychologisch begründete Supervision reflektiert darüber hinaus die in der Pastorandin/dem Pastoranden auf der Glaubensebene aufbrechenden Konflikte im Sinne einer Re-Vision (Umdeutung) und Aktualisierung „christlicher" Werte.

Gottes Kraft ist in den Schwachen mächtig.
Sich in der Spannung der Gefühle von Ohnmacht und Macht, Schwachheit und Kraft, Minderwertigkeit und Führungsbewusstsein, Bescheidenheit und Ruhm, etc. zu bewegen scheint seit Beginn der christlichen Gemeinden die Herausforderung für leitende Persönlichkeiten gewesen zu sein, wie den Ausführungen des Apostels Paulus zu entnehmen ist. Auch in ihm, dem „Manager" des Evangeliums, spiegelt sich die Auseinandersetzung widerstrebender persönlicher Haltungen wider, die er in ihrer Widersprüchlichkeit und Paradoxie in leitender Gemeindefunktion in sich zu vereinen sucht: *„Gerühmt muss sein ..."* (2. Kor 12,1) konzediert er, um dann aber diese Aussage wieder einzuschränken: *„Darum will ich mich am allerliebsten rühmen meiner Schwachheit, damit die Kraft Christi in mir wohne ..." (2.Kor 12,9) denn wenn ich schwach bin, bin ich stark* (2.Kor 12,10). – Was Paulus wiederum nicht daran hindert, seine patriarchalische Macht, dem Zeitgeist entsprechend, Frauen gegenüber zu behaupten.

> Eine gute Präsentation muss sein! – so würde ich Paulus' Aufruf zu „sich rühmen" heute übersetzen. Wobei sich die „gute Präsentation" sowohl auf die Darbietung des „Stoffes" des Evangeliums beziehen sollte als auch auf die Wirkung der eigenen Person: Die Person Pfarrer/Pfarrerin ist das „Instrument" pastoralen Handelns. Ausstrahlung, Haltung und Kommunikation „transportieren" die Inhalte christlicher Botschaft ebenso wie Wort, Bild und Sprache.
> Da das „Produkt" von Kirche sich wesentlich vom Verkauf anderer Waren unterscheidet, indem es auf die existentielle Berührung des Interessenten/der Interessentin zielt, ob kirchenfern oder Kirchenmitglied, kommt es in der Begeg-

nung von Pfarrer/Pfarrerin und Gegenüber weiterhin darauf an, dass er/sie authentisch und überzeugend erlebt wird.

Martin Thomé betitelt seine Überlegungen zur „Firma Gott, Sohn Et Co. *mit „Unternehmen Orientierung*“ (Thomé 1998). Aus seiner (katholisch geprägten) Sicht stellt „seit zweitausend Jahren … die Firma dasselbe Produkt her, seit den Anfängen sind Herstellung, Vertrieb, Marketing in einer Hand. Klein angefangen, hat sich die Firma über die Jahrhunderte hinweg hochgearbeitet und hat heute das, was viele Unternehmen sich wünschen: eine weltweit einheitliche corporate identity unter einem zwar nicht rechtlich geschützten, dafür jedoch um so verbreiteteren Markenzeichen mit hohem Wiedererkennungs- und Identifikationswert.“ (Thomé 1998, 9)

Auch wenn er im Folgenden berechtigterweise die Krise dieses „Konzerns“ thematisiert und Wege hieraus sucht, besticht zunächst einmal die positive Grundeinstellung, man könnte auch sagen, das Vertrauen auf die Durchsetzungsfähigkeit und Relevanz des Evangeliums. In spielerischer Begrifflichkeit gelingt es ihm, die Denkstrukturen moderner Marketing- und Managementstrategien auf das „Unternehmen“ Kirche anzuwenden, wenngleich er zu dem nach meiner Beobachtung durch die Erfahrungen mit Organisationsberatungen in den Kirchen bestätigten Schluss kommt, dass die Krise der Kirchen heute nicht allein durch Managementstrategien zu bewältigen ist: „Die Frage nach der Möglichkeit, die Krise der Kirche heute mit Mitteln moderner Marketing- und Managementstrategien zu bewältigen, ist keine Frage nach einer eingängigen Erklärung, einer eindeutigen Antwort. Aufgrund der Komplexität sowohl von Kirche als auch moderner Gesellschaft je in sich und der daraus resultierenden Vielschichtigkeit ihres gegenseitigen Verhältnisses bedarf die hier gestellte Frage einer tiefen Fundierung, *sie muss in gewisser Weise selbst als Frage auf den Weg gebracht werden:* Indem sie ansetzt *hinter* der Entweder-Oder-Entscheidung gegenüber dem praktischen Einsatz der genannten Mittel, Techniken und Strategien, die als Alternative immer schon davon ausgeht, dass mit der rechten Wahl der Mittel alle praktischen Probleme sich von selbst lösen und es nur auf die Erarbeitung der richtigen Entscheidungskriterien ankommt.“ (Thomé 1998, 10f.; Hervorhebung G.J.) Hier zeigt sich m.E. die oben beschriebene Aporie und Spannung zwischen spezifischer theologisch begründeter Weltsicht und der Notwendigkeit von Weltgestaltung.

Fragen auf den Weg bringen, die den Menschen unter den „Nägeln“ oder auf der „Seele“ brennen stellt sich für mich – besonders auch aus pastoralpsychologischer Sicht – als wesentliche Funktion von Kirche in der Postmoderne dar.

> Erneut drängen sich mir die Erfahrungen der „Seelsorgebewegung" im Ringen um die Adaption „moderner" humanwissenschaftlicher Methoden in die Praktische Theologie auf: Therapie – wie Beratungskonzepte – tendieren, werden sie als geschlossenes Behandlungskonzept verstanden und besonders wenn Lösungsorientiertheit vorherrscht, in der Regel dazu, Heil und Heilung zu vermischen. Schon in frühen Auseinandersetzungen betonten insbesondere katholische Pastoralpsychologen, wie z.B. J. Mayer-Scheu u.a., die fundamentale Unterscheidung von Heil und Heilung, eine begriffliche Differenzierung, die auch heute noch geeignet ist, kirchliche Beratungsangebote von anderen, z.B. auch esoterischen Heilsvorstellungen, abzugrenzen.

Henning Luther brachte mit seiner Sicht von „Leben als Fragment" die theologische Perspektive der Bruchstückhaftigkeit, Endlichkeit und Vorläufigkeit von Leben überzeugend in die Diskussion um therapeutische, beraterische und seelsorgerliche Ziele ein. Hier erscheint für mich am ehesten evident, wie sehr sich die *spezielle Weltsicht und Weltdeutung* der christlichen Kirchen unterscheidet von den Zielen der unzähligen Therapie- und Beratungskonzepte, mit denen der „Markt" immer schneller auf jeweils aktuelle partielle Fragestellungen reagiert.

> Beim näheren Hinschauen entpuppt sich somit auch manch „neue" Methode als alter Wein in neuen Schläuchen, wobei bei der Transformation nicht selten Qualitätsverluste zu beklagen sind.
> Bis „griffige" therapeutische Konzepte in die Pastoralpsychologie eingezogen sind, bis kirchliche Organisationsentwicklung auf sog. neue Trainingsmethoden anspringt, wurden sie häufig schon von wieder „neuen" Methoden überholt, oder die Konzepte haben sich als nicht tragfähig erwiesen und „der Markt" greift zurück auf traditionelle, „altbewährte" Kommunikationserfahrungen.
> Hastet Kirche immer den neuesten Entwicklungen hinterher in der Angst, den Zug der Zeit zu verpassen, trägt sie zur Desorientierung ihrer Mitglieder bei, die gerade in Zeiten „neuer Unübersichtlichkeit" (J. Habermas) Halt und Orientierung suchen.

Kirche stellt geistige, spirituelle und reale Räume zur Verfügung, in denen die Vergewisserung von Leben zu erfahren ist, ohne die Brüchigkeit und Gefährdung von Leben auszublenden und zu verleugnen: Räume von Trost in Trostlosigkeit, Hoffnung in Hoffnungslosigkeit und die Perspektive von Heil in Hilflosigkeit und Verletztheit.

Ein erfahrener Organisationsberater wie Gareth Morgan lässt Bescheidenheit und Weisheit erkennen, wenn er formuliert: „… einige der grundlegendsten Probleme, mit denen wir uns auseinandersetzen, beruhen auf der Tatsache, dass die Komplexität und Ausgereiftheit unseres Denkens es nicht mit der Komplexität und Differenziertheit der realen Situation aufnehmen kann, mit denen wir es zu tun haben." (Morgan 2000, 499)

Welcher Theologe, welche Theologin könnte dem nicht zustimmen, bewährt sich doch die paulinische Weisheit 1.Kor 13,9f. nicht nur in Zusammenhängen von Tod und Sterben: *„Denn unser Erkennen ist Stückwerk … Wenn aber das Vollkommene kommen wird, dann wird das Stückwerk abgetan werden."*

Eine Theologia gubernationis sollte demnach in der Lage sein, Tradition, Situation und Vision miteinander in Beziehung zu setzen, die Widersprüchlichkeiten zu benennen und Spannung auszuhalten. Der gekreuzigte Christus ist und bleibt der Stachel der Ohnmacht und Macht Gottes in der Welt.

Er verpflichtet zu verantwortungsvollem Leitungsverhalten, das der Versuchung widersteht, die Kreativität (Lust) des Gestaltens in die Arroganz von Machtübung münden zu lassen.

Dazu braucht Kirche das kritische Gegenüber der Theologia crucis. Deshalb müssen insbesondere Theologen und Theologinnen in Leitungszusammenhängen ihr Handeln in einer Theologia gubernationis zurückbinden an die durch Tradition und Vision vermittelte spirituelle und theologische Dimension und gegebenenfalls Widerstand leisten bei allzu zweckorientierten Handlungskonzepten.

> Ein/e Gemeindepfarrer/in unterzieht sich qua Amt der „Psychohygiene" regelmäßiger Bibellektüre, insofern er/sie sich auf den sonntäglichen Gottesdienst und viele andere gottesdienstliche Anlässe vorbereitet. Lässt er/sie sich durch das „Wort Gottes" anfragen und persönlich in Frage stellen, wird er/sie unweigerlich in eine notwendige Spannung versetzt. – Das burn-out-Syndrom von Pfarrerinnen und Pfarrern hat insofern eine noch tiefere Dimension als nur die psychische zeitliche Belastung des Pfarramts sie darstellt. In der pastoralpsychologischen Fortbildung und Supervision geschieht nicht nur notwendige Seelsorge (Entlastung und Neuorientierung) an Seelsorgerinnen und Seelsorgern. Methodisch ausgereifte und theologisch reflektierte Trainingsformen in Form von geistlicher Begleitung leiten an zu ständiger Re-vision des pragmatischen und geistlichen Selbstverständnisses der Pastorandinnen/Pastoranden.

Es ist eine Binsenweisheit, die jedoch immer wieder ins Gedächtnis gerufen werden sollte, dass Organisationen genau genommen nicht handeln und denken. „Das tun Organisationsmitglieder, und was wir als Organisation ansehen, ist ein Produkt über Gedanken und Handlungen. Wenn wir über das Handeln von Organisationen sprechen oder davon, dass sie ihre Identität beibehalten, dann bezieht sich das auf die maßgebenden Leute, die daran beteiligt sind" (Morgan 2000, 549). Hier zeigt sich für mich die Notwendigkeit einer Kooperation und eines fruchtbaren Austausches von Pastoralsoziologie und Pastoralpsychologie: Die Reflexion von Institution und Person bedarf jeweils der anderen Perspektive.

Das „Unternehmen" Kirche ist weiterhin gut beraten, in der Aus- und Fortbildung ihrer Pastorinnen und Pastoren als Schlüsselfunktionsträger in die Herausbildung einer pastoralen (theologisch-geistlichen) Identität zu investieren.

Dienen und Macht – Heißt Leiten Dienen?

Selbstverständlich sollte organisationsbezogenes Handeln immer dem Unternehmensziel „dienen"! Diakonia – „Dienen" – hat, wie hinreichend bekannt, in der christlichen Kirche eine lange Tradition und in religiöser Sozialisation eine ausgeprägte Wirkungsgeschichte mit nicht nur positiven Folgen. Emanzipationsbewegungen stellen bekanntlich Geisteshaltungen in Frage, die sich als Dienen verstehen. Selbstbewusstsein und Dienen scheinen sich auszuschließen, zumindest werden sie als Widerspruch empfunden.

Der „Dienst" am Menschen, die Hinwendung zu den Ohnmächtigen, Bedürftigen, Schwachen, physisch wie psychisch Verletzten, die Suche nach Sinn und Orientierung in einer gefährdeten Welt sind jedoch erklärte Ziele der Organisation Kirche.Wie gehen ihre Funktionsträgerinnen und Funktionsträger mit diesem Widerspruch um?

In der Regel stellen die (z.T. unbewusste) Identifikation mit den Schwachen, Unterdrückten, Gebrochenen, sowie die Sehnsucht nach Heil Motivationen dar, in der Kirche zu arbeiten – hauptamtlich wie ehrenamtlich. Gestaltungswille und unbewusste Machtinteressen finden allerdings gleichermaßen ein haupt- und ehrenamtliches Betätigungsfeld. Als Pastoralpsychologin und Supervisorin teile ich die *Erkenntnis der Psychoanalyse*, dass konstitutiv zum Menschsein *Machtinteressen* gehören, sprich Gestaltungswille, der Wunsch Interessen durchzusetzen, sich ins Spiel zu bringen, etc.

Die Thematisierung von Machtinteressen löst in gruppendynamischen Zusammenhängen häufig heftige Emotionen aus. Vielfach erleben Supervisandinnen und Supervisanden den Zusammenbruch ihres bisherigen Selbstbildes, das nicht

selten in Idealisierung des Nachfolge-Auftrags Jesu Christi durch Haltungen von Machtverzicht und Identifikation mit Ohnmacht geprägt ist. Das Aufdecken von unbewussten Machtinteressen und deren zum großen Teil unbewussten Durchsetzungsformen lässt das Selbst-Ideal des/der selbstlosen Helfers/Helferin zunächst einmal zusammen brechen.
Nicht selten folgt darauf ein (ebenso narzisstisch begründetes) „blindes" machtvolles Agieren, das den Bezug zu den übrigen Personen des Beziehungssystems nicht halten kann.
Der Identifikation mit Ohnmacht folgt somit das Ausleben von Allmachtsphantasien, wie es bei narzisstisch begründeten Persönlichkeitsstrukturen (Kohut 1976) zu beobachten ist. Macht oder Ohnmacht, Leiten oder Dienen wird zur scheinbaren Alternative.
Das Schwanken zwischen Ohnmachtsgebaren und Allmachtsphantasien zeigt sich als verbreitetes Verhaltensmuster besonders zu Zeiten, in denen vorhandene Strukturen in Strukturreformprozessen aufgelöst werden und Machtbereiche neu bestimmt werden

Die Fragestellung „Leiten und Dienen" löst bei Frauen erfahrungsgemäß häufiger heftige Emotionen aus als bei Männern. Wenn Männern Leitung als Dienen anempfohlen wird, wie aktuelle Management-Theorien es tun (das Unternehmens-Ziel „dienen" ist Ziel und Ausrichtung von Leitungshandeln), werden eventuellen patriarchalisch bedingten Herrschaftsinteressen und der Verselbständigung eigener Macht-Interessen Grenzen gesetzt. Wenn Frauen sich die Haltung des „Dienens" zueigen machen, ohne über das Bewusstsein und die Erfahrung eigener beruflicher (öffentlicher) Gestaltungskompetenz zu verfügen, bewegen sie sich in überkommenen Mustern. Wir wissen, dass Frauen Führungskompetenz nicht in den Schoß ihrer Sozialisation gelegt wurde. Selbstzweifel und Ängste rauben oft Energie. Frauen müssen sich daher oftmals mit tief sitzenden Mustern auseinandersetzen und spezifische Ängste abbauen. Das heißt z.B. die Angst andere zu verletzen, Angst vor Liebesverlust, Angst alleine zu stehen und das Aufgehobensein in der Gruppe zu verlieren. Andererseits verfügen sie erwiesenermaßen über Qualitäten, die ein patriarchal geprägter Leitungsstil vermissen lässt: Es fällt ihnen vielfach leichter zu delegieren und Verantwortung abzugeben als männlichen Managern. Sog. „weibliches" Denken ist auf Ganzheitlichkeit angelegt. In der Supervision mit Frauen erlebe ich immer noch, dass sie an manchen Stellen weitaus unsicherer sind im Umgang mit Macht als männliche Kollegen. Ein Zuspruch für Frauen könnte somit lauten: Dienet mächtig! (Janowski 1997)

Dienend leiten oder leitend dienen – wie auch immer: für Männer wie Frauen scheint es in kirchlichen Zusammenhängen besonders wichtig zu sein, sich mit Erfahrungen von Ohnmacht und der Identifikation mit Ohnmächtigen und Schwachen auseinander zu setzen, um die Balance für ein verantwortungsvolles Handeln zu finden.

In der pastoralen Ausbildung geschieht dies durch Stärkung des Selbstbewusstseins des/der Einzelnen. Wer sich seiner/ihrer Selbst sicher ist, kann sich souverän entscheiden, wann er/sie, um der „Sache Jesu Chrsti" willen Macht ergreift oder Macht abgibt. Selbstbewusstes Leitungsverhalten ist Macht-transparent und erlaubt, sich situationsgemäß zurückzunehmen oder in den Vordergrund zu treten.

Eine Theologia gubernationis hält die Widersprüchlichkeit und Paradoxie von Leiten und Dienen wach als Weltverantwortung im Bewusstsein der Bruchstückhaftigkeit, Endlichkeit und Vorläufigkeit eigener Gestaltungsmöglichkeiten. Theologie der Leitung ist für mich nicht denkbar ohne die Theologie der Rechtfertigung aus Gnade, die Scheitern und Neuanfang begleitet, und auch nicht ohne die Theologia crucis, die den Blick in aller Gestaltungsmacht richtet auf den, der für die Ohnmächtigen in der Welt steht.

Theologie als Machtmittel?

Gestalterisches Handeln, machtvolles Gestalten kommuniziert sich über Begründungszusammenhänge. Die Plausibilität christlich-theologischer Konstruktionen erleidet in den multikulturellen und interreligiösen Zusammenhängen der Postmoderne einen Bedeutungs- und damit auch Machtverlust. Während die „Rede von Gott" als Glaubensäußerung von einzelnen oder Gruppierungen in Vieler Munde ist, wird Theologie als wissenschaftlicher Diskurs an den Universitäten derzeit nur noch von wenigen „Expertinnen" und „Experten" betrieben. Doch stellt sich für mich die wissenschaftliche Verankerung als für Theologinnen und Theologen weiterhin unerlässlich dar.

Theologische Kompetenz ins Spiel bringen, sich in den Dialog mit zeitgenössischen Philosophien und Handlungskonzepten begeben, erfordert Selbstbewusstsein. Auch hier hat es mitunter den Anschein, dass die Identifikation mit Schwachen und Ohnmächtigen eine innere Barriere darstellt, ein stabiles Selbstbewusstsein aufzubauen. Mit dem gesellschaftlichen Bedeutungsverlust von Theologie und Kirche scheint darüber hinaus eine Kränkung des Selbstwertgefühls einher zu gehen, das leider an manchen Stellen innerkirchlich noch verstärkt wird in der Diskussion um das Profil des Pfarrberufes. In der Aus- und Fortbildung ist es für mich deshalb angezeigt, die Potentiale und Kompetenzen, über die Theologinnen und Theologen verfügen, bewusst wahrzunehmen, sie zu benennen und zu stärken.

Theologie in Konkurrenz und im Austausch mit anderen Humanwissenschaften

Theologie im wissenschaftlichen Diskurs wird betrieben unter den Kriterien wissenschaftlicher Forschung, vor allem der Textkritik. Die der Aufklärung folgende historisch-kritische Methode ist immer noch geeignet, die Bibeltexte in den historischen Zusammenhang ihrer Entstehung zu stellen, um die *Intention* und die Bedeutung der Erzählung für die Menschen in der damaligen Situation herauszufiltern und den Textgehalt auf die aktuelle Situation zu übertragen. Die historisch-materialistische Methode fokussiert in noch stärkerem Maße die soziale gesellschaftliche Situation der Schreiber und AdressatInnen der Bibeltexte. Jahrhunderte lange wissenschaftliche Auseinandersetzungen haben Dogmengeschichte und systematisch-theologische Entwürfe hervorgebracht, die immer wieder zeitgeschichtlichen Änderungen unterworfen und neu konzipiert wurden, d.h. *Theologie versteht sich als wissenschaftliche Disziplin im Konzert anderer Humanwissenschaften.*

Es ist das Verdienst der *Kritischen Theorie* (Frankfurter Schule), immer wieder nach dem jeweiligen *erkenntnisleitenden Interesse* zu fragen, das Texte entstehen lässt und Interpretationen hervorbringt.

Der Blick auf die (Kirchen-)Geschichte zeigt, dass theologische Positionen, Interpretationen und Dogmen immer von einem (Macht-)Interesse geleitet sind. So hat die katholische Kirche 2002 erstmals in der Kirchengeschichte ihr geheimes Archiv für Forschungen geöffnet. Natürlich wurde selbst die Inquisition theologisch begründet. Verstand sie sich doch als Hüterin der einzigen legitimen Institution in der Nachfolge Jesu durch Petrus. Der Anspruch auf das Heil durch die allein seligmachende katholische Kirche wurde wiederum durch die reformatorische Kirche in Frage gestellt mit der Rechtfertigung allein durch den Glauben. Doch selbst die emanzipatorische Kirche Martin Luthers begründete ihre Daseinsberechtigung wiederum theologisch und verwies die aufrührerische Bauernbewegung eines Thomas Münzer z.B. in den Bereich der Ketzerei, der wiederum seine Positionen theologisch mitreißend untermauerte. Hier wurden Herrschaftsinteressen ausgetragen und jeweils theologisch legitimiert. Da sich die „Rede von Gott" nie im *Vakuum herrschaftsfreier Verhältnisse bewegt, wird man nicht „machtfrei" Theologie betreiben können.*

Ob systemkonforme Theologie oder Befreiungstheologie – in jedem Falle positioniert sich Theologie in Machtzusammenhängen.

Wer also davon ausgeht, dass Theoriebildung immer von einem jeweiligen erkenntnisleitenden Interesse geleitet ist, steht so genannten *absoluten Wahrheiten* stets kritisch gegenüber. Die Kritische Theorie entlarvt Theoreme als Ideologiebildung, so legt auch feministische Kritik patriarchale „Weiblichkeitskonstruktionen" (Rohde-Dachser 1991) offen.

In der Theologie ist interessanterweise die Kritik menschlicher Machtausübung im System eingebaut: Die „Allmacht Gottes" setzt menschlichen Allmachtswünschen Grenzen. (Macht ja – Allmacht nein!), und doch sind Theologen und Theologinnen nicht vor (unbewussten) Allmachtphantasien gefeit, z.B. in dem Anspruch, im Besitze der „absoluten Wahrheit" zu sein, der der universalen Sichtweise der Theologie entspringt.

Dem Anspruch „absoluter Wahrheit" wirkt die *Philosophie der Spätmoderne* entgegen. Sie ist geprägt durch systemisches Denken auf der Grundlage des Konstruktivismus. In multikulturellem und interreligiösem Zusammenhang verliert die Fragestellung, was falsch und richtig sei und wahr oder unwahr ihre Bedeutung. Interessant wird die Frage, warum wer aus seiner /ihrer Perspektive *die* Meinung oder *den* Glauben vertritt.

Systemisches Denken bezeichnet alle Entwürfe und Interpretationen von Wirklichkeit als Wirklichkeits*kontruktionen*. Das heißt, es gibt nach dieser Annahme keine dem Menschen verfügbare „objektive" Wahrheit, sondern Beschreibungen, Wertsetzungen, Interpretationen der sog. Realität werden verstanden als *Konstrukte* z.B. von Lebensentwürfen, Meinungen, Glaubensinhalten, etc. Das bedeutet, in der persönlichen Kommunikation treffen unterschiedliche Konstruktionen aufeinander. Oft verstehen die betreffenden Personen den Hintergrund der Konstruktionen gegenseitig nicht, wenn sie sich auf der Sachebene der Kommunikation bewegen. Erst wenn der soziale und biografische Kontext in der Begegnung von Menschen mitkommuniziert werden kann, eröffnet sich ein gegenseitiges Verstehenskonzept. – In der seelsorgerlichen Begegnung wird darum bewusst dieser Kontext aufgesucht: Die jeweiligen „Narrationen" schildern die je eigene Sicht des Lebenszusammenhangs des Gegenübers.

Die *Systemische Familientherapie* zeigt auf, dass auch Beziehungssysteme Mythen, „Ideologien" bzw. Narrationen bilden. Im kirchlichen Kontext werden theologische Konstruktionen zu „Narrationen".

Wenn konstitutiv zum Menschsein Machtinteressen gehören, also der Wunsch, Interessen durchzusetzen und sich ins Spiel zu bringen, wird in jedem Falle ein persönlicher *Begründungszusammenhang* („Narration" im Sinne der Re-Konstruktion von Lebensgeschichte) entwickelt, um eine Identität herauszubilden und um die eigenen Interessen zu kommunizieren. Zur menschlichen Realität gehört ebenso unumstritten, dass verschiedene Interessen miteinander konkurrieren. Konkurrenz und Leistung sind die beiden Prinzipien, die über Managementkonzepte normativ eingezogen sind in kirchliche Zusammenhänge. Sie werden z.T. in Widerspruch zu christlichen Haltungen wie Solidarität, Nächstenliebe und Gemeinsinn empfunden. So stellt z.B. die Erzählung von den Arbeitern im Weinberg (Mt.20,1-16) den Leistungsgedanken in Frage. Konkurrenz und Leistung bedürfen demzufolge einer theologischen Diskussion und Re-Vision. Dieser Adaptions- und Revisionsprozess ist vergleichbar mit der Auseinandersetzung um die Tugenden der Nächstenliebe und der Selbstliebe. Das Spannungsverhältnis von Konkurrenz und Kooperation konstruktiv zu gestalten sollte m.E. Anliegen einer Theologia gubernationis sein.

Macht und Konkurrenz in der Organisation Kirche

Nicht nur Individuen sondern auch Organisationen und Subsysteme bilden um ihrer Kohärenz willen – und davon hängt ihre Produktivität und Effizienz ab – einen Begründungszusammenhang: corporate identity, also ein Gesamtziel, mit dem alle sich identifizieren können. Sie ist notwendig, um Teil-Identitäten aufbauen zu können, von denen wesentlich Motivation und Engagement der einzelnen Mitglieder abhängen.

> Nach meiner Beobachtung und Erfahrung können sich auch in den Kirchen Teilsysteme durch destruktiv geführte Macht- und Richtungskämpfe, die sich in divergierenden theologischen Positionen artikulieren, paralysieren, indem das pluralistische System in einen „mörderischen" Konkurrenzkampf der Subsysteme untereinander tritt. Hier begegnen wir Macht in Form von Gestaltungswillen, in dem die eigenen Positionen absolut gesetzt werden, nicht selten verbunden mit Allmachtswünschen: das Teilsystem erhebt den Anspruch, das Gesamtsystem zu repräsentieren .So ist z.B. die Rede von „diakonischer Kirche", „ökumenischer Kirche", „seelsorgerlicher Kirche", „missionarischer Kirche", und die OrganisationsentwicklerInnen erheben den Anspruch, aus ihrer Perspektive das Ganze planen zu können und sind doch selbst nur Teil des Gesamtsystems. Dem

> sollte eine (weise) Leitung entgegensteuern, die nach einem Leitbild für eine pluralistisch orientierte, demokratisch aufgebaute Organisation der Verschiedenheit der Subsysteme Raum gibt und Herrschaftsbestreben einzelner Bereiche in ihre Schranken verweist.
>
> Ein klassisches Leitbild für Kirche ist und war die Metapher des Leibes Christi. Dieses Bild stellt die Absolutheitsansprüche von Teil-Identitäten in Frage (1.Kor 12,12-31). Es kann zur Metapher werden für corparate identity, indem es in Wertschätzung aller „Glieder" abbildet, wie ein Organismus nur durch das Zusammenspiel der unterschiedlichen Subsysteme als sinnvolles Ganzes nach außen hin agieren kann. Einer destruktiv wirkenden Konkurrenz wird Einhalt geboten: „Und wenn ein Glied leidet, so leiden alle Glieder mit; wenn einem Glied Herrliches zuteil wird, so freuen sich alle Glieder mit." (1.Kor.12,26)

Die christlichen Kirchen verfügen mit den biblischen Geschichten über einen unermesslichen Schatz an Narrationen, Metaphern und Visionen. Sie sind Erzählungen und Bilder geronnener Glaubens- und Lebenserfahrung, voll von göttlicher und menschlicher Weisheit. – „Die Bibel ins Gespräch bringen" (Bukowski 1995) scheint mir nicht nur Aufgabe in seelsorgerlicher Kommunikation. Auch pastorale Supervision und Beratung leben von dieser Dimension.

Gareth Morgan widmet der Analyse von Metaphern in Organisationsberatungsprozessen ein umfangreiches Werk: „Erfahrene Manager und Experten aus allen Bereichen ... müssen sich die Kunst aneignen, die Situationen zu ‚deuten', die sie zu gestalten oder zu managen versuchen. Diese Fertigkeit entwickelt sich gewöhnlich in einem intuitiven Prozess, aufgrund von Erfahrung und natürlichem Talent. ... Bei näherer Betrachtung erweist sich diese geheimnisvolle Kraft oft als fundiertes Verständnis der jeweiligen Situation". (Morgan 2000, 13) „Zwischen dem situationsbezogenen Deutungsprozess und dem Prozess der theoretischen Organisationsanalyse" sieht Gareth „eine enge Beziehung. Beide bedienen sich einer bestimmten Theorie, um die vorgefundene Situation zu deuten". Analytisches Denken (angeeignet in wissenschaftlicher Theologie) sowie kreatives und intuitives Einsetzen biblischer Metaphern sind die Potentiale, die Theologinnen und Theologen dialogisch (!) in den Prozess von Organisationsberatung und Supervision in kirchlichen Zusammenhängen einbringen. Da Theologie im Balanceakt des Spannungsverhältnisses von Welt-Immanenz und Transzendenz lebt, ist mit der Narration biblischer Erzählungen immer eine Infragestellung der Inhalte und Methoden von Beratung verbunden. Auch Managementkonzepte müssen sich, wie therapeutische Konzepte, auf ihr Menschenbild und ihre impliziten Normen befragen lassen. Zweckrationales Handeln in gleichzeitiger Bezogenheit auf die Dimension, die „höher ist als alle Vernunft", ermöglicht eine Perspektive, die das Profil und die Kultur von Kirche in der Welt aufleuchten lässt.

Literatur

ADORNO, THEODOR W.: Negative Dialektik, Frankfurt 1966.

BUKOWSKI, PETER: Die Bibel ins Gespräch bringen. Erwägungen zu einer Grundfrage der Seelsorge, Neukirchen-Vluyn 1995.

HABERMAS, JÜRGEN: Die neue Unübersichtlichkeit, Frankfurt 1985.

HABERMAS, JÜRGEN: Erkenntnis und Interesse, Frankfurt 1971.

JÄGER, ALFRED: Konzepte der Kirchenleitung für die Zukunft. Wirtschaftsethische Analysen und theologische Perspektiven, Gütersloh 1993.

JANOWSKI, GUDRUN: Seelsorgelehre aktuell, in: Herborner Beiträge 1. Zur Theologie der Praxis. Modelle, Erfahrungen, Reflexionen, Frankfurt 2002, 64-81 (2002a).

JANOWSKI, GUDRUN: Notfallseelsorge. Handeln in stellvertretender Hoffnung, in: Herborner Beiträge 1. Zur Theologie der Praxis. Modelle, Erfahrungen, Reflexionen, Frankfurt 2002, 115-120 (2002b).

JANOWSKI, GUDRUN: Pastoralpsychologie und die inneren Konzepte von Weiblichkeit und Männlichkeit, in: Janowski, Gudrun/Miether, Reinhard (Hg.), Lebendige Systeme, Frankfurt 1997, 218-247.

JOSUTTIS, MANFRED: Der Pfarrer ist anders. Aspekte einer zeitgenössischen Pastoraltheologie, München 1982.

JOSUTTIS, MANFRED: Die Einführung in das Leben. Pastoraltheologie zwischen Phänomenologie und Spiritualität, Gütersloh 1996.

JUNG, CARL GUSTAV: Der Mensch und seine Symbole, Olten 1988.

KOHUT, HEINZ: Narzissmus, Frankfurt 1976.

LUTHER, HENNING: Religion und Alltag. Bausteine zu einer Praktischen Theologie des Subjekts, Stuttgart 1993.

MORGAN, GARETH: Bilder der Organisation, Stuttgart 2000.

RIEMANN, FRITZ: Grundformen der Angst. Eine tiefenpsychologische Studie, München, Basel [32]1999.

ROHDE-DACHSER, CHRISTA: Expedition in den dunklen Kontinent, Berlin 1992.

SCHMIDBAUER, WOLFGANG: Die hilflosen Helfer, Hamburg 1985.

SCHWARZ, PETER: Management in Nonprofit Organisationen. Eine Führungs-, Organisations- und Planungslehre für Verbände, Sozialwerke, Vereine, Kirchen, Parteien usw., Bern 1992.

THOMÈ, MARTIN: „Firma Gott, Sohn + Co", in: Ders. (Hg), Theorie Kirchenmanagement. Potentiale des Wandels. Analysen, Positionen, Ideen, Bonn 1998, 9-24.

Zwischen den Anforderungen des Generalisten und den Ansprüchen des Spezialisten

Zur Ausbildung für das Pfarramt

HELMUTH MÜHLMEIER

Das Ziel der Ausbildung für das Pfarramt liegt im Spannungsfeld vielfältiger allgemeiner professioneller Handlungs- und Verhaltensanforderungen einerseits und der speziellen Wahrnehmung der religiösen Dimension menschlichen Lebens und deren Umsetzung in sprachlicher und nonverbaler Kommunikation andererseits.

Pfarrer/innen sind professionelle Generalist/innen

Die beruflichen Anforderungen an Pfarrerinnen und Pfarrer im Gemeindepfarramt sind von scheinbar unbegrenzter Vielfalt. Pfarrerinnen und Pfarrer predigen, führen Amtshandlungen durch, leiten und gestalten religiöse Feiern, führen seelsorgerliche Gespräche, repräsentieren Kirche in der Öffentlichkeit, geben Religions- und Konfirmandenunterricht, leiten Sitzungen, führen Dienstgespräche, nehmen öffentlich Stellung zu Fragen der Zeit, arbeiten in unterschiedlichen Rollen in unterschiedlichen Teams oder Gruppen, leiten Freizeiten, sind Dienstvorgesetzte, arbeiten mit Kindern, Jugendlichen, Erwachsenen und Senioren.

Diese Reihe ließe sich noch sehr weit fortsetzen. In der Praxis sind diese vielfältigen Aufgaben, die auf Pfarrerinnen und Pfarrer zukommen, immer auch professionelle Anforderungen. Die Begrenzung liegt dabei mehr in der Entscheidung der oder des Einzelnen, ob sie oder er eine ihnen begegnende Aufgabe übernimmt und die damit verbundene Chance nutzt oder nicht. Davon ausgenommen sind diejenigen Aufgaben, die sich als gemeindliche Grundversorgung kennzeichnen lassen und zu deren Erledigung Pfarrer und Pfarrerinnen verpflichtet sind, wie z.B. Gottesdienste, Kasualien, Unterricht. Diese Situation der vielfältigen Gestaltungmöglichkeiten hat auch durchaus etwas Beängstigendes, weil sie Gefühle der Überforderung und des Ungenügens hervorbringt. Dies drückt sich in Gesprächen in mehr lockerer Runde dann oftmals im Wort vom „professionellen Dilettantismus“ aus. Doch dieser mehr aus einer Haltung der Abwehr oder der Hilflosigkeit hervorgehenden Bezeichnung ist der Begriff des *professionellen Generalisten* bzw. der *professionellen Generalistin* entgegenzusetzen. So sind schon möglichst früh auf dem Weg der beruflichen Tätigkeit, z.B. im Vikariat, Erfahrungsmöglichkeiten zu eröffnen und anzubahnen, um eine positive Beziehung für den besonderen Wert und die besonderen Chancen dieses Generalistenstatus anzubahnen und aufzubauen.

Die anscheinend unbegrenzte Aufgabenfülle hängt nicht zuletzt mit der primären Bezugswissenschaft für die Ausbildung von Pfarrerinnen und Pfarrern, der Theologie, zusammen, von der her sie für die inhaltliche Seite menschlichen Lebens in seiner Gesamtheit und in seiner ganzen Vielfalt zuständig sind. Pfarrerinnen und Pfarrer sind gerade in als schwierig empfundenen Situationen und Lebensphasen gefordert, diesen eine Form zu geben, sie zu deuten und zu erklären und Gestaltungsmöglichkeiten durch sie hindurch (etwa in Form von Begleitung) anzubieten. Es sind oftmals Situationen, in denen die Betroffenen hilflos sind, weil ihnen keine professionelle Hilfe einfällt. Da erscheinen Pfarrerinnen und Pfarrer als Vertrauenspersonen ortsnah und irgendwie für diese Lebenssituationen zuständig. So haben Pfarrerinnen und Pfarrer Entscheidungshilfen zu geben. Sie sollen – nicht zuletzt durch ihre persönliche Nähe – helfen, Orientierungslosigkeit zu verhindern bzw. vor Verirrungen zu bewahren und menschliches Leben auf Kurs zu halten. Sie sind so etwas wie Wegweiser für die inhaltliche Seite und damit für die geistliche Dimension in allen Situationen des Lebens.

Die Großflächigkeit des Arbeitsfeldes stellt aber nicht nur eine enorme Anforderung dar, sondern sie bietet auch die Chance der Vielfalt, die sich wie in kaum einem anderen Beruf in Form der Schwerpunktsetzung nutzen lässt. Dennoch erleben Pfarrer und Pfarrerinnen ihren Beitrag zur Lebensgestaltung und -deutung oftmals als unzureichend wahrgenommen oder gewürdigt.

Einerseits hat diese Wahrnehmung ihren Grund in einer Marginalisierung der geistlichen Dimension menschlichen Lebens, weil diese für viele Menschen an Bedeutung verloren hat oder in der in der Kirche üblichen Sprache als ungewohnt, veraltet, überholt, unmodern und damit als unbedeutsam erkannt wird. Das ist schmerzlich, lässt sich aber vielleicht auch als besonders reizvolle Herausforderung wahrnehmen. Andererseits gibt es durch Differenzierungsprozesse in der säkularen Arbeitswelt für fast alle Bereiche, in denen Pfarrerinnen und Pfarrer tätig sind, weltliche Expertinnen und Experten.

Ich habe den Eindruck, dass sich bei manchen Pfarrerinnen und Pfarrern der unangenehme Verdacht einstellt, jene arbeiteten vielleicht professioneller. So gibt es für den Bereich der Ansprachen (und damit ist das Predigen eingeschlossen) die Rhetorikerin oder den Rhetoriker, für den Bereich des psychischen Wohlergehens die Therapeutin oder den Therapeuten, für den Bereich des Unterrichtens den Lehrer oder die Lehrerin, für den Bereich der Jugendarbeit die Sozialpädagogin oder den Sozialpädagogen, für den Bereich der Altenarbeit die Sozialarbeiterin oder den Sozialarbeiter, für den Bereich der Leitungstätigkeit die Verwaltungsfachleute. Die diese Berufe Ausübenden sind meist hauptamtlich tätig und jeweils für Arbeitsbereiche zuständig, die die Pfarrerin oder der Pfarrer immer nur als Teilbereiche bearbeiten. Hinzu kommt, dass sie durchaus einmal ein pfarramtliches Monopol darstellten. Durch Differenzierung und Säkularisierung ist dieses Monopol nicht nur verschwunden, sondern es ist hier auch (zumindest vom Gefühl her) ein Machtverlust eingetreten.

Dies lässt sich sehr schön am Beispiel der Pädagogik verdeutlichen. Pfarrerinnen und Pfarrer bezeichnen sich gegenüber Lehrerinnen und Lehrern oftmals als „Schmalspurpädagogen“. Natürlich sind Lehrerinnen und Lehrer die Expertinnen bzw. Experten für Schulpädagogik. Das ist aber nur ein kleiner Ausschnitt realer pädagogischer Arbeit. Es gibt zahlreiche andere pädagogische Arbeitsfelder, in denen Lehrerinnen und Lehrer nicht arbeiten, in denen Pfarrerinnen und Pfarrer sich aber auch auskennen müssen. So z.B. neben der Schule im Bereich der Elementarpädagogik, der außerschulischen Jugendarbeit, der Erwachsenenbildung, insbesondere der Altenarbeit etc. – für die es jeweils auch wiederum Experten und Expertinnen gibt. Um hier nicht in eine ausweglose Situation der Überforderung zu kommen, ist es notwendig, Chance und Grenze der Generalistenrolle wahrzunehmen und sich nicht in eine Konkurrenzsituation mit den Spezialistinnen und Spezialisten zu begeben. Es ist also notwendig, neben einem hinreichenden Fachwissen eine positive Beziehung zu diesem großflächigeren pädagogischen Ansatz zu bekommen, um die Aufgabe der professionellen Generalisten angemessen zu erfüllen. Für Pfarrerinnen und Pfarrer erwächst aus diesem Gegenüber zu Spezialisten offenbar schnell ein unfruchtbares Konkurrenzverhältnis, das zu Abschottungs- bzw. Vermeidungstendenzen führt, wo der offensive Austausch angesagt wäre. Diese Defensivhaltung wirkt sich problematisch für das berufliche Selbstbewusstsein aus: Dort, wo offensives, überzeugtes Auftreten notwendig wäre, kommt es zu einer Haltung, die zwar als bescheiden oder demütig gerechtfertigt wird, die aber mehr durch Selbstzweifel in der Konkurrenzsituation verursacht wird und professionell nicht angemessen ist. Ein Wegweiser, der sich seiner Richtungsangabe nicht gewiss ist, verliert seine Existenzberechtigung. Pfarrer und Pfarrerinnen brauchen eine positive Beziehung zu ihrem Profil und der besonderen Qualität ihrer Kompetenz als professionelle Generalisten und Generalistinnen.

Pfarrerinnen und Pfarrer sind Spezialistinnen bzw. Spezialisten für die religiöse Dimension menschlichen Lebens

Wenn man sich die oben beschriebene Weite der beruflichen Anforderungen im Pfarramt als die horizontale Dimension dieses Berufes vorstellt, so erhalten diese Anforderungen ihre besondere Gestalt durch das, wofür Pfarrerinnen und Pfarrer als Spezialistinnen bzw. Spezialisten stehen: die alle Bereiche menschlichen Lebens durchdringende religiöse Dimension. Formal steht sie für die inhaltliche Seite menschlichen Lebens, für das, was menschliches Leben ausmacht und es auszeichnet. Sie ist demnach die vertikale Dimension der Arbeit im Pfarramt. Im Kreuzungspunkt der Vertikalen und der Horizontalen gewinnt die Arbeit der Pfarrerin bzw. des Pfarrers ihr deutlich sichtbares Profil, das sie in ihrer Besonderheit erkennbar macht.

Zur Arbeit im Bereich der vertikalen Dimension eignen sich Theologiestudentinnen und -studenten in der Regel in ihrem Studium ein hohes Maß an Wissen an. Sie lernen, theologisch zu denken und zu argumentieren. Auf diesem Weg erwerben sie eine theologische Qualifikation, die sie im Ersten Theologischen Examen nachweisen. Diese Qualifikation weckt nicht zuletzt von ihrer Art und ihrem Inhalt her hohe Ansprüche an die Qualität des beruflichen Handelns sowohl seitens der Klientel, aber nach meinem Eindruck noch sehr viel mehr seitens der Handelnden selbst. Denn es geht im beruflichen Alltag überwiegend um Fundamentales und Wesentliches im Blick auf Lebensvollzüge, wie z.B. die Sinnfrage, die Bewältigung von Krisensituationen, Antworten oder Lösungen angesichts von Ausweglosigkeit, die inhaltlich gefüllte und erfüllende Gestaltung von Leben, Werte und Normen. Solchen Anforderungen ist im Pfarramt nicht pragmatisch-organisatorisch im Sinne der schnellen Lösung zu genügen, sondern auf der

Grundlage der befreienden Botschaft des Evangeliums und der besonderen Verantwortung, die aus der Verkündigung der göttlichen Wahrheit entspringt: dass Zeugnis abgelegt wird, dass der Glaube an den Gott der Bibel wahr ist. Dem besonderen Anspruch dieses inhaltlichen Reichtums ist Rechnung zu tragen; jeder Vikar und jede Vikarin fühlt sich wohl davon in die Pflicht genommen. Das berufliche Handeln soll qualitativ dem Anspruch genügen, der als Wissen im Studium gelernt wird. Hier kann dann ganz handfest der Unterschied zwischen fachlicher Qualifikation und beruflicher Kompetenz als ganzheitlicher Anspruch an die Persönlichkeit erlebt werden. Dass dies nicht nur ein Problem von Theologinnen und Theologen am Übergang vom Studium in den Berufsalltag ist, hat Harry Neß vom Deutschen Institut für Internationale Pädagogische Forschung in einem Interview in der Frankfurter Rundschau vom 25. Juni 2003 im Blick auf Lehrberufe erläutert. Es ist eine Anforderung, vor der auch andere Berufe stehen, bei denen die Inhalte menschlichen Lebens von Bedeutung sind. Allerdings erscheinen diese Anforderungen im Pfarramt in verschärfter Form. Denn hier ist die fachliche Qualifizierung unzureichend, wenn sie als fachliches Wissen gewissermaßen nur als Methode oder Technik in Handlung umgesetzt wird. Vielmehr ist fachliches Wissen durch das jeweilige Verhalten und die dahinter stehende Haltung, durch die im Verhalten sichtbar werdende Persönlichkeit nicht nur zu vermitteln, sondern auch zu bezeugen. Es geht hier beispielsweise um Glaubwürdigkeit und Vertrauenswürdigkeit, die als wesentliche Persönlichkeitsmerkmale im Pfarrberuf zu leben sind. Nicht jede und jeder, die oder der ein Theologiestudium mit dem Ersten Theologischen Examen abgeschlossen hat. ist deshalb allein aufgrund des bestandenen Examens für das angemessene Arbeiten im Pfarramt geeignet (vgl. hierzu auch H.-M. Barth, Dogmatik, Gütersloh 2001, 258f.).

Folgen und Folgerungen für die Ausbildung im Vikariat

Wenn Vikarinnen und Vikare in die zweite Ausbildungsphase gehen, erleben sie die Spannung zwischen der Vielfalt allgemeiner beruflicher Anforderungen und das Nebeneinander mit oftmals als Konkurrenz empfundenen säkularen Anbietern einerseits und die Stellung und Akzeptanz theologischen Wissens in der Gegenwart andererseits. Daraus erwächst häufig Verunsicherung, die nicht zuletzt deshalb problematisch ist, weil Vikarinnen und Vikare in ihrer neuen Arbeitssituation in der Gemeinde mit Menschen zu tun haben, die sich selbst in verunsichernden Situationen befinden und gerade deshalb von ihnen Orientierung gebende Verhaltenssicherheit und überzeugendes berufliches Handeln erwarten.

Vikarinnen und Vikare reagieren darauf überwiegend mit dem Wunsch nach entsprechenden Methoden und Techniken. Dieses Bedürfnis ist gut nachvollziehbar, weil es die Erwartung beinhaltet, einer aktuellen Anforderung unmittelbar gerecht zu werden, andererseits die eigene Person dadurch unberührt bleibt und nicht in Frage gestellt wird. Die Begrenztheit der Möglichkeit, für die vielfältigen Anforderungen eine hinreichende Anzahl von Methoden und Techniken anzusammeln, wird aber mehr oder weniger schnell deutlich. Deshalb muss neben die Methodenkenntnisse etwas anderes treten, um nicht das Schicksal des Hasen in der Hase-und-Igel-Fabel zu erleiden: Immer wenn eine neue Methode angeeignet ist, gibt es eine neue Anforderung, für die das bisherige Methoden-Repertoire nicht ausreicht. Diese Situation ist der säkularer Führungskräfte vergleichbar (wenn auch nicht gleich) . Auch auf diese kommen stets neue Anforderungen zu, für die ihr jeweiliges fachliches Wissen oftmals unzureichend ist, wenn sie dieses als Handlungsanweisung verstehen. Führungsaufgaben sind in der Regel mit einem Fachwissen, das als Handlungsanweisung verstanden wird, nicht zu bewältigen, weil in ihnen eine Dimension auf die Person der Führungskraft in den Blick kommt. Führungskräfte benötigen zur angemessenen Bewältigung personale Kompetenzen und Persönlichkeitskompetenz. Pfarrerinnen und Pfarrer sind immer auch Führungskräfte. Als mögliche Ansatzpunkte für die Ausbildung, die gegenüber der Vielfalt und der sich immer wieder verändernden Aufgaben im Gemeindepfarramt ein Kontinuum darstellen, mit denen sich im Sinne eines längerfristigen Entwicklungsprozesses arbeiten lässt, bieten sich die die Person der Vikarin bzw. des Vikars ausmachenden Persönlichkeitsmerkmale an. Indem neben den von den einzelnen Fächern vorgegebenen Inhalten im Sinn einer personenorientierten Ausbildung die Gaben und Begabungen der einzelnen Vikarinnen bzw. Vikare stärker in den Blick genommen werden und mit ihnen gearbeitet wird, bietet sich die Chance, Ausbildung mehr als Persönlichkeitsentwicklung zu verstehen. Damit könnte die Kompetenzerweiterung stärker in der jeweiligen Person angesiedelt und aus ihr heraus eine grundlegende Befähigung für disparate Anforderungen erreicht werden. Diese Akzentverschiebung von der fachlichen Qualifizierung auf den personalen Kompetenzerwerb knüpft an die auch stärker vom Individuum ausgehende Ausbildungsstrategie „Stärken stärken“ an. Neben das zweifellos bedeutsame theoretische Wissen und die Methodenkenntnis tritt der Erwerb der für den Pfarrberuf wichtigen personalen und Persönlichkeitskompetenz, bei denen es um die Weiterentwicklung vorhandener Begabungen und Klärung von Haltungen und Einstellungen geht. Im Vollzug der Ausbildung sind sie miteinander zu verschränken und auf einander zu beziehen.

Somit lassen sich für die Ausbildung im Vikariat *drei grundlegende Bereiche* unterscheiden:

A *Sach- und Methodenwissen:*
Darunter sind hinreichende theoretische Kenntnisse und die Fähigkeit ihrer methodischen Umsetzung im Sinne von zu erlernendem Handwerkszeug zu verstehen. Diese Qualifikation wird wesentlich durch Anleitung angeeignet.

B *Personale Kompetenz:*
Diese ist aufgrund von Begabungen und Voraussetzungen, die die jeweilige Person etwa in Form von sozialer Kompetenz (z.B. Team-, Wahrnehmungs-, Empathie-, Kommunikations-, aber auch Entscheidungs- und Auskunftsfähigkeit über das berufliche Handeln etc.) mitbringt, zu entwickeln. Dabei ist die Wahrnehmungsfähigkeit von besonderer Bedeutung.

C *Persönlichkeitskompetenz:*
Darunter sind Kompetenzmerkmale wie Wahrhaftigkeit, Verantwortungsbewusstsein, Glaubwürdigkeit, Handlungsethos u.a. zu verstehen, die in ihren jeweiligen Auswirkungen im beruflichen Vollzug als Haltungen zu klären sind. Dabei könnten sich beispielsweise Widersprüche zum christlichen Menschenbild (etwa bei Ausländerfeindlichkeit, Menschenverachtung, aber auch übermäßiger Selbstverliebtheit o.ä.) zeigen.

Der unter A zusammengefasste Bereich bezieht sich auf die klassischen, in sich deutlich abgrenzbaren fachlichen Inhalte der Ausbildung, wie sie auch in den Prüfungsfächern abgebildet sind: Gemeindeleitung/Kirchentheorie, Seelsorge, Liturgik/Homiletik und Pädagogik. Dennoch gibt es auf dieser Ebene bereits übergreifende und die Fächer integrierende Inhalte, wie z.B. die Leitungsdimension im Unterricht, die pädagogische Dimension in der Predigt, die seelsorgerliche Dimension in der Bildungsveranstaltung etc. Der integrierende Aspekt verstärkt sich dann in den unter B und C genannten Bereichen. Hier wird das Aufeinanderbezugnehmen der Inhalte und der jeweiligen Ausbildungs- und Ausbilder-Erfahrungen von B nach C immer gewichtiger. Denn hier geht es um die profilierte Entwicklung von Kompetenzen, die gerade die Verschmelzung des Generellen und des Speziellen im beruflichen Alltagsvollzug ermöglichen und als besondere professionelle Kompetenz auszeichnen.

Auf diesem Hintergrund ist für die Ausbildung für das Pfarramt die Anbahnung von Möglichkeiten, sich beruflicher Identität immer wieder anzunähern, von großer Bedeutung. Denn wenn das berufliche Profil von Pfarrerinnen und Pfarrern sich ganz wesentlich aus der Spannung zwischen weit gefächerten professionellen Handlungsfeldern im Sinne der Generalistin bzw. des Generalisten einerseits und speziellen fachlich-theologischen Zugängen im Sinne der Spezialistin bzw. des Spezialisten andererseits speist, ist das Erleben, Aushalten und kreative Gestalten dieser Spannung der Weg, in der Pfarrexistenz authentisch – und das heißt mit Kopf, Herz und Hand – christlichen Glauben anschaubar zu machen. In dem so heiklen Feld von Religion und Glauben wird dies in Merkmalen wie Glaubwürdigkeit und Überzeugungsfähigkeit erlebbar, indem die darin sichtbar werdende Persönlichkeit als Mittel genutzt wird.

Als Ausbildungsziel für Vikarinnen und Vikare ergibt sich daraus, eine positive, selbstbewusste und wertschätzende Beziehung zur Aufgabe des Pfarramtes zu entwickeln. Die einzelnen Ausbildungsfächer sind neben ihrer fachlichen Besonderheit der Weg, dieses integrierte, ganzheitlich an die jeweilige Person gebundene Ziel zu erreichen. Integration der Fächer bildet ab, was sich in der Ganzheitlichkeit der Pfarrpraxis vollzieht. Vikarinnen und Vikaren, denen es gelingt, in der jeweiligen Anforderungssituation eine positive Beziehung zu ihrer Aufgabe zu entwickeln und ein deutliches Empfinden für die aktuelle Rolle wahrzunehmen, haben gute Voraussetzungen, über das in dieser Situation angemessene professionelle Verhalten Klarheit zu gewinnen und umzusetzen. So können Rollenklarheit und Verhaltenssicherheit wachsen.

Für die Ausbildungspraxis bedeutet dies eine stärkere Individualisierung der Arbeit. Die Persönlichkeitsprofile der einzelnen Vikarinnen und Vikare sind eng mit den fachlichen Zielen in Beziehung zu setzen. Dies macht eine enge Kooperation aller an der Ausbildung Beteiligten notwendig. Auf diese Weise sind die unter B und C benannten Ausbildungsfelder gut zu bearbeiten. Darüber hinaus sind aber auch fachliche Synergieeffekte zu erreichen: wenn beispielsweise Ausbildungsinhalte wie Liturgische Präsenz auch für Arbeitsbereiche über den Gottesdienst hinaus nutzbar gemacht werden, wenn die Bedeutung von Empathiefähigkeit über die Seelsorge hinaus etwa im Unterricht deutlich wird oder wenn die Bedeutung pädagogischer Fähigkeiten über das Unterrichten hinaus etwa in der Leitungsfunktion erkannt werden. Dies wird nur auf der Grundlage eines guten Miteinanders des Ausbildungsteams möglich. Die Art und Weise, wie Vikarinnen und Vikare das Team in seiner Kooperationsfähigkeit wahrnehmen, hat eine wichtige Vorbildfunktion z.B. im Bereich personaler Kompetenz.

Methodisch bedeutet dies für die Ausbildung, auf dem Hintergrund von fundiertem Wissen intensiv an individuellen Erfahrungen zu arbeiten. Die übliche Form der Planung, Durchführung und Auswertung ist durch Fragestellungen personaler Kompetenz und Persönlichkeitskompetenz zu erweitern. So ist es möglich, auf dem Hintergrund einer positiven Beziehung zu den unterschiedlichen Arbeitsanforderungen zu einem integrierten und damit auch nach außen vermittelbaren und verstehbaren Berufsbild der Pfarrerin oder des Pfarrers zu kommen.

Wesentliche Fähigkeiten der Ausbilder und Ausbilderinnen sind dazu neben der jeweiligen Fachkompetenz eine in langjähriger Berufserfahrung gewachsene differenzierte Wahrnehmungsfähigkeit und die Fähigkeit eines qualifizierten und professionellen Feedbacks. Durch die während der ganzen Ausbildungszeit erlebten professionellen Rückmeldungen werden Vikarinnen und Vikare an die Auskunftsfähigkeit über ihr berufliches Tun und damit an die für Pfarrerinnen und Pfarrer notwendige Qualifikation der kritischen Selbstreflexion herangeführt. Diese ist ein wichtiges Element einer positiven beruflichen Entwicklung.

Aktivismus als Mittel gegen den Trend?

Defiziterfahrungen und sozialgeschichtliche Entwicklung am Beispiel des Handlungsfeldes „Gottesdienst“

HANS ERICH THOMÉ

Defizitorientierung als Motivationsbremse

Nicht alles, aber vieles scheint schlechter zu werden und den Herausforderungen unserer Zeit nicht mehr gewachsen zu sein. Dies gilt auch im Hinblick auf die unterschiedlichen Felder kirchlichen und pastoralen Handelns, zum Beispiel für die Predigt. Christoph Dinkel hat zusammen getragen, was nicht nur in den Massenmedien sondern auch in der einschlägigen theologischen Fachliteratur als „Abgesang auf den Gottesdienst“ (Dinkel 2002, 13) laut wurde. Gerhard Ebeling mit seiner schon 1959 gemachten und fast sprichwörtlich gewordenen Äußerung von der „institutionell gesicherten Belanglosigkeit“ (Ebeling 1959, 9) steht hier in einer Reihe mit Martin Doerne – er redet vom „Hauch gespenstischer Monotonie“, der vom Gottesdienst ausgeht – (Doerne 1959, 440) und Volker Drehsen, der eine allgemeine „Gottesdienstmisere“ (Drehsen 1986, 265) konstatiert.

Welche Konsequenzen sind aus dem vielfach beschriebenen und beklagten Missstand zu ziehen? Vor allem anderen scheint ein erhebliches Maß an zusätzlicher Anstrengung notwendig zu sein, wie sie u.a. Martin Nicol anregt: „Vielleicht kann eine konzertierte Aktion aus Fakultäten, Hochschulen, Predigerseminaren und Pastoralkollegs bewirken, dass die Predigt aus ihrem Winkeldasein herauskommt“ (Nicol 2002, 17).

Es ist zwar unbestreitbar, dass die Vernetzung der unterschiedlichen Institutionen theologischer Aus- und Fortbildung qualitätsverbessernd wirken kann und deshalb dringend anzustreben ist. Mir geht es hier aber nicht um die notwendige Kooperation, sondern um Ausgangspunkt und Zielbestimmung, wie sie mir für gegenwärtige Strategien pastoralen Handelns typisch zu sein scheinen:

Zuerst wird das Defizitäre eines Tätigkeitsbereiches beschrieben („Predigt im Winkeldasein“). Und eine außergewöhnliche Anstrengung wird gefordert, um das erkannte und beklagte Defizit zu überwinden: Wir müssen eben nur genug und das Richtige tun.

Dieses Argumentationsmodell zeigt sich nahezu durchgängig. Es belastet die pastorale Praxis erheblich, weil in Zeiten bestehender Belastung immer noch mehr und anderes und das noch kompetenter getan werden muss, um Defizite zu verringern und um dadurch den Trend zu wenden oder ihn zumindest zu stoppen.

Aber sind fehlende Anstrengung und mangelnde Kompetenz wirklich die hauptsächlichen Verursacher schwieriger und als defizitär interpretierter Entwicklungen? Und finden wir in vermehrter Anstrengung und größerer Kompetenz die angemessenen Gegenmittel?

Ich glaube das nicht. Denn wer so argumentiert, übersieht die sozialgeschichtliche Entwicklung in unseren Breiten ebenso wie die Komplexität gegenwärtiger Lebenswirklichkeit. Er oder sie übersieht ebenso die erbrachte Leistung der handelnden Personen und die Grenzen ihrer Leistungsfähigkeit.

Ich möchte mit diesem Beitrag dazu anregen, die eindimensionale Debatte (durch Aktivismus heraus aus der Misere) im Bereich des Handlungsfeldes Gottesdienst dadurch zu überwinden, dass die sozialgeschichtliche Entwicklung im Verhalten des Gottesdienstbesuches zur Kenntnis genommen und dadurch ein kritische Blick auf heute gängige Strategien gewonnen wird.

Im Bereich des Gottesdienstes ist die beklagte eindimensionale Argumentation gegenwärtig besonders verbreitet. Ich erkenne sie u.a. in der Umfrage von Kirchenvorständen, mit denen sie die Veränderung des gottesdienstlichen Angebotes vorbereiten wollen. Alle Mitglieder der Kirchengemeinde werden aufgefordert, einen Fragebogen auszufüllen, um ihre Bedürfnisse bezüglich der Gestaltung von Gottesdiensten anzumelden: „Schreiben Sie uns, wie Sie sich Ihren Gottesdienst wünschen, damit wir ihn endlich nach Ihren Bedürfnissen und nicht nach einer schwer verständlichen Tradition gestalten können!" Ich erkenne dahinter unschwer den Einfluss von „go special", einer Initiative zur Erneuerung des Gottesdienstes, die in den USA ihre Wurzeln hat und derzeit im Bereich unserer Kirchen in Experiment und Diskussion einen breiten Raum einnimmt. Dieser Einfluss gibt sich in einer der programmatischen Veröffentlichungen mit einer signifikanten Alternative deutlich zu erkennen: „Als traditionelle Kirchen stehen wir alle früher oder später vor der Frage, wem wir uns stärker verpflichtet fühlen: dem Erbe der Vergangenheit oder den geistlichen Bedürfnissen der Menschen unserer Zeit (Douglass 1999, 25)". Das geläufige Argumentationsschema hinter solchen Sätzen ist deutlich erkennbar: Unsere Gottesdienste sind schlecht besucht, weil sie für heutige Menschen und deren geistliche Bedürfnisse nicht attraktiv genug sind. Sie sind nicht attraktiv, weil sie sich der Tradition verpflichtet fühlen anstatt gegenwärtige Bedürfnisse ernst zu nehmen und ihnen zu entsprechen. Dass diese Argumentationskette allzu schlicht ist und die gottesdienstliche Wirklichkeit noch nicht einmal im Ansatz erfasst, zeigt sich an der Ratlosigkeit eines der betr. Kirchenvorstände angesichts des spärlichen Ergebnisses der durchgeführten Umfrage: Trotz persönlicher Flankierung der Aktion kam nur ein kleiner Teil der Fragebogen zurück. Und auch bei einem Teil derer, die ihre Hausaufgaben erledigt hatten, war die Fragestellung unklar: Wie sollten sie ihre gottesdienstliche Bedürfnisse in Kontrast zur Tradition formulieren? Und vor allem: Wer war eigentlich darauf gekommen, dass sie deshalb nicht zum Gottesdienst gingen, weil er ihren geistlichen Bedürfnissen nicht entspreche? Und dass sie womöglich gingen, würde ihn z.B. statt Orgel ein jugendlicher Chor musikalisch gestalten?

Gottesdienst und Bedürfnislage

Trotz dieser kritischen Anfragen kann kaum Zweifel daran bestehen, dass Gottesdienstbesuch etwas mit den ureigensten individuellen wie mit kollektiven Bedürfnissen zu tun hat. Allerdings muss die Frage nach dem Zusammenhang zwischen gottesdienstlichem Angebot und individueller wie kollektiver Bedürfnislage umfassender und detaillierter in den Blick genommen werden, als es gemeinhin geschieht.

Die Aussage „das hat mir nichts gebracht" ist ja nicht als unangemessen oder oberflächlich oder allzu egoistisch beiseite zu schieben. Sie beschreibt ziemlich genau meine Zugangsweise zu einem Ereignis, von dem ich mir „etwas" verspreche, etwas, das mir zum Leben (und zum Sterben) hilft. Und von dem ich mich enttäuscht abwende, wenn solche ersehnte Hilfe ausbleibt.

In seiner verhaltenswissenschaftlichen Untersuchung zum Gottesdienst kommt Manfred Josuttis quer durch alle Kulturen und Kulte zu folgendem Ergebnis: „Der Gang zum Gottesdienst ist solange selbstverständlich, als man durch dieses Verhalten die eigenen Lebenschancen erhöhen kann" (Josuttis 1993, 83). Und: „Deshalb ist auch der Gang zum Gottesdienst, selbst wenn er durch sozialen Druck, durch Gewohnheit und aus Schuldangst erfolgt, im Kern als Maßnahme zur Lebenserhaltung zu interpretieren" (Josuttis 1993, 77). Wer also zum Gottesdienst geht, genügt nicht primär einer Pflicht oder entspricht bestimmten Erwartungen seines Umfeldes, sondern sucht Bereicherung und Lebenshilfe. Oder er und sie vermeiden Schädigungen, die sich bei abweichendem Verhalten einstellen könnten und genügen insofern einer Pflicht oder entsprechen bestimmten Erwartungen des Umfeldes.

Wie die Begründungen und Gratifikationen von Gottesdienstverhalten vor ca. 100 Jahren in einer ländlichen Region im hessischen Odenwald ausgesehen haben und wie sie sich im Laufe der Zeit entwickelt haben, will ich nun darstellen. Ich beziehe mich dabei auf mehrere Interviews, die ich im Jahr 1977 mit einem Zeitzeugen, dem damals 87 Jahre alten Lehrer und Ehrenkirchenvorsteher Georg Weber aus Modautal-Brandau geführt habe (cf. Thomé 1981).

1908: Die Kirche „mitten im Dorf"

Der kleine Kirchort liegt hoch oben am Berg. Acht weitere Dörfer gehören zur Gemeinde. Der Weg zum Gottesdienst ist weit, für manche dauert er mehr als zwei Stunden hin und zwei Stunden zurück, natürlich zu Fuß. Trotzdem ist die Kirche fast immer gut gefüllt, und das bei fast 500 Plätzen und einer Einwohnerzahl von ungefähr 1200 Menschen. Traditionsgemäß geht mindestens ein Mitglied aus jeder Familie zur Kirche, oft sind es auch mehrere. Die Menschen kommen nicht allein, immer finden sich Gruppen zusammen. Unterwegs haben sie sich viel zu erzählen, es gibt manchen Grund zum Lachen und Singen. Vor, neben und nach dem Gottesdienst ist noch viel zu erfahren, zu erledigen und zu erfragen: Der Pfarrer macht auf den nächsten Musterungstermin aufmerksam. Er kann das, weil er als einer von wenigen das großherzogliche Verordnungsblatt bezieht. Die derzeit gültigen Holzpreise werden bekannt gemacht und diskutiert, eine Kuh per Handschlag verkauft, der neue Mantel gezeigt, erste zarte Bande werden geknüpft. Für einen oder mehrere „Halbe" findet sich ein Teil der Gemeindeglieder in einem der vier Gasthäuser ein. Dieses Vergnügen ist allerdings nur den Männern vorbehalten, die sich dann auch gelegentlich festsetzen, während die Frauen bald nach dem Gottesdienst nach Hause gehen und dort mit mehr oder weniger Geduld ihre überfälligen Kirchgänger erwarten.

Wenn wir danach fragen, ob und wie dieses Kirchgangsverhalten „Lebenschancen erhöht" bzw. als „Maßnahme zur Lebenserhaltung" zu interpretieren ist (cf. Josuttis 1993), so lassen sich eine ganze Reihe von Antworten finden:

a. Die Menschen machen sich einen schönen Tag. Ihre Freizeit ist kurz und die Möglichkeiten, sie zu verbringen, sind begrenzt. Sie reichen eben nur für diesen einen Tag, den Sonntag. Und sie reichen nur so weit, wie die eigenen Füße tragen. Elektronische Medien, mit deren Hilfe sich Zeit ausfüllen und gestalten ließe, sind nicht vorhanden. Was zählt, ist die Kommunikation zwischen Menschen. Und die findet sich in der Kirche und um die Kirche herum.
   Es ist eine kleine Welt, die zwar abhängig ist von politischen und gesellschaftlichen Entwicklungen, aber dennoch weitgehend in sich selbst ruht. Frauen und Männer arbeiten dort, wo sie wohnen, in der Landwirtschaft oder als Handwerker. Die Kinder gehen hier zur Schule. Ehen werden geschlossen im Dorf oder zwischen den Dörfern, die sich um die eine Kirche am Berg scharen. Die Großfamilien sind über die Woche fast ständig zusammen, sie sehen sich bei jeder Mahlzeit. Kein Wunder also, dass zum Freizeitvergnügen das gehört, was während der Woche die Ausnahme ist: Sich in alters- oder geschlechtsgleichen Gruppen zu treffen. Peergroups bilden sich um die Kirche herum (häufig auch als Sitzordnung im Gottesdienst abgebildet), längst bevor es dieses Wort in unserem Sprachgebrauch gibt.
b. Darüber hinaus ist der Gang zum Gottesdienst die einzige oder zumindest die am leichtesten wahrzunehmende Möglichkeit, am öffentlichen Leben des Dorfes, der engeren Region und des politischen Gemeinwesens insgesamt teilzuhaben: Man sieht und wird gesehen. Obrigkeitliche Anordnungen finden hörbereite Untertanen. Die neuesten Klatschgeschichten machen die Runde. Wer also den Anschluss an den Geist und die Themen der Zeit im Großen und im Kleinen nicht verpassen will, der wird am Sonntagvormittag zur Kirche gehen. Dass dabei das neue Kleid ausgeführt und damit der soziale Status stabilisiert werden kann, ist ein durchaus wünschenswerter Nebeneffekt.
c. Diese nahezu geschlossene kleine dörfliche Welt ist jedoch alles andere als eine Idylle. Denn ausgeprägte Nähe schafft auch eine gut funktionierende soziale Kontrolle: Nahezu alles Lebensbereiche und Tätigkeiten sind öffentlich, sie lassen sich vor den Augen der Nachbarn nicht verbergen. Auch der Gottesdienstbesuch unterliegt dieser Kontrolle: Wer sich regelmäßig vom sonntäglichen Kirchgang ausschließt und dadurch gegen ein ungeschriebenes Gesetz verstößt, stellt sich außerhalb der Dorfgemeinschaft. Und wer will das schon?

d. Aber nicht nur die soziale Kontrolle dörflicher Nachbarschaft übt einen Druck auf das Verhalten der Individuen aus; auch eine Art von religiösem Druck wird empfunden und bestimmt das Verhalten: Der Mensch ist ein Sünder und hat die Verdammnis verdient. Der Himmel ist nur dann eine mögliche Alternative, wenn – etwa durch regelmäßige Teilnahme am Gottesdienst und besonders an der Feier des Heiligen Abendmahles – eine Entlastung oder Ent-Schuldung stattfindet. Wie stark dadurch das Verhalten der Menschen geprägt wird, lässt sich an unterschiedlichen Phänomenen erkennen.
   Zum einen gehen die Familienväter schon am Samstag vor der Abendmahlfeier den weiten Weg zum Pfarramt oben auf dem Berg, um sich und ihre Familien zum Abendmahl anzumelden. Ohne diesen vorherigen Kontakt mit mehrstündigem Zeitaufwand ist die Teilnahme an der Feier nicht möglich. Aber das wird angesichts der zu erwartenden Gratifikation in Kauf genommen.
   Zum anderen bleibt dem Gemeindemitglied, das wegen eines minimalen Fehlverhaltens mit dem Kirchenzuchtmittel des Abendmahl-Verbotes belegt wurde, nichts anders übrig, als nach Amerika auszuwandern. So jedenfalls lässt es sich in der alten Gemeindechronik nachlesen.
e. Es versteht sich von selbst, dass auch die eigentliche Feier des Gottesdienstes ihre Kraft entfaltet und Lebenshilfe bietet. Liturgie und Predigt, Gebete und Lieder leisten ihren Beitrag, dass Menschen in der Begegnung mit Gott zu sich selbst finden und ihren eigenen Lebensweg und die Aufgaben unterwegs mit neuer Kraft gestalten.
   Dass jedoch die Wirkung des Gottesdienstes selbst von der des Umfeldes nur schwer zu lösen ist, zeigt folgender Umstand, auf den mich mein Zeitzeuge hinwies: Es kommt nicht selten vor, dass Bauern, die die ganze Woche bei viel Bewegung in frischer Luft verbringen, einschlafen, kurz nachdem sie den Kirchraum betreten und ihren Platz eingenommen haben. Trotz ihres großen Schlafbedürfnisses kommen sie am nächsten Sonntag wieder, weil die entscheidenden Gratifikationen offensichtlich durch den Kirchenschlaf nicht verspielt werden.

1925: Die Zeiten ändern sich

Schon knapp 20 Jahre nach unserem ersten Besuch in einem Odenwälder Kirchspiel hat sich die Lage grundlegend geändert: Die Kirche ist am Sonntagmorgen immer noch gut besucht. Aber – so erzählt es der alte Lehrer –- es fällt zunehmend schwer, diejenigen Familienmitglieder „auszugucken“, die

die sonntägliche Pflicht des Kirchganges auf sich nehmen: „Da haben die meisten plötzlich ganz viel zu tun und verdrücken sich in Stall oder Scheune. In die Kirche gehen die Alten und die ganz Jungen." Sie werden offensichtlich mit leichtem Druck dazu gebracht, die Fassade aufrecht zu erhalten, dass der Kirchgang zu den wöchentlichen Pflichten einer jeden Hausgemeinschaft gehört, jedenfalls zu gehören hat. Diese Veränderung des Kirchgangsverhaltens findet eine einleuchtende Erklärung: Wir befinden uns in der Zeit, in der sich eine ganze Reihe von Gratifikationen, die ursprünglich mit dem Gottesdienstbesuch verbunden waren, von diesem abzulösen beginnen, sich verselbständigen und die Attraktivität des Ereignisses erheblich schwächen:

- Die Menschen haben sich langsam daran gewöhnt, dass eine Zeitung auf dem Frühstückstisch liegt und einen Blick über die kleine dörfliche Welt hinaus erlaubt. Die ersten Radios halten Einzug in die Wohnzimmer. Nun lassen sich wichtige Informationen auch ohne die Kirche beziehen.
- Vereine sind längst gegründet und freuen sich über großen Zuspruch. Die Möglichkeiten der Freizeitgestaltung sind dadurch ebenso gestiegen wie durch die wachsende Mobilität, die mit der aufkommenden Motorisierung einhergeht.

Deutlich lässt sich erkennen: Feste Verhaltensregeln bilden sich allmählich zurück, sobald die Gratifikationen verringert werden oder ganz ausfallen, die mit ihnen verbunden waren.

Die gegenwärtige Lage

Diese Entwicklung ist in den letzten Jahrzehnten rasant fortgeschritten. So sind zum Beispiel die Freizeitalternativen ins Unermessliche gestiegen. Auch die direkte Konkurrenz des Gottesdienstes am Sonntagmorgen hat erheblich zugenommen: Schwimmbadbesuch, Vereinsaktivitäten, sportliche Tätigkeiten aller Art, Programme der elektronischen Medien und vor allem: Konzentration auf die Familie, die ja früher während der ganzen Woche das Bezugsfeld des Einzelnen war. Musste er oder sie damals in der Freizeit gerade Kontakt über die Familie hinaus knüpfen oder pflegen, so ist es heute eher nötig, sich in der Freizeit zu bemühen, die Familie in den Mittelpunkt zu stellen und damit ihre Funktionsfähigkeit zu sichern.

Darüber hinaus ist die Mobilität weiter stark angestiegen. Menschen sind nicht mehr nur auf das örtliche oder regionale Freizeitangebot angewiesen, sondern suchen sich dasjenige heraus, das ihrer momentanen Bedürfnislage entspricht. Dabei ist die räumliche Entfernung – trotz aller ökologischer Probleme – kein Hinderungsgrund, sondern eher ein Anreiz. Marktforscher weisen darauf hin, dass sich ein hoher sozialer Status heute nicht mehr durch die konsumierten Produkte, durch ihre Qualität und ihr Image, ausweist, sondern durch die Lokalität des Genusses. Nicht aufs Cabrio kommt es an, sondern samstags mit dem Cabrio in La Spezia; nicht die Oper an sich ist der Genuss, sondern ein Abend in der Mailänder Scala, dann am Sonntag eine kurze Kaffeepause am Starnberger See. Es mag nur eine kleine Minderheit sein, die ihre Bedürfnisse auf diese Weise befriedigt. Aber sie zeigt den Trend: Mobilität ist ein Index für Lebensqualität.

Folgerungen und Konsequenzen

Eine erste Konsequenz aus dem Nachzeichnen der gesellschaftlichen Entwicklung - jedenfalls im ländlichen Bereich – und deren Einfluss auf das Kirchgangsverhalten liegt auf der Hand: Nicht schlechte Predigten oder lieblos gestaltete Gottesdienste, auch nicht ein erstarrter Traditionalismus sind Ursache dafür, dass für viele Menschen der Gottesdienstbesuch nicht oder nicht mehr zur festen sonntäglichen Sitte gehört. Vielmehr ist die Ursache in einem grundlegenden Wandel des alltäglichen Lebens und in der Ablösung vieler potentieller Gratifikationen vom Ereignis ′Gottesdienst′ zu sehen. Deshalb ist mit Aktivismus nichts gewonnen.

Wer davon ausgeht, dass Predigerinnen und Liturgen nun von innen heraus, also aus den zentralen Funktionen des Gottesdienstes, Menschen zu stärken und ihnen Lebensorientierung zu ermöglichen, den Abbruch anderer, eher peripherer Gratifikationen kompensieren sollen, überfordert sie maßlos. Sie können nicht wie Atlas die Welt stemmen und alle Veränderungen durch eigene Anstrengungen ausgleichen. Sicher: Aktivität ist nötig. Es gilt, ein hohes Maß an Kreativität und Sensibilität im Zusammenhang mit der Gestaltung von Gottesdiensten aufzubringen. Hier kann nie genug getan werden. Aber Aktivismus ist schädlich, weil er suggeriert, es gebe eine durch mangelnde Anstrengung und Kompetenz verschuldete Fehlentwicklung, die nur durch neue Strategien und vermehrte Anstrengung umgekehrt werden könne. Das Scheitern an dieser Aufgabe ist vorprogrammiert.

Mit dieser Grundeinsicht verbindet sich eine eher gelassene Haltung. Eine Haltung, die jedoch nicht dazu führt, die Hände untätig in den Schoß zu legen. Wer überfordert, lähmt. Wer nicht überfordert, befreit zu angemessenen Handeln. Die Wege, die dabei zu beschreiten sind, zeichnen sich ab. Nur einige will ich nennen:

- Gottesdienste werden vermehrt als Teil der Freizeitwelt verstanden und gestaltet (Integration in Event-Planung, Zusammenhang von Gottesdienst und Tourismus)
- Gottesdienste werden vom Modell der Kasualhandlung aus verstanden und gestaltet: Menschen suchen Hilfe in Lebenskrisen und Lebensübergängen. Nicht mehr der Rhythmus der Woche führt sie zum Gottesdienst, sondern der Rhythmus ihrer Biografie und das Erleben von Übergängen und Abbrüchen.
- Das gottesdienstliche Angebot wird differenziert (Zielgruppengottesdienste); gleichzeitig wird die Kontinuität des Gottesdienstes durch eine wieder erkennbare Grundstruktur gewahrt.

Insgesamt macht es Sinn, die Entwicklung des Kirchgang-Verhaltens in den letzten hundert Jahren nicht primär unter dem Gesichtspunkt des Defizitären anzuschauen sondern als jeweils neue Chance, die frohe Botschaft angemessen zu aktualisieren.

Literatur

DINKEL, CHRISTOPH: Was nützt der Gottesdienst? Eine funktionale Theorie des evangelischen Gottesdienstes. Gütersloh, ²2002.

DOERNE, MARTIN: Art. Homiletik, in: RGG³ Bd. 3, Tübingen 1959.

DOUGLASS, KLAUS: Gottes Liebe feiern. Aufbruch zum neuen Gottesdienst, Emmelsbüll ²1999.

DREHSEN, VOLKER: Das öffentliche Schweigen christlicher Rede. Die Grenzen des Gottesdienstes und die theologische Vorbildung des Pfarrers, in: Beutel, Albrecht u.a. (Hg.): Homiletisches Lesebuch. Texte zur heutigen Predigtlehre, Tübingen 1986.

EBELING, GERHARD: Das Wesen des christlichen Glaubens, Tübingen 1959.

JOSUTTIS, MANFRED: Der Weg in das Leben. Eine Einführung in den Gottesdienst auf verhaltenswissenschaftlicher Grundlage, Gütersloh ²1993.

NICOL, MARTIN: Einander ins Bild setzen. Dramaturgische Homiletik, Göttingen 2002.

THOMÉ, HANS ERICH (Hg.): Neunkirchen – Landschaft. Geschichte. Geschichten. Neunkirchen/Odw. 1981.

Profession und Organisation

Notnagel

Aus dem Tagebuch einer Pfarrerin

Christel Gottwals

„Ich schäme mich meiner Tränen nicht.", hat der Ortsvorsteher (der auch Kirchenvorsteher ist) heute Morgen nach dem Abschiedsgottesdienst gesagt. Tatsächlich sind ihm Tränen über die Wangen gerollt, als er mir nach einer kurzen, eindrücklichen Rede den Blumenstrauß überreicht hat. Eigentlich ist er bekannt für seine überlegte, vermittelnde und eher vorsichtige Art. Heute allerdings hat er sich für seine Verhältnisse sozusagen weit aus dem Fenster gelehnt. „Acht Jahre lang waren Sie bei uns.", hatte er gesagt. Und weiter: „Und immer wussten wir, wir haben eine Pfarrerin vor Ort. Sie waren für uns da, wenn es darauf ankam, – und das auch über die eigentlichen Aufgaben einer Pfarrerin hinaus. Das war das Wichtigste."

Ein Fremder, der zufällig diese Verabschiedung miterlebt hätte, könnte leicht falsche Vorstellungen entwickeln. Hatte diese Pfarrerin noch mehr Gruppen ins Leben gerufen, noch mehr Kreise aufgebaut und möglichst auch geleitet? Hatte sie sich noch mehr engagiert in verschiedenen Gremien? Nein. Ich meinte in diesem Moment genau zu wissen, woran er auch gedacht hatte. Ich denke, er hat an jenen Abend nach einer Sitzung des Kirchenvorstands gedacht. Es war schon gegen 23 Uhr und die anderen waren gegangen. Er tat sich umständlich mit seinem Mantel und seiner Aktentasche. „Frau Pfarrerin," sagte er dann mit etwas gedrückter Stimme, „ich hätte da eine Bitte." Nachdem ich ihm ermutigend zugenickt hatte, kam er langsam mit seiner Sache heraus. „Wissen Sie," begann er etwas schwerfällig, „ich komme aus der Landwirtschaft und das Redenschreiben fällt mir recht schwer. Zwar weiß ich, was ich will, aber ich finde so schwer die rechten Worte dafür. Jetzt sitze ich schon tagelang an einer Rede, die ich demnächst in einer Magistratssitzung der Stadt halten muss. Gestern Abend war ich ziemlich niedergeschlagen deswegen. Da dachte ich auf einmal, ich könnte Sie ja mal fragen, ob Sie mir helfen könnten. Wenn Sie etwas sagen, dann hat das immer Hand und Fuß und sitzt einfach …" Natürlich habe ich ihm damals geholfen, seine Rede angemessen zu formulieren. Er war erst am Abend gekommen, als es schon dunkel war und niemand ihn auf der Stra-

ße fragen konnte, weshalb er so spät noch das Pfarramt ansteuerte. Ja, ich denke, auch das hatte er im Hinterkopf bei seiner Abschiedsrede.

So viele Gesichter, bewegende Worte und Händeschütteln. Unmöglich, alles hier festzuhalten.

Nur die Begegnung mit Frau Roth will ich noch aufschreiben. Sie spricht für sich selbst.

Wollte ich leicht übertreiben, könnte ich sagen, unsere Beziehung bestand darin, dass wir voneinander wussten. Sie wusste von mir vermutlich durch ihre Enkelin, die ab und an von der Kinderstunde erzählt hatte, durch die ganz wenigen Gottesdienste, die sie selbst besucht hatte, – vor allem aber wohl durch die größere Anzahl an Beerdigungen, von denen andere ihr unmittelbar danach erzählt hatten. Der Nachkaffee wurde nämlich in den allermeisten Fällen in ihrer Gaststätte eingenommen. Ihre Gaststätte, das war ein alter Familienbetrieb. Inzwischen hatten der Sohn und seine Familie die Hauptverantwortung. Aber die Eltern mussten noch intensiv mitarbeiten. Es gehörte zur Tradition, dass man nach einer Beerdigung in der Gaststätte Roth zu Kaffee und Hefekuchen zusammenkam.

„Ich war ganz erschrocken, als ich gehört habe, dass Sie weggehen.", hat sie gesagt und mir fest die Hand gedrückt. Im ersten Moment war ich verwundert, denn ich konnte mich nicht erinnern, dass sie mich jemals direkt gebraucht hätte. Als ahnte sie meine Gedanken, sagte sie weiter: „Ich weiß, ich weiß, ich war ganz selten im Gottesdienst. Zur Frauengruppe konnte ich auch nicht kommen, obwohl mich das sehr interessiert hätte. Es ist alles wegen dem Betrieb, wissen Sie. Da ist man ständig eingespannt, gerade am Abend und an den Sonntagen. Ein einziges Mal habe ich es geschafft, in einen Weihnachtsgottesdienst zu kommen. Ein wunderbares Erlebnis war das. Meine Schwiegertochter hat gesagt, ich müsse unbedingt einmal da hineingehen. Sie würden es auch mal ohne mich schaffen. Ja, wir haben uns nicht oft gesehen, aber seit diesem Gottesdienst war immer mein Gedanke: Das ist dein Notnagel. Wenn mal irgendwas passiert, wo du jemanden brauchst, dann kannst du da hingehen, kannst zu der Frau Pfarrer gehen. Ja, Sie waren immer mein Notnagel."

*Es gab so vieles an diesem Tag, – unmöglich, das alles aufzuschreiben.
Aber warum auch. Das Wesentliche ist gesagt.*

Religion in der Gesellschaft und pastorale Profession

Bedingungen für eine gelingende Praxis von Pfarrerinnen und Pfarrern

Harald Müller

Nachdem Ernst Lange 1965 die Krise des Pfarrberufs konstatiert hatte (Lange 1982, 97ff.), wurde diese Thematik in den folgenden Jahrzehnten immer wieder zum Gegenstand pastoraltheologischer Betrachtungen (vgl. Klessmann 2001, 27ff.) und kirchlicher Verlautbarungen (vgl. Der Beruf des Pfarrers/der Pfarrerin heute 1989, Pfarramt und Gemeinde 1998, Pfarrerbild 2000, Das Amt des Pfarrers und der Pfarrerin 2001). Gefragt wurde danach, worin seine Besonderheit im Vergleich zu anderen Berufen zu sehen sei, ob es überhaupt einen „gesellschaftlichen Bedarf" gebe, welches seine Merkmale seien und welche Kompetenzen dafür notwendig seien. Ebenso waren die besonderen Aufgaben des Pfarrers/der Pfarrerin in der Gemeinde und die Zusammenarbeit mit den „Laien" ein Thema. Neben diese eher inhaltlich strukturellen Problematisierungen ist jetzt ein gravierender Rückgang der Studienzahlen getreten, der eine gegenwärtig nur geringe Attraktivität des Pfarrberufes zum Ausdruck bringt.

Während in den 80er Jahren über 11.000 Personen das Fach Evangelische Theologie studierten, sind es heute noch 3.461. Waren es in 1993 noch 786 Personen, die sich in die Anwärterlisten der Landeskirchen eintragen ließen, so sind dies heute nur noch 327 (vgl. K. Werber 2003, 564). Dieser deutliche Rückgang ist sicher auch auf eine gewisse Signalwirkung zurückzuführen, die von den unzureichenden Anstellungschancen nach Beendigung der Ausbildung in den letzten Jahren ausgegangen ist und noch immer ausgeht. Ebenso mag die abnehmende Zahl von Kirchenmitgliedern und die permanente Diskussion um Einsparungen mit den damit verbundenen Unwägbarkeiten dazu beigetragen haben. Entscheidender erscheint mir jedoch, dass die *Verunsicherung* den Berufsstand selbst von innen her erfasst hat. So besteht sowohl bei den Pfarrerinnen und Pfarrern wie auch innerhalb der Verwaltung und Leitung der Landeskirchen ein großer Verständigungsbedarf darüber, was Pfarrerinnen und Pfarrer leisten sollen und nach welchen Maßstäben ihr Handeln zu beurteilen ist.

> Einige Momentaufnahmen aus der EKHN können die gegenwärtige Situation verdeutlichen: In der Runde von Gemeindeberater/innen äußert sich ein erfahrener Berater: „Ich sehe die Tendenz, dass man bald neben jede Pfarrerin/jeden Pfarrer fünf Professionelle stellt und dass sich keiner mehr zutraut, eigene Schritte zu unternehmen. Die negative Einschätzung des Gemeindepfarramtes durch Leitung und Verwaltung führt bei vielen Pfarrer/innen zu einer erheblichen Verunsicherung."
>
> Bei einem Treffen von Lehrpfarrer/innen beschreibt einer seine Arbeitssituation mit folgenden Worten: „Ich spüre in meiner Arbeit einen enormen Druck, etwas gegen das schwindende Ansehen der Kirche in der Öffentlichkeit unternehmen zu müssen. Ständig sind wir am Überlegen und Planen, welche Aktionen und Projekte sinnvoll sind, um Menschen anzusprechen und ihnen zu zeigen, dass das, was wir tun, auch für sie relevant ist."
>
> Die von vielen Gemeindepfarrern und -pfarrerinnen beschriebene geringe Unterstützung von Seiten der Kirchenleitung und –verwaltung findet seine Entsprechung in den kritischen Äußerungen von Mitgliedern der Kirchenverwaltung und –leitung. Diese sehen die Tätigkeit von Pfarrerinnen und Pfarrer aus der Perspektive der Gesamtorganisation und ihrer persönlichen Erfahrung als Nutzer von Angeboten in ihren jeweiligen Parochien. So kann es hier etwa heißen: „In meiner Gemeinde kümmert sich der Pfarrer nur um die Insider. Menschen wie mich spricht er nicht an." Oder eher selbstkritisch ist auch zu hören: „Als ich noch in der Gemeinde tätig war, da habe ich mich an vielen Stellen mit großem Einsatz engagiert. Doch heute frage ich mich, ob meine Prioritäten dabei immer richtig waren." Vor allem die „Milieuverengung" und die Art der Prioritätensetzung werden in Frage gestellt. Dabei bleibt in der Kommunikation zwischen Kirchenleitung und -verwaltung und den Gemeindepfarrern und -pfarrerinnen oft unklar, in wie weit es sich bei den unterschiedlichen Wahrnehmungen um ein strukturelles oder ein persönliches Problem der jeweils miteinander kommunizierenden Personen handelt. Diese Unklarheit kann leicht zu einer Polarisierung zwischen Gemeinde- und gesamtkirchlicher Perspektive führen.

Bereits in diesen wenigen Äußerungen sind zentrale Probleme und Spannungsfelder angesprochen, die sich gegenwärtig destruktiv auswirken. Dazu gehören:

- Das geringe Zutrauen in die Bedeutsamkeit des Handelns von Pfarrerinnen und Pfarrern. → Die Relevanzkrise bindet viele Kräfte an die Selbstmotivation.
- Der fehlende Konsens über angemessene Arten von Prioritätensetzung. → Das führt zur fortwährenden Entwertung von Handlungen, da diese

immer wieder neu im Hinblick auf ihre Bedeutsamkeit in Frage gestellt werden können.

– Die Ungewissheit über die soziale Akzeptanz und gesellschaftliche Relevanz. → Sie kann zu einem Aktionismus verleiten, der meint etwas herstellen zu müssen, das offenbar als äußerst unwahrscheinlich gilt und erst noch durch große Anstrengungen produziert werden muss und auch produziert werden kann.

Vieles spricht dafür, dass Pfarrerinnen und Pfarrer die Schwerpunkte ihrer Arbeit überdenken und neu ausrichten, doch wonach? Unklar ist auch, welche Bedeutung in diesem Prozess den so genannten „Spezialisten" zukommt? Ist von ihnen die notwendige Orientierung zu erwarten?

In diesem Zusammenhang erscheint es mir aussichtsreich, noch einmal den Ausgangspunkt für die angesprochenen Probleme zu betrachten. Dieser lässt sich unschwer in dem gesellschaftlichen Veränderungsprozess ausmachen, der von der Kirche in der Regel als Bedrohung – als Verlust von Einfluss – erlebt wird. Wenn die Verunsicherung bei der Einschätzung pfarramtlichen Handelns vor allem von den Veränderungen der gesellschaftlichen Rahmenbedingungen ausgeht, so liegt es nahe, bei der Suche nach Faktoren gelingender pfarramtlicher Praxis dort anzusetzen.

In einem *ersten Schritt* soll deshalb versucht werden, den gesellschaftlichen Veränderungsprozess zu beschreiben und in seiner Dynamik zu verstehen. In einem *zweiten Schritt* ist dann zu klären, welche *Chancen* für die durch den gesellschaftlichen Veränderungsprozess erzeugten Problematiken des Pfarrberufs erkennbar werden und welche *Anforderungen* an den Pfarrberuf zugleich damit verbunden sind. Hier stellt sich einmal die Frage der gesellschaftlichen Bedeutsamkeit religiöser Kommunikation, aber auch die Frage nach der logischen Form theologischer Aussagen und der damit verbundenen Geltungsansprüche. Schließlich gilt es auch den sozialen Kontext (Individualisierung, Milieubildung, Kooperationen) religiöser Kommunikation wahrzunehmen.

In einem *dritten Schritt* soll die Berufstheorie Isolde Karles auf die in der Beschreibung der funktional differenzierten Gesellschaft sichtbar gewordenen Chancen und Anforderungen bezogen werden. Dabei ist zu prüfen, in wie weit der Professionsbegriff dazu beiträgt, pfarramtlichem Handeln unter den Bedingungen einer funktional differenzierten Gesellschaft Orientierung zu geben und die genannten Problematiken zu klären.

Struktur und Dynamik gesellschaftlicher Veränderung

Im kirchlichen Kontext hat Luhmanns Analyse des gesellschaftlichen Veränderungsprozesses eine große Resonanz gefunden (vgl. Person und Institution 1992, 15ff.). Es reicht jedoch nicht, nur die Auswirkungen des Veränderungsprozesses wahrzunehmen und darauf zu reagieren. Für eine adäquate Beteiligung am Veränderungsprozess kommt es auch darauf an, seine innere Struktur und Dynamik zu erfassen.

a) Differenzierung
Ein wesentliches Kennzeichen der modernen Gesellschaft ist nach der Beschreibung Luhmanns, dass sie sich in *verschiedene Funktionssysteme* (wie Recht, Politik, Ökonomie, Wissenschaft, Religion, Gesundheitswesen, Erziehung) ausdifferenziert hat. Während sich in stratifizierten Gesellschaften die Rangunterschiede zwischen einzelnen Personen und Gruppen in alle Bereiche (z.B. Macht, Besitz, Recht, Sprache) reflektieren, so dass z. B. für Adelige ein anderes Recht gilt als für Bauern, ist es ein Merkmal der funktionalen Differenzierung, dass hier „jedes Funktionssystem die eigene Identität selbst … über eine elaborierte Semantik der Selbstsinngebung, der Reflexion, der Autonomie" (Luhmann 1997, 745) bestimmt. Wichtig ist dabei zu erkennen, dass die Funktion weder im Selbstbezug noch in der Selbsterhaltung des Funktionssystems liegt, sondern im Bezug auf ein Problem der Gesellschaft (z.B.: Recht, Gesundheit, Treffen von verbindlichen Entscheidungen, Versorgung mit knappen Gütern, Ausbildung, Transzendenzsicherung). Diese Funktionssysteme haben sich geschichtlich herausgebildet. Sie sind weder von irgendeiner Instanz eingesetzt noch legitimiert. Vielmehr erweisen sie ihre Leistungsfähigkeit, in dem sie ihre jeweilige Funktion wahrnehmen, d. h. im Vollzug ihrer spezifischen Operationen. Zwischen den Funktionssystemen gibt es weder eine vorgegebene Ordnung, noch die Möglichkeit der gesellschaftlichen Regulierung. Dabei hat für das jeweilige Teilsystem seine Funktion Priorität und ist allen anderen vorgeordnet. Zu jedem Funktionssystem gehört deshalb eine andere gesellschaftsinterne Umwelt.

Ihre *Selbstbezüglichkeit* erreichen die Funktionssysteme dadurch, dass sie ihre jeweilige Funktion zum unverwechselbaren Bezugspunkt machen und alle Informationen in ihrem Anwendungsbereich auf einen jeweils spezifischen *binären Code* (etwa: wahr/unwahr; geliebt/nicht geliebt; krank/gesund; Eigentum haben/nicht haben; Prüfungen bestehen/nicht bestehen; Transzendenz Bezug haben/nicht haben) beziehen. „Während die jeweilige Funktion den Vergleich mit funktionalen Äquivalenten ermöglicht, regelt die Codierung das Oszillieren zwischen positivem und negativem Wert, also die Kontingenz der Bewertungen, an denen das System seine eigenen Operationen orientiert“ (Luhmann 1997, 749). Im Hinblick auf die Funktion kann es dabei um die Klärung der Zuständigkeit gehen (Zukunftsvorsorge über Geld und nicht über Gottvertrauen; Ausbildung über Schulen und nicht über Sozialisation), während der negative Wert des jeweiligen Codes die Kriterienbedürftigkeit aller eigenen Operationen anspricht.

Weil alles, was mit dem Code erfasst wird, kontingent ist und auch anders sein könnte, bedarf es bestimmter Entscheidungsregeln, die festlegen, unter welcher Bedingung der Wert bzw. der Gegenwert gültig ist. Diese Regeln nennt Luhmann „Programme“. „Die Unterscheidung von Codes und Programmen strukturiert ... die Autopoiesis der Funktionssysteme in unverwechselbarer Weise (Luhmann 1997, 750f.). Seine *logische Struktur* ist mit einer traditionellen zweiwertigen Logik nicht zu erfassen. Denn zwei Operationen werden mit einer Anwendung des Codes zugleich vollzogen: einmal wird die Zuständigkeit des Funktionssystems realisiert, indem die Form der anderen Codes zurückgewiesen wird (Rejektionswert /Unterscheidung von Selbst- und Fremdreferenz), ohne dass dabei der Wert dieser anderen Codes grundsätzlich bestritten würde. Vielmehr bleiben so die anderen Codes als ausgeschlossene latent gegenwärtig. Wenn z.B. bei der Lösung eines Problems der juristische Code angewandt wird, so wird damit zunächst erprobt, inwieweit er zu einer Lösung beitragen kann. Damit sind alle anderen Codes jedoch nicht prinzipiell verworfen, sondern können jederzeit im Hinblick auf ihren Beitrag zur Problemlösung aktiviert werden.

Durch die binäre Struktur des Codes (Positivwert/Negativwert) wird mit seiner Anwendung zugleich noch eine zweite Operation vollzogen: Der Code *erzeugt* das Funktionssystem, indem die elementaren Operationen des Systems (Zahlungsvorgänge, Rechtsbehauptungen, Kommunikation über Lernleistungen usw.) reproduziert werden. Da der Codewert jeweils kontingent ist, lassen sich an jede Operation immer wieder neue mögliche Operationen anschließen. Im Vollzug dieser Operationen wird nicht nur der Code immer wieder aufs Neue reproduziert, sondern damit erfüllt das System zugleich seine Funktion.

Aus der logischen Struktur, die mit der Anwendung des Codes verbunden ist, ergeben sich weitreichende Folgerungen:

1. Bei einer funktionalen Differenzierung sind die Funktionssysteme jeweils nur selbstsubsitive Ordnungen und können nicht die Funktion eines ande-

ren übernehmen. „Vielmehr müssen sie davon ausgehen, dass die anderen Funktionen anderswo erfüllt werden“ (Luhmann 1997, 753). Im Verhältnis der Funktionsysteme gibt es dabei zwar die Möglichkeit der Destruktion (politische/ethische Vorbehalte bei der Forschungsfinanzierung, vgl. Stammzellenforschung), nicht aber der Instruktion. Ebenso ist die Möglichkeit der gegenseitigen Steuerung ausgeschlossen, da dies eine teilweise Übernahme der Funktion implizieren würde.

2. Die Aussagen des jeweiligen Funktionssystems können nur im jeweils eigenen Bezugssystem Gültigkeit beanspruchen. „Man muss damit auf jeden definitorischen Zusammenhang von Wahrheit, Sinn und (Fremd)-Referenz verzichten“ (Luhmann 1997, 755) und sich „mit einer Mehrheit von gleichermaßen validen Weltbeschreibungen abfinden“ (Luhmann 1997, 754).

> Dies hat weitreichende Folgen für die Leistungsfähigkeit und Geltungsansprüche aller Funktionssysteme. So gilt etwa für das Recht, dass es „nicht länger als Mittel des Interessenschutzes (=Fremdreferenz) begriffen werden (kann), denn es gibt rechtmäßige und unrechtmäßige Interessen, und andererseits rechtskonforme und rechtswidrige Begriffsanwendungen (=Selbstreferenz)“ (Luhmann 1997, 755). Die gleichen Strukturprobleme treten beim zentralen Begriff des Wirtschaftssystems auf, dem der Transaktion. Er „formuliert die Einheit von Selbstreferenz (Zahlung) und Fremdreferenz (Sachleistungen, Dienstleistungen, Bedürfnisbefriedigungen) des Wirtschaftssystems; und es liegt auf der Hand, dass dabei der Eigentumscode Haben/Nichthaben auf beiden Seiten der Transaktion jeweils zweimal, in Bezug auf Zahlungen und in Bezug auf Sachleistungen, vorausgesetzt sein muss“(ebenda.).
>
> Übertragen auf den Funktionsbereich der Religion wird man im Kontext dieser Logik nicht davon ausgehen können, dass er für die Bewältigung von Kontingenzerfahrungen (z.B. Geburt, Krankheit, Tod) konkurrenzlos zuständig ist, da hierzu ebenfalls das Gesundheitssystem und das Wissenschaftssystem Verfahren anbieten (Fremdreferenz). Im Religionssystem selbst, ist dann noch einmal zu unterscheiden, ob sich in einer Kontingenzerfahrung ein Transzendenzbezug für den Einzelnen erschließt oder auch nicht erschließt (Selbstreferenz). Auch hier hat man es jeweils mit einem doppelten Paar von Bezugsgrößen zu tun.

Alle Funktionssysteme tragen zur Reproduktion der Gesellschaft bei, in dem sie nicht nur ihre Funktion erfüllen, sondern auch mit anderen Funktionssystemen zusammenwirken. Um die Form ihres Zusammenwirkens wahrzunehmen, ist es wichtig, zwischen den verschiedenen Beobachtungsmöglichkeiten bei der Bildung von Teilsystemen zu unterscheiden: die Beobachtung des Gesamtsystems (*Funktion*), die Beobachtung anderer Systeme (*Leistung*) und die Beobachtung des eigenen Systems (*Reflexion*).

Diese Unterscheidung macht es möglich, die *Leistungsdimension* als selbstständige Größe zu erfassen und zu beschreiben, wie Teilsysteme wechselseitig auf einander einwirken und aufeinander angewiesen sind. In den einzelnen Systemen geschieht dies nicht durch ein verstehendes Beobachten des anderen Systems, sondern durch Selbstbeobachtung in der Form der Irritation, wenn etwa das Ausbildungsniveau der Berufsanfänger nicht zu den von ihnen zu bewältigenden Aufgaben passt, oder wenn auf Grund schwankender Geburtenzahlen nicht genügend Personen zur Verfügung stehen. Charakteristisch ist dabei, dass es sich hierbei immer um *Fakten* handelt, die als Indikatoren genutzt werden können. Es ist deshalb immer schon zu spät für vorbeugende Maßnahmen. Durch gegenseitige Abstimmung können sich die Funktionssysteme zwar auf ein fein ausreguliertes Leistungsniveau einstellen, wobei dennoch durch Schwankungen in einem System unverhältnismäßig hohe Irritationen in anderen Systemen ausgelöst werden können. Bei zunehmender Irritierbarkeit kann jedes System nur versuchen, durch eigene Operationen einen Ausgleich herzustellen. Damit ist eine Steigerung der Komplexität in allen Funktionsbereichen verbunden. Feste Strukturen (politische Profile von Parteien, Familien, wissenschaftliche Begriffssprachen) lösen sich in diesem Prozess auf und müssen auf Entscheidungen zurückgeführt werden, die jeweils nur einen vorläufigen Charakter haben können (Luhmann 1997,765). Dies führt wiederum dazu, dass der zeitliche Handlungshorizont sehr begrenzt erscheint, denn man weiß nie, wann der nächste „Störfall" eintritt.

Auf die Ausbildung einer besonderen Sensorik für Irritierbarkeit sind die Funktionssysteme andererseits geradezu angewiesen, um sich auf eine gravierende Folge der funktionalen Differenzierung einstellen zu können: die Umstellung des Beobachtens auf ein Beobachten von Beobachtern, d. h. *„ein Beobachten zweiter Ordnung"*(Luhmann 1997, 766). Im Zuge der funktionalen Differenzierung kann eine gemeinsam vorgegebene Welt, sei es als Natur oder als Schöpfung, nicht mehr vorausgesetzt werden. Anstelle der ontologischen Prämisse tritt der Vollzug des Beobachtens von Beobachtern, durch den die eigene Welt jeweils neu konstituiert wird. So beobachten Beobachter einander in der Wirtschaft über die Preisentwicklung am Markt und in der Politik werden Handlungen im Hinblick auf ihren Effekt bezüglich des Wählerverhaltens vollzogen, das durch Meinungsforschung ermittelt wird. Auch die Mitgliederbefragungen der EKD verdanken sich der Notwendigkeit, dass alle Funktionssysteme Formen und Gelegenheiten der Selbstbeobachtung ausbilden müssen, um sich der eigenen Realität zu vergewissern.

Die Verlagerung der Realitätskonstruktion auf die Ebene der Beobachtung zweiter Ordnung gilt nicht nur im Hinblick auf die Operationen in den einzelnen Funktionssystemen, sondern beschreibt ein generelles Verfahren, nach dem gesamtgesellschaftlich anerkannt sich Realitätsvergewisserung vollzieht, freilich ohne normierende zentrale Beobachtungsposition, sondern mit jeweils vorläufigen Vernetzungen.

Gesamtgesellschaftlich existieren die einzelnen Funktionssysteme jedoch nicht nur nebeneinander her. Durch *Kopplungen* gelingt es ihnen vielmehr, sich auf einander zu beziehen, so dass bestimmte Abhängigkeiten gesteigert und andere ausgeschlossen werden. Beispiele für solche Kopplungen sind etwa Steuern und Abgaben (zwischen Politik und Wirtschaft), die Verfassung (zwischen Recht und Politik), Eigentum und Vertrag (zwischen Recht und Wirtschaft), Beratung durch Experten (zwischen Politik und Wissenschaft), Zeugnisse und Zertifikate (zwischen Erziehungssystem und Wirtschaft) oder das Krankschreiben (zwischen Medizinsystem und Wirtschaft). Durch solche Kopplungen erreichen die einzelnen Funktionssysteme eine gewisse Absicherung. Dabei fällt auf, dass das Religionssystem zurzeit nur wenige strukturelle Kopplungen ausgebildet hat. Daraus ergibt sich für das kirchliche wie auch das pfarramtliche Handeln die Anfrage, ob es nicht strukturelle Kopplungen unterstützen kann, die langfristig die Entwicklungsmöglichkeiten des religiösen Teilsystems verbessern.

b) Individualisierung und Milieubildung

Mit der Herausbildung der funktional differenzierten Gesellschaft hat sich die Situation der Menschen grundlegend geändert. Waren sie in Stammesgesellschaften als Familienmitglieder und in der Ständegesellschaft als Mitglieder eines Standes jeweils ein Teil der Gesellschaft, so lassen sie sich nun nicht mehr einem Teilsystem der Gesellschaft zuordnen. Die Menschen sind nicht mehr länger Teil der Gesellschaft, sondern müssen „als Umwelt des Gesellschaftssystems begriffen werden“ (Luhmann 1997, 744).

Jedes Funktionssystem ist dabei auf die Inklusion *aller* Individuen ausgerichtet, wobei diese Inklusion sich jeweils nur auf die eigenen Operationen bezieht. Diese Situation hat eine *doppelte* Auswirkung auf die Individuen. Da sie auf der einen Seite zu keinem System gehören, wachsen die Optionen für die Teilhabe in einem bisher nicht gekannten Ausmaß. Alles (Familienzugehörigkeit, Ehe, Bildung, Berufswahl, Status usw.) wird zum

Gegenstand von Entscheidungen, die kontingent bleiben und in zeitlicher Folge stets neu getroffen werden können, so dass die eigene Biographie zum Konstrukt wird. Auf der anderen Seite besteht für die Individuen aber auch der Zwang zur Inklusion, wenn sie nicht aus dem Gesellschaftssystem herausfallen wollen. Diese Inklusion kann aber jeweils nur für eine beschränkte Zeit wahrgenommen werden, da sie keinem Teilsystem ganz angehören können. Mit dem Grad der Differenzierung wächst dabei die Anzahl der Optionen und damit verbunden auch die Erfahrung der Fragmentierung, die von den einzelnen Individuen nur schwer zu steuern ist. Dadurch entsteht zugleich der Wunsch nach neuer Beheimatung als einer Art sekundärer Standeszugehörigkeit, die ihre Entsprechung in bestimmten standardisierten Angeboten der Funktionssysteme findet („Copieren von Individualitätsmustern"/„Vermassung") (vgl. Luhmann 1997, 1019 und 766) Als Einzelne tragen die Individuen dabei zugleich das Risiko, das mit jeder Entscheidung verbunden ist (vgl. dazu auch Sennett 2000, 159ff.). Zur eigenen Selbstvergewisserung bilden sie dabei – wie die einzelnen Funktionssysteme – auch Möglichkeiten aus, selbst zu beobachten, wie sie von anderen beobachtet werden, so dass sie ihr Verhalten darauf abstellen können (Selbstdisziplinierung/feed back Verfahren). Da einzelne Personen nicht mehr durch ihren sozialen Status oder feste Zugehörigkeiten identifiziert werden können, müssen sie jetzt bestimmte *Rollen* ausbilden, um als Mitglied einer bestimmten Berufsgruppe oder als Teilnehmerin an einer präferierten Interaktion erkennbar zu sein (Luhmann 1997, 771).

Für die Individuen ist ihre soziale Herkunft nach wie vor von Bedeutung, genauso wie es große Unterschiede im Hinblick auf Besitz und damit verbunden auch auf Sozialchancen und Lebensformen gibt. Die Übertragung dieses Unterschieds auf andere Funktionssysteme (Politik, Recht, Ausbildung, ...) ist jedoch eingeschränkt und setzt deren Dynamik nicht außer Kraft. Dabei hebt Luhmann hervor, dass das Wirtschafts- und das Erziehungssystem jeweils kleinste Unterschiede (des Standortvorteils, der Begabung usw.) im Sinne einer *Abweichungsverstärkung* nutzen, um soziale Differenzierungen vorzunehmen, „auch wenn dieser Effekt keinerlei soziale Funktion hätte" (Luhmann 1997, 774). Im Hinblick auf die Ausdifferenzierung von unterschiedlichen Lebenswelten und *sozialen Milieus* stellt sich die Frage, ob diese eine bestimmte strukturelle Funktion für die Gesellschaft haben oder ob sie deren Fehlen eher verdecken sollen. Pfarramtliches Handeln ist daraufhin zu befragen, in wie weit es auf den Individualisierungsprozess und die Bindung an unterschiedliche Milieus Bezug nimmt.

Das Handeln von Pfarrerinnen und Pfarrern – Chancen und Anforderungen

Aus der systemtheoretischen Beschreibung der Gesellschaft werden für das Handeln von Pfarrerinnen und Pfarrern Chancen sichtbar, aber auch Anforderungen. Dies betrifft die Relevanz ihres Handelns, die Anforderungen, die an religiöse Kommunikation zu stellen sind, die Frage der Leistungen der Religion für andere Funktionsbereiche der Gesellschaft und die Frage, wie auf Individualisierung und Milieubildung reagiert werden kann.

Die soziale Bedeutsamkeit religiöser Kommunikation
Entgegen der Wahrnehmung vieler Pfarrerinnen und Pfarrern, dass ihr Handeln in der Gesellschaft wenig Bedeutung hat, wird der Religion durchaus eine gesellschaftliche Relevanz zugesprochen, wenn sie als Teilsystem in der funktional differenzierten Gesellschaft verstanden wird. Daraus, dass Religion eine Funktion für die Gesellschaft erfüllt, kann abgeleitet werden, dass auch das Handeln von Pfarrerinnen und Pfarrern sozial relevant ist.

Dabei gilt es zu identifizieren, auf welches Problem der Gesellschaft Religion bezogen ist. Nach Luhmanns Analyse besteht die Funktion der Religion weder in der Vergesellschaftung von Transzendenz (Luckmann), noch in der Befriedigung anthropologischer Bedürfnisse (Wunsch nach Trost und Halt). Vielmehr sieht er den Bezugspunkt in der Beschränkung individueller Selbstreferenz. „Religion scheint immer dann vorzuliegen, ... wenn man einzusehen hat, weshalb nicht alles so ist, wie man es gern haben möchte. Gerade dies kann der Einzelne, da es seinem Selbstbewusstsein widerspricht, nicht durch Selbstbewusstsein herausfinden. Der Grund dafür muss ihm mitsamt der Problemstellung durch Kommunikation gegeben sein“ (Luhmann 2002, 122). Auf dem Hintergrund dieser Problemstellung bietet Religion die Sicherheit an, „dass alles, was geschieht, was mit Überzeugung getan wird, einer transzendenten Zweitwertung unterliegt, die eine Selbstakzeptanz des Erlebens und Handelns ermöglicht“ (Luhmann 2002, 128). Religion erweist sich aus der Sicht der systemischen Gesellschaftstheorie zuständig für das Konstitutionsproblem von Sinn, sofern dieses sich in der Entfaltung von Paradoxien (Einheit/Vielheit, Woher/Wohin, Gott/Mensch, Abhängigkeit/Freiheit) differenziert. Damit ist die Möglichkeit gegeben, dass Religion sich „im Kontext gesellschaftlicher Funktionsdifferenzierung als irreduzibel behaupten kann“ (ebenda). Folgt man dieser Betrachtung, so können Pfarrerinnen und Pfarrer davon ausgehen, dass ihr Handeln gesellschaftlich relevant ist und von keinem anderen Funktionssystem ersetzt werden kann, insofern es zur Konstitution von Sinn in der Entfaltung von Paradoxien beiträgt. Da diese Beschreibung aus theologischer Sicht nicht normativ sein kann, liegt es an der Entscheidung von Pfarrerinnen und Pfarrern und auch der jeweiligen Kirchen, ob und inwiefern sie diese gesellschaftliche Funktion erfüllen wollen. Eine solche Entscheidung kann jedoch nur getroffen werden, wenn dieser Zusammenhang überhaupt gesehen wird. In jedem Fall verdeutlicht die systemtheoretische Perspektive, dass es deutliche gesellschaftliche Erwartungen an das Handeln von Pfarrerinnen und Pfarrern gibt.

Möchte man die Funktion der Religion für die Gesellschaft unterstützen, so ist darauf zu achten, dass die Funktion der Religion weder im Selbstbezug des Teilsystems, noch in seiner Selbsterhaltung liegt, sondern im umfassenden Sozialsystem der Gesellschaft. Wird dies übersehen, so können einzelne Maßnahmen, die zu seiner Stärkung gedacht sein mögen, sich leicht ins Gegenteil verkehren. Dies wäre z.B. dann der Fall, wenn die Teilnahme an religiöser Kommunikation an so hohe Eintrittsbedingungen geknüpft wäre (Nachweis einer bestimmten Art von Rechtgläubigkeit), dass faktisch die überwiegende Mehrzahl davon ausgeschlossen wäre. Hier würde das Doppelkriterium für Funktionssysteme (Spezifität und Universalität) nicht mehr anwendbar sein.

Die These vom Funktionsverlust der Religion

Auf dem Hintergrund der gesellschaftlichen Relevanz religiöser Kommunikation erscheint die These von einem *Funktionsverlust* der Religion in der modernen Gesellschaft zumindest als *mehrdeutig*. Sie bezieht sich auf diejenige Funktion, die Religion in einer stratifizierten Gesellschaft hatte und in der funktional differenzierten Gesellschaft nicht mehr hat. Offenkundig ist, dass sich mit dem Wechsel zur funktional differenzierten Gesellschaft, die Stellung der Religion verändert hat. Da alle Funktionssysteme autonom operieren und so jedes für sich ein unmittelbares Verhältnis zur Gesellschaft hat, kann und braucht Religion nicht mehr eine notwendige Vermittlungsinstanz zu sein, die einen Gesamtsinn aller gesellschaftlichen Aktivitäten herstellt. Im Verhältnis zu den verschiedenen Bereichen wie Macht (von Gottes Gnaden), Wissen (kosmologische Welterklärung) oder Recht (ius divinum) kann und braucht sie deshalb auch keine legitimierende Leistung mehr zu erbringen. Insofern kann man hier durchaus von einem Funktions-, bzw. präziser wohl eher von einem Leistungsverlust sprechen als die Religion ihre dominierende, hierarchische Funktion verliert und in der funktionalen Gesellschaft mit den anderen Teilsystemen prinzipiell gleichwertig ist.

Dabei *verbessern* sich mit der Beschränkung als Teilsystem der Gesellschaft aber auch die *Chancen*, die jeweils eigene Funktion wahrzunehmen. Dies muss nicht notwendig bedeuten, dass sich mehr Personen an religiöser Kommunikation beteiligen, sondern kann auch heißen, dass beide Seiten, „die religiöse und die religiös indifferente Lebensführung, *mit Kommunikationsfähigkeit ausgestattet und sozial akzeptiert werden*" (Luhmann 2002, 145). Für Pfarrerinnen und Pfarrer, die in ihrer Kernrolle zur Kommunikationsfähigkeit von Religion beitragen wollen, kommt es darauf an, diese Chancen zu erkennen und zu nutzen.

Die Anforderungen an religiöse Kommunikation

Wie bei anderen Teilsystemen so kommt es auch im religiösen darauf an, dass die religiöse Kommunikation zum Erweis ihrer universalen Sinnzuständigkeit ihre spezifische Unterscheidung (*Code*) anwendet. Nur dadurch wird sie als eigenes Funktionssystem erkennbar, nur dadurch kann sie ihre Funktion wahrnehmen, sich behaupten und sich selbst generieren. Dabei sollten *beide* Operationen (s.o.), die mit der Anwendung des Codes zugleich vollzogen werden, im Blick sein: Der Erweis der Zuständigkeit *des* Religionssystems und die Bewertung des Sachverhalts *im* religiösen Teilsystem. Entsprechend ist bei jeder Anwendung des Codes mit der Möglichkeit des Glaubens, des Nicht-Glaubens *und* des Anders-Glaubens zu rechnen und aus dieser Abgrenzung die eigene Profilierung zu vollziehen. Nicht-Glaube und Anders-Glaube erscheinen dabei als immer indirekt miterzeugte und deshalb auch mitzudenkende Möglichkeiten, von denen der eigene Glaube sich unterscheidet. Für die religiöse Kommunikation dürfte es dabei einen Unterschied machen, ob mit der Möglichkeit des Nicht-Glaubens oder des Anders-Glaubens gerechnet wird, oder ob diese als Signal zum Kommunikationsabbruch bzw. primär als Infragestellung des eigenen Glaubens verstanden werden.

Für die Kommunikationsfähigkeit in Fragen der Zuständigkeit des Religionssystems und für die Plausibilisierung seiner Ansprüche erscheint darüber hinaus der Zugang zu einer *Beobachtung zweiter Ordnung* als gesellschaftlich anerkannte Realitätsvergewisserung bedeutsam. Indem die jeweilige Rahmung von Glaubensaussagen bzw. wissenschaftlichen, juristischen, politischen oder künstlerischen Aussagen mitthematisiert werden können, kann ein Problem jeweils in das Teilsystem verlagert werden, dessen Code sich zur Definition und Lösung eignet, ohne dass dabei die rejizierten Codes inhaltlich verneint werden müssen. Vielmehr kommt es vor allem auf eine *Verständigung über die Form* von unterschiedlichen Aussagen an.

Im Hinblick auf die Thematik der Schöpfung sei dies kurz skizziert.
Sagt man: „Gott hat die Welt in sechs Tagen geschaffen und am siebten Tag geruht. Deshalb müssen wir auch den Ruhetag einhalten!" so stellt man damit eine Tatsachenbehauptung auf und verbindet sie mit einer Handlungsaufforderung. Diese Form der Aussage löst in der funktional differenzierten Gesellschaft zumindest drei Irritationen aus. Einmal wird ein direkter Zugriff auf Realität in Anspruch genommen, der gerade in Frage gestellt wird (Wer hat Gott bei der Schöpfung zugesehen?), zum anderen ist für die Bewertung von Tatsachenaussagen das Wissenschaftssystem zuständig und schließlich erscheint auch die Ableitung von Imperativen aus Tatsachenbehauptungen als problematisch. Hier besteht die Gefahr, dass religiöse Kommunikation alleine auf Grund ihrer Form Ablehnung erzeugt, die in der eigenen Reflexion dann etwa als Ausdruck von inhaltlicher Ablehnung bzw. Unglaube oder Desinteresse erscheint. Eine Kommunikation, die eine Beobachtung zweiter Ordnung ermöglicht, indem sie die Rahmung mit thematisiert, könnte z.B. folgendermaßen formuliert werden: „Nachdem die Israeliten von den Babyloniern besiegt, der Tempel entheiligt und viele ins babylonische Exil verschleppt worden waren, stellte sich für sie die Frage, ob ihr Gott nun auch besiegt sei. Sie fanden dabei neuen Mut in der Überzeugung, dass ihr Gott nicht nur die Geschicke ihres eigenen Volkes, sondern aller Völker leite und die ganze Welt geschaffen und geordnet hat. Mit der Heiligung des Sabbats konnten sie sich auch ohne Zugang zum Tempel in diese Ordnung einfügen". Was die Aktualität des Schöpfungsglaubens angeht, könnte zum Beispiel darauf verwiesen werden, dass die Welt auch heute noch für viele Menschen mehr ist, als was von Menschen produziert werden kann und dass das Fehlen dieser Einsicht sich zerstörerisch auswirkt. Wo Mensch dagegen realisierten, dass sie als endliches Wesen angewiesen bleiben auf das, was ihnen zur Verfügung gestellt worden ist, stehen sie vor der Aufgabe, sich selbst zu begrenzen, zum eigenen Wohl und zum Wohl der Lebensverhältnisse. In diesem Zusammenhang kann der Ruhetag als ein deutliches Zeichen dafür gedeutet werden, dass menschliches Leben nicht im Vorhanden aufgeht, mehr ist als das, was in bestimmten wirtschaftlichen oder anderen Funktionszusammenhängen beschrieben werden kann, mehr auch als das, was wir aus ihm machen.
Dieser – zugegebenermaßen groben – Skizze kommt es weniger auf die einzelnen Inhalte als auf die Form an. Die religiösen Äußerungen werden hier deutlich als Äußerungen im Medium des Sinns erkennbar. Es wird nachvollziehbar, warum Menschen bestimmte Deutungen vorgenommen haben und es wird ein Raum eröffnet, in dem der Gesprächspartner seine eigene Deutung äußern kann. Die Handlungsaufforderung wird nicht aus Tatsachenbehauptungen abgeleitetet, sondern sie wird als Folge einer Entscheidung erkennbar. Der Gesprächspartner kann dazu eine eigene Option entwickeln, die dann evtl. Gegenstand eines Gesprächs werden kann.

An diesem Beispiel der Exilsituation lässt sich nicht nur die elementare Bedeutung sondern auch die Funktionsweise des Codes ablesen. Mit der Anwendung des religiösen Codes steht zugleich die Gottesbeziehung auf dem Spiel. Gelingt es nicht, sie neu zu deuten, so wird sie steril, weltfremd und schließlich aus gesellschaftlicher Perspektive überflüssig. Der Code drückt dabei jeweils ein Paradox aus. Er stellt mit jeder Anwendung einen Unterschied her und gewährleistet zugleich die Einheit zwischen den verschiedenen Operationen. Religiös gesprochen: In jedem sich Einlassen muss sich aufs Neue erweisen, ob der Glaube trägt, bzw. die Lebenssituation erhellt. Dies kann nie im voraus garantiert werden. Und zugleich steht dieses sich Einlassen in der Kontinuität zu vielen anderen Erfahrungen und schließt sogar Zweifel als eine Form des Glaubens nicht aus. Würde dagegen der religiöse Code gar nicht erst operalisiert, so könnte auch keine religiöse Kommunikation stattfinden.

Aus dieser kleinen Skizze geht hervor, dass die Kommunikationsfähigkeit von Pfarrerinnen und Pfarrer in einer funktional differenzierten Gesellschaft mit davon abhängt, ob sie die Funktion, die die Religion *für* das Gesellschaftssystem wahrnimmt (im Unterschied zur eigenen Selbstreflexion), kennen und ob sie diese angemessen (im Medium des Sinns und in der Form der Deutung) thematisieren können. Dies dürfte häufig die Voraussetzung dafür sein, dass sie sich überhaupt verständlich machen können.

Die Unterscheidung von Funktion und Leistung des Religionssystems

Das hier beschriebene Funktionsverständnis unterscheidet sich von dem einer älteren Form der Religionssoziologie, die Religion als Gegenüber zur Gesamtgesellschaft (und nicht als Teilsystem *in* der Gesellschaft) verstand. Demnach wurde gefragt, welche Funktion-*en* die Religion für die Gesellschaft zu erfüllen habe. Karl-Wilhelm Dahm machte dabei die Wertevermittlung und die helfende Begleitung als Grundfunktionen aus (Dahm 1972, 305f.). Das problematische an dieser Theorie besteht darin, dass sie von einer Religionssoziologie ausgeht, die meinte, Religion *von außen* als soziales Phänomen angemessen betrachten zu können. Dies führt bereits im Ansatz zu einer nicht religiösen Deutung der Religion, deren Übernahme in die Theologie letztlich zu einer Entwicklung beigetragen hat, die Wolfgang Huber als „Selbstsäkularisierung“ bezeichnet (Huber 1999, 12). Im Gegensatz dazu geht der spätere Luhmann davon aus, dass „Religion zu jenen Sachverhalten zu gehören (scheint), die sich selbst bezeichnen, sich selbst eine Form geben können“ und deshalb angemessen „nur als Beobachtung ihrer Selbstbeobachtung definiert werden (kann) – und nicht durch ein Wesensdiktat von außen“(Luhmann 2000, 15).

Die Wertevermittlung und die helfende Begleitung bezeichnen im Kontext der hier eingeführten Terminologie nicht Funktionen, sondern *Leistungen* für einzelne Individuen. Dann wird auch erkennbar, dass das Religionssystem diese Leistungen nicht unmittelbar (etwa durch ethischen Diskurs), sondern *nur mittelbar* in Anwendung seines Codes, d.h. durch religiöse Kommunikation erbringen kann. Jeder andere Versuch würde zu einem Verlassen des religiösen Systems führen und eine andere Etikettierung würde Verwirrung und eine Konfusion der Zuordnungen hervorrufen.

Individualisierung, Milieubildung und Koppelung

Der Prozess der *Individualisierung* stellt die andere Seite der funktionalen Differenzierung dar, sofern die Individuen nun nicht mehr als Teil, sondern als Umwelt der Gesellschaft zu betrachten sind. Für das religiöse System bedeutet dies, dass religiöse Probleme zwar in *jeder* Kommunikation auftreten können, d.h. auch bei Operationen, die zunächst anderen Funktionssystemen zugeordnet sind (Universalitätskriterium), dass es aber jeweils in die Entscheidung des einzelnen fällt, ob er/sie auch in eine religiöse Kommunikation eintreten will. Mit der Individualisierung wird Glaube zu einer Option. Der Einzelne entscheidet, wie er die nur begrenzt zur Verfügung stehende Zeit nutzen will, sei es zum Gottesdienstbesuch, für die Familie, zum Treffen mit Freunden, zu sportlichen Aktivitäten, zum Arbeiten, zum Museumsbesuch, usw. Gleiches gilt für die Beteiligungsform am religiösen System, für die Frage, wie häufig und wie intensiv er bei welcher Glaubensgemeinschaft teilnehmen möchte. Mitgliedschaft, die früher durch Zugehörigkeit zu einem bestimmten Fürstentum oder zu einer Familie vorgegeben war, wird heute zum Gegenstand von Entscheidungen. Da es kaum noch nichtreligiöse Gründe gibt, sich am Religionssystem zu beteiligen (Anbahnen von Geschäften, öffentliche Anerkennung – vgl. den Beitrag von H.E. Thomé in diesem Band), ist das Religionssystem heute in besonderer Weise darauf angewiesen, Menschen so in religiöse Kommunikation einzubeziehen, dass sie deren spezifischen Sinn verstehen und an ihm teilhaben können. Daran ist das Religionssystem und auch das Handeln von Pfarrerinnen und Pfarrern zu messen. Dies ist auch die Grundlage dafür, dass sich die religiöse Kommunikation für die Individuen als leistungsfähig erweisen und eine gesellschaftliche Funktion erfüllen kann. Diese Aufgabe kann in der Bereitstellung von Zeiten, Räumen und Personen wahrgenommen werden, in denen der Transzendenzbezug in besonderer Weise eingeübt, praktiziert und gefeiert wird (Gottesdienste, Exerzitienen, Seminare), oder auch als Unterstützung bei der Konstruktion von Identität (Seelsorge, Beratung). Hierzu gehören genauso die ökumenische und globale Vernetzung, wie der Einspruch gegenüber Vereinnahmungsbestrebungen anderer Teilsysteme, sowie die Abgrenzung gegenüber anderen Glaubensformen. Was die in anderen Teilsystemen oft nur eingeschränkten Beteiligungsmöglichkeiten angeht (so haben Personen ohne Geld nur eingeschränkte Möglichkeiten im Wirtschafts- und Gesundheitssystem) kann das religiöse System offener sein und auch für die anderen Teilbereiche größere Offenheit einfordern.

Im Blick auf die Zugehörigkeit von Individuen zu verschiedenen *Milieus*, kann man Strategien entwickeln, wie diese Gruppen jeweils von der Kirche und von einzelnen Pfarrerinnen und Pfarrern (besser) erreicht werden können (vgl. Vögele u.a. 2002). Es wird dann von den einzeln Angeboten abhängen, ob hier lediglich eine Spiegelung des Milieus im religiösen System vorgenommen wird oder ob die Milieukenntnisse helfen, religiöse Fragen „benutzerfreundlicher" und unter Einbeziehung der „Zielgruppen" zu formulieren und so dazu beizutragen, das Individuen unterschiedlicher Prägung eine eigene Gottesbeziehung aufnehmen und leben können. Davon wäre deutlich eine Vermarktung der Religion als Lifestyle-Produkt zu unterscheiden. Solche Produkte dienen dazu, sich über einen stilmäßigen oder modischen Unterschied, also *über die Differenz*, zu anderen selbst zu identifizieren. Hier kann die Problematik auftreten, dass das *Gemeinsame* der religiösen Kommunikation nicht mehr von den Beteiligten erfahren und wahrgenommen wird, so dass in einer Gemeinde oder Kirche die einzelnen Gruppen nicht mehr erkennen und erleben, dass es *ein* Glaube ist, der sie verbindet.

Eine besondere Herausforderung für das Religionssystem stellt die Frage nach seinem Bezug zu seiner spezifischen Umwelt dar. Welche Leistungen kann und will es für andere Teilsysteme erbringen und welche Möglichkeiten ergeben sich, durch Koppelungen mit anderen Teilsystemen die eigene Funktion zu stärken? In den Zusammenhängen, in denen die beiden großen Kirchen Leistungen für andere Organisationen erbringen, haben sie nach dem Prinzip funktionaler Differenzierung eigene Organisationen ausgebildet (z. B. Diakonie und Caritas), die mit den Sozialversicherungsträgern oder dem Staat ihre Ziele kooperativ aushandeln (vgl. Daiber, 1995, 177). Ähnliche Kooperationen gibt es auch in anderen Bereichen wie im Erziehungssystems (Kindergärten, Schulen, Konfirmandenunterricht, Erwachsenenbildung), im Bereich des Gesundheitssystems (Krankenhaus- und Notfallseelsorge), im Bereich des Staates (Status als Körperschaft öffentlichen Rechts, Kirchensteuer) oder mit Vereinen und Initiativen. Die Beziehungen zum *poli-*

tischen System wird man bisher wohl eher als verschiedene Formen der *Anlehnung* beschreiben können, sei es nach dem Krieg an eher etablierte bürgerliche Kreise oder später an diverse Protestbewegungen, die zurzeit eher an Elan verloren haben. Besonders in diesem Bereich wird die Problematik deutlich, dass mit jeder Koppelung die Leistungsfähigkeit zwar gesteigert werden kann, zugleich aber auch Abhängigkeiten eingegangen werden, die fast nur durch eine Vielzahl weiterer Koppelungen ausgeglichen werden können. Für Pfarrerinnen und Pfarrer stellt sich hier die Frage, in wie weit sie als Teil ihrer Organisation nach Möglichkeiten suchen, durch Kooperationen den eigenen Handlungszusammenhang sozial zu stabilisieren, ohne dabei seine Selbstständigkeit preiszugeben.

Professionstheorie als Beschreibung des Handelns von Pfarrerinnen und Pfarrern in der der funktional differenzierten Gesellschaft

Mit ihrer Berufstheorie knüpft Karle (s. bes. Karle 2001) direkt an Luhmanns Theorie an und deren Weiterführung in den Arbeiten von Rudolf Stichweh. Die Beschreibung des Pfarrberufs als Profession macht sichtbar, dass bei der Anwendung des religiösen Codes dieser Berufsgruppe eine zentrale Bedeutung für das religiöse System zukommt. Insofern wird die Frage nach der Relevanz des Handelns von Pfarrerinnen und Pfarrern stets mitthematisiert.

Während in vielen Teilsystemen ganz unterschiedliche Berufe auf einander bezogen sind (Unternehmer, Manager, Produktionsleiter, Verkäufer, Werbefachfrau, Bankangestellter ...), geschieht nur in wenigen Funktionssystemen die Inklusion in der aufwendigen Form der *professionellen Betreuung*, die dann jeweils nur durch *eine Berufsgruppe* wahrgenommen wird. Diese Form der direkten Interaktion ist deshalb erforderlich, weil es dabei jeweils um existentielle und in hohem Maße identitätsrelevante Problemlagen von Individuen geht. Die modernen Professionen haben deshalb nicht primär mit der Verwaltung von Wissen, sondern mit seiner Anwendung zur *Problemlösung* zu tun. Kennzeichnend ist für alle Professionen, dass sie eine existentielle Sachthematik vermitteln: das Verhältnis zum Körper (Medizin), das Verhältnis zu anderen Menschen (Recht) und das Verhältnis zu Gott (Theologie). Jede Sachthematik repräsentiert dabei eine *autonome Sinnperspektive*. In der professionell-interaktiven Vermittlungsleistung geht es darum, dass mit Hilfe einer *Distanzüberbrückung* die Sachthematik verstanden und angeeignet wird. Die Aufgabe des Pfarrers/der Pfarrerin ist es daher, für die Sinnperspektive des Glaubens einzutreten und dazu beizutragen, dass in der Kommunikation des Evangeliums dieses von Menschen verstanden und angeeignet wird, so dass sie mit der (erneuerten) Gottesbeziehung auch einen neuen Zugang zu sich selbst finden können. Dabei hat die/der Professionelle jedoch gleichzeitig die Sachthematik von seiner Person zu unterscheiden. und die für professionelle Berufe typische Dreistelligkeit der Beziehung (Sachthematik – Professionelle/r – „Klient") zu wahren.

Diese Beschreibung lässt erkennen, dass mit dem Verständnis des Pfarrberufs als Profession, dieser wesentlich auf die Mehrzahl der Kirchenmitglieder, die „treuen Kirchenfernen", ausgerichtet ist, die nur *punktuell*, im Jahres- oder Lebenszyklus, den Kontakt zur Kirche aufnehmen. Sie sind – anders als diejenigen Christinnen und Christen, die mit religiöser Kommunikation vertraut sind – ganz besonders auf die differenzierte und sensible Hinführung zur jeweiligen Thematik angewiesen. So gewährleistet die/der Professionelle erst die Möglichkeit, dass im Prinzip alle Mitglieder der Gesellschaft Zugang zum religiösen System finden können. Zugleich ist die/der Professionelle aber auch darauf angewiesen, dass seine Inklusionsleistung gesellschaftlich erwartet wird. Der Code wird dabei vor allem unter dem Gesichtspunkt des Selbstbezugs angewendet. In der Regel scheint eine Situation (Kasualie oder Gottesdienst) vorgegeben zu sein, in der eine religiöse Kommunikation erwartet wird. Weniger ist der Aspekt der Fremdreferenz im Blick. Hier stellt sich die Frage, in wie weit es möglich ist, in nicht religiösen Kommunikationszusammenhängen auch religiöse Bezüge zu entdecken und zu thematisieren.

Das Professionsverständnis impliziert besondere Kommunikationsbedingungen, die zugleich dem optionalen Charakter religiöser Kommunikation und seiner Kennzeichnung durch das Medium Sinn entsprechen.

Erfahrungen wie Trauer oder die Kommunikation über Fragen, die den Sinn des eigenen Lebens betreffen, stellen für die jeweiligen Personen eine zumeist sehr verletzliche Situation dar, die von identitätsrelevanter Bedeutung ist. Deshalb verlangten solche Situationen nach einem besonderen Schutz, der in der Form der Kommunikation unter körperlich Anwesenden in hohem Maß gewährleistet werden kann. Auch wenn wir in der Form der direkten Kommunikation nur einen geringen Anteil unseres Wissens beziehen, so haben wir hier doch die einzigartige Informationsbedingung, dass wir uns während der Kommunikation zugleich auch gegenseitig beobachten können. Wir können u.a. überprüfen, ob das Verhalten (Mimik und Gestik) mit dem Gesagten zusammen stimmt. Die vielfältigen gegenseitigen Wahrnehmungsmöglichkeiten erhöhen dabei die Intensität der Kommunikation und lassen von Seiten der Pfarrerin/des Pfarrers eine entsprechende Sensibilität als wünschenswert erscheinen. Anders als in den Massenmedien kann so die „interaktive Kommunikation *individuell, konkret* und *spezifisch* auf die Problemlage oder Lebenssituation eines Menschen eingehen" (Karle 2001, 64). Mit einem Rückgriff auf Luhmann und Goffman arbeitet Karle die Bedeutung von *Erwartungssicherheit* und ihre *gesellschaftliche Vermitteltheit* für das Gelingen von Kommunikation heraus und macht dabei *Vertrauen* als eine grundlegende Kategorie religiöser Kommunikation sichtbar: Bei der Begegnung zweier Personen besteht zwischen beiden zunächst die Situation *doppelter Kontingenz*, d.h. auch doppelter Unsicherheit. Jeder einzelne muss sich darauf einstellen, dass der andere seine Entscheidung jeweils auf ihn abstellt, ohne vorher zu wissen, wie der andere sich tatsächlich entscheiden wird. In dieser Situation ist das System zunächst unterbestimmt und dadurch blockiert. Durch eigene Selbstfestlegung kann beim anderen Vertrauen entstehen, das im Gegensatz zum Misstrauen den Kombinations- und Handlungsspielraum erweitert. „Vertrauen ist die Strategie mit der größeren Reichweite. Wer Vertrauen schenkt, erweitert sein Handlungspotential beträchtlich. Er kann sich auf unsichere Prämissen stützen und dadurch, dass er dies tut, deren Sicherheitswert erhöhen, denn es fällt schwer, erwiesenes Vertrauen zu täuschen" (Luhmann, 1987, 180). Von „blindem" Vertrauen unterscheidet es sich allerdings dadurch, dass es sich mit „Kontrollempfindlichkeiten" umgibt, die bei oft nur geringen Anzeichen die Beziehung umschlagen lassen. Die vertrauensvolle Interaktion ist vor allem an zwei Strukturmerkmale gebunden: sie ist *freiwillig*, kann weder verlangt noch vorgeschrieben werden (hierin entspricht sie dem optionalen Charakter) und sie hat wie alle Strukturen, die aus doppelter Kontingenz entstehen, eine *zirkuläre* Struktur (hierin entspricht sie dem Medium Sinn, in dem religiöse Kommunikation stattfindet).

Auch wenn die Profession durch ihre Inklusionsleistung eine wichtige gesellschaftliche Funktion wahrnimmt, so fußt sie doch zugleich selbst auf gesellschaftlichen Voraussetzungen, in dem sie auf die Stabilisierung von Verhaltenserwartungen angewiesen ist. „Nur die Gesellschaft ermöglicht eine Identifikation von Erwartungszusammenhängen (Personen, Rollen, Programme, Werte), die in der einzelnen Interaktion verwendet werden können, die aber in ihren Sinnbezügen über sie hinausreichen" (Luhmann, 1987, 575). So stellt die *Mitgliedschaftsrolle* einen fiktiven Konsens über die wechselseitigen Erwartungen her, von dem zunächst bei der Gestaltung von Gottesdiensten oder Amtshandlungen ausgegangen werden kann. Ebenso ermöglicht die Kirche als Organisation durch die Institution des *Amtes* „ein sinnvoll zusammenhängendes und *erwartbares soziales Handeln*"(Karle 2001, 116). Die Einsicht in die Vermitteltheit von Berufsrollen führt bei Karle zu einer deutlichen Positionierung in der Diskussion um *Person und Amt.* So wie Berufsrollen die Erwartungen formalisieren, damit die einzelne Person von untragbaren Risiken entlasten und zugleich die Übernahme komplexer Verantwortung ermöglichen, so gilt es Person und Amt zu unterscheiden, jedoch nicht von einander zu trennen. Dies setzt den Anteil der jeweiligen Person nicht zurück, sondern lässt die Gestaltungsaufgabe erkennen. Sie besteht darin, eine Kommunikationsform zu entwickeln, die den Kontext und die sozialen Folgen beachtet (Interaktionsaspekt) und dem Auftrag, der nicht mit der persönlichen Frömmigkeit identisch ist, gerecht wird (Sachaspekt). Von der Pfarrerin/dem Pfarrer verlangt dies eine reflektierte Distanz im Sinn der Abstandnahme, nicht aber der persönlichen Distanzierung. Die Erwartung, die hier an die/den Professionellen gestellt wird, entspricht einer Beobachtung zweiter Ordnung, die wahrnimmt, wie andere das eigene Handeln wahrnehmen und darauf das Verhalten abstimmt. Dabei kann auch deutlich unterschieden werden zwischen dem eigenen Glauben, dem anderen Glauben (etwa eines Ratsuchenden) und dem Nicht-Glauben.

Aus der inneren Dynamik des Professionsverständnisses gelingt es Karle, sowohl besondere Verhaltenszumutungen als auch eine spezifische Form der Entlastung sichtbar zu machen und dem Pfarrberuf eine spezifische Generalistenrolle zuzuordnen:

Die Einsicht in die soziale Konstituierung von Glaubwürdigkeit macht den inneren Zusammenhang deutlich zwischen *notwendigen Verhaltenszumutungen* wie Amtsverschwiegenheit, das Beichtgeheimnis, Schweigepflicht, Erreichbarkeit und Residenzpflicht auf der einen Seite und der Wahrung der *professionellen Autonomie* auf der anderen Seite. Die mit der Berufsrolle verbundene Verlässlichkeit und Erwartbarkeit sozialen Handelns ermöglicht „Vertrauen, in einem Umfang, den eine Einzelperson niemals garantieren könnte" (Luhmann bei Karle 2001, 75). Wird die Verlässlichkeit und Erwartbarkeit von Seiten der/des Professionellen in Frage gestellt oder enttäuscht, geht auch die Glaubwürdigkeit als Voraussetzung religiöser Kommunikation verloren. Aus diesem inneren Zusammenhang wird gleichzeitig ersichtlich, dass ein Eingriff in die professionelle Autonomie Auswirkungen haben wird auf die Bereitschaft, sich entsprechenden Verhaltenszumutungen zu unterziehen. Dies würde unweigerlich zu einer Schwächung der Profession führen (vgl. auch Karle 2003, 633). Erkennt man dagegen an, dass die Professionstheorie einen wesentlichen Aspekt des Pfarrberufs beschreibt, so stellt sich in diesem Zusammenhang eher die Frage, wie das Professionshandeln gestärkt werden kann. Neben Wertschätzung und Anerkennung (auch durch einen Ausgleich für die professionellen Freiheitsverzichte im Sinne des „package deal") wäre hier zu prüfen, wie der Anteil des Professionshandelns im Pfarramt im Verhältnis zu anderen Tätigkeiten erhöht werden kann. Wenn durch professionelles Handeln Menschen an der Kommunikation des Evangeliums beteiligt werden, erscheint es wenig zielführend, wenn solches Handeln wegen einer Vielzahl von anderen Tätigkeiten in der Praxis unterlassen wird. Vielmehr legt es sich nahe, daraus Konsequenzen für die *Prioritätensetzung* pfarramtlichen Handelns zu ziehen. Eine Stärkung der Profession könnte auch Folgen im Hinblick auf das Gemeindemanagement (vgl. Roosen 1997, 599) und die Profilierung weiterer kirchlicher Ämter haben (vgl. den Beitrag von Peter Scherle in diesem Band).

Die Beschreibung des Pfarrberufs als Profession ermöglicht darüber hinaus die entlastende Einsicht, dass das Erleben eigener Unzulänglichkeit und Begrenztheit *strukturell* mit diesem Beruf verbunden ist. Für alle Professionen gilt, dass eine Steuerung durch Wissen nur begrenzt möglich. Dies hängt damit zusammen, dass es in der Regel dabei nicht um standardisierte Lösungen, sondern um höchst individuelle Situationen mit sehr unterschiedlichen Erwartungsprofilen geht. So gibt es der Tendenz nach eine „*Überkomplexität der Situation im Verhältnis zum verfügbaren Wissen*" (Stichweh bei Karle 2001, 202), die dazu führt, dass das Handeln des Professionellen nicht als bloße Applikation vorhandenen Wissens mit einem erwartbaren Ausgang verstanden werden kann. Vielmehr ist dieses Handeln in der Regel von einem *Ungewissheitshorizont* umgeben. Eine Pfarrerin oder ein Arzt können oft nicht ausschließen, dass sie Entscheidendes nicht wissen und müssen doch eine Entscheidung treffen. Eine Pfarrerin/ein Pfarrer sollten deshalb mit dieser Überkomplexität umgehen können und über Fähigkeiten verfügen wie „Intuition, Urteilsfähigkeit, Risikofreude und die Bereitschaft, Verantwortung zu übernehmen" (Karle 2001, 203). Gerade weil die/der Professionelle auf Grund der bestehenden Unsicherheiten einen Erfolg nicht garantieren kann, erweist sich auch in diesem Kontext das Vertrauen und die Glaubwürdigkeit als entscheidender Orientierungsrahmen in überkomplexen Situationen. Zusätzliches Wissen und Spezialisierung können *diese* strukturelle Unbestimmtheit nicht beseitigen. Auch steht *keine Technologie* zur Verfügung, die hier weiter helfen könnte. Eher kann *Supervision* dazu beitragen, mit dieser Unsicherheit im geschützten Raum umzugehen, Mehrperspektivität zu ermöglichen und sich darin einzuüben, soziale Situationen angemessen zu entschlüsseln.

Die nur sehr begrenzt mögliche Steuerung durch Wissen und die Interaktionsabhängigkeit von professioneller Kommunikation lassen schließlich auch erkennen, warum die Professionsberufe die Rolle eines *Generalisten* ausgebildet haben. Zum einen wird durch die Kontinuität und Stetigkeit der persönlichen Begegnung das notwendige Vertrauen geschaffen und bestärkt und zum anderen kann der Generalist durch seine generelle Zuständigkeit für die jeweilige Profession das gesamte Funktionssystem überblicken und die Integration regeln. Sein Vorteil als Generalist im Unterschied zum Spezialisten besteht gerade darin, dass er nicht methodisch weite Bereiche des Funktionssystems ausblenden muss. Generalist meint damit nicht „Allzuständigkeit", sondern ist jeweils bezogen auf das bestimmte Funktionssystem. Die Pfarrerin/der Pfarrer ist insofern Generalist/in und hat die Kernrolle inne, als sie/er generell ansprechbar ist für Fragen, die mit dem Glauben und dem Sinn menschlichen Lebens zu tun haben. Der/die Generalist/in ist damit für einen sehr unfassenden Bereich zuständig.

Die Generalistenrolle betont dabei „die Gleichrangigkeit und potentielle Gleichzuständigkeit jedes einzelnen professionellen Praktikers (...) und dies (wird) durch weitere Momente, wie die Weigerung von Professionellen, Kollegenverhalten zu kommentieren, oder durch Berufskleidung, die symbolische Vertretbarkeit akzentuiert, verstärkt" (Stichweh bei Karle 2001, 238). Auf das Verhältnis von Gemeindepfarrstellen und Funktionspfarrstellen übertragen bedeutet dies, dass *beide* über jeweils *verschiedene* Kompetenzen verfügen. Nur wenn dieser Zusammenhang von ihnen in gegenseitiger Anerkennung akzeptiert wird, kann es im Zusammenspiel von Generalist und Spezialist gelingen, sich auf individuelle Problemlösungen zu fokussieren.

Zur Frage wie dabei auf der Seite der Spezialisten der Bezug zur professionellen Kernrolle erhalten oder hergestellt werden kann, damit diese das „Kerngeschäft" nicht aus den Augen verlieren, gibt das Modell „Kirchliche Orte" Anregungen (vgl. Pohl-Patalong, 2003). Im Hinblick auf die Profilstellen kann auch geprüft werden, ob nicht das Dekanat so wie Gemeinde und Gesamtkirche als Gestalt von Kirche zu verstehen ist. Dann wäre das Dekanat nicht nur ein Supportsystem, sondern könnte eigenständig zur Kommunikation des Evangeliums beitragen.

Mit ihrer Beschreibung des Pfarrberufs als Profession hat Karle den Pfarrberuf als Kernrolle kenntlich gemacht, insofern er vorrangig die Inklusion in das religiöse System vollzieht. Dies kann zur Klärung seiner Bedeutsamkeit beitragen. Ob damit auch der Steuerungs- und Leitungsaspekt innerhalb der Organisation beschrieben werden kann, erscheint mir eher fraglich. Hier erscheint es mir nahe liegender, strukturell zwischen Professions- und Organisationshandeln zu unterscheiden, da an beide Handlungsarten unterschiedliche Anforderungen gestellt werden (vgl. Krech 1997, 50ff.).

Angemerkt sei auch, dass Karle nicht deutlich zwischen den verschiedenen Beobachtungsformen von Teilsystemen (Selbstreflexion, Leistung und Funktion) unterscheidet. Dies führt dazu, dass Fragen der Koppelung ausgeblendet bleiben und Funktion und Selbstreflexion zum Teil identifiziert werden (vgl. Karle 2001, 254). Dies macht es schwierig, beides produktiv auf einander zu beziehen. Wenn die Funktion, die Religion für die Gesellschaft erbringt, bezogen ist auf das Konstitutionsproblem von Sinn in der Entfaltung von Paradoxien, dann kann es nahe liegend sein, Menschen darauf an zu sprechen. Ob diese sich auf religiöse Kommunikation einlassen, bleibt dann freilich immer noch offen.

Mit Blick auf die Ausgangsproblematik lässt sich zusammenfassend feststellen, dass mit dem Bezug auf die Strukturen und Formen der funktional differenzierten Gesellschaft sowohl das religiöse System sowie das Handeln von Pfarrerinnen und Pfarrern mit größerer Kommunikationsfähigkeit ausgestattet werden kann. Dabei wird erkennbar, dass Pfarrerinnen und Pfarrern

- in einem eigenständigen Funktionsbereich tätig sind, der im Verhältnis zu anderen äquivalent ist und über Beschreibungen zweiter Ordnung mit diesen kommunizieren kann;
- dass ihre Fähigkeit zur Inklusion in das religiöse System von vielen Menschen erwünscht und erwartet wird und
- dass sie mit der Kommunikation des Evangeliums eine Kernrolle wahrnehmen
- und dabei auch eine gesamtgesellschaftliche Funktion erfüllen, auch wenn dies nicht ihr unmittelbares Handlungsziel ist, sondern nur jeweils indirekt geschehen kann.

Literaturverzeichnis

DAHM, KARL-WILHELM: Beruf Pfarrer. Empirische Aspekte zur Funktion von Kirche und Religion in unserer Gesellschaft, München [2]1972 (1971).

DAIBER, KARL-FRITZ: Religion unter den Bedingungen der Moderne. Die Situation in der Bundesrepublik Deutschland, Marburg 1995.

HUBER, WOLFGANG: Die Kirche in der Zeitenwende. Gesellschaftlicher Wandel und Erneuerung der Kirche, Gütersloh 1999.

KARLE, ISOLDE: Pastorale Kompetenz, in: PTh 89 (2000) 509-523.

KARLE, ISOLDE: Der Pfarrberuf als Profession. Eine Berufstheorie im Kontext der modernen Gesellschaft, Gütersloh 2001.

KARLE, ISOLDE: Pfarrerinnen und Pfarrer in der Spannung zwischen Professionalisierung und Professionalität, in: DtPfrBl 103 (2003) 629-634.

KLESSMANN, MICHAEL: Pfarrbilder im Wandel. Ein Beruf im Umbruch, Neunkirchen 2001.

KRECH, VOLKHARD: Soziologische Aspekte, in: Bock, W. u.a. (Hg.), Reformspielräume in der Kirche. Ortsgemeinde und Regionalstrukturen am Beispiel der Evangelisch-lutherischen Landeskirche in Braunschweig, Heidelberg 1997, 31-69.

LANGE, ERNST: Der Pfarrer in der Gemeinde heute, in: Ders., Predigen als Beruf, München 1982, 96-141.

LUHMANN, NIKLAS: Soziale Systeme. Grundriss einer allgemeinen Theorie, Frankfurt a. M. 1987.

LUHMANN, NIKLAS: Die Gesellschaft der Gesellschaft, Frankfurt a. M. 1997.

LUHMANN, NIKLAS: Die Religion der Gesellschaft, Frankfurt a. M. 2002.

PERSON UND INSTITUTION. Volkskirche auf dem Weg in die Zukunft. Arbeitsergebnisse und Empfehlungen der Perspektivkommission der Evangelischen Kirche in Hessen und Nassau. Evangelische Kirche in Hessen und Nassau im Auftrag der Kirchenleitung (Hg.). Frankfurt/Main 1992.

POHL-PATALONG, UTA: Regionalisierung – das Modell der Zukunft? Plädoyer für eine ebenso grundlegende wie kreative Debatte, in: PTh 92 (2003), 66-80.

ROOSEN, RUDOLF: Die Kirchengemeinde – Sozialsystem im Wandel. Analysen und Anregungen für die Reform der evangelischen Gemeindearbeit, Berlin/New York 1997.

SENNET, RICHARD: Der flexible Mensch. Die Kultur des neuen Kapitalismus, Berlin 2000 (1998).

VÖGELE, WOLFGANG/BREMER, HELMUT/VESTER, MICHAEL (Hg.), Soziale Milieus und Kirche, Würzburg 2002.

WERBER, K.: Hauptsache die Hauptsache bleibt Hauptsache, in: DtPfrB 103 (2003), 563-567.

Kirche und Profession

Grundbegriffliche Überlegungen zu den Wechselwirkungen zwischen der Beschreibung von Pfarrberuf und Sozialgestalt der Kirche.

Holger Ludwig

Die Kirche und mit ihr der Pfarrberuf befinden sich in einem Wandel. Sowohl die Struktur der Kirche als auch die Frage nach dem angemessenen Pfarrerbild werden zur Zeit vielfältig diskutiert; dabei ist die Bandbreite der angebotenen Bilder für den Pfarrberuf recht groß. Sie reicht vom *Führer ins Heilige* über den *Lebensdeuter aus christlicher Perspektive* bis hin zum *kirchlichen Filialleiter* in der Gemeinde vor Ort (vgl. Grethlein 2001, 373). Auch in der Beschreibung der Sozialgestalt der Kirche und damit verbunden ihrer gesellschaftlichen Stellung sind Verschiebungen auszumachen und auch hier ist Zahl der angebotenen Begriffe fast unüberschaubar; sie reichen von der *intermediären Institution* (Huber 1998) bis zur *Kirche als Unternehmen* (Brummer/Nethöfel 1997). Es werden hierbei nicht nur unterschiedliche theologische Vorstellungen über die Aufgaben eines Pfarrers bzw. einer Pfarrerin angesichts der – ebenfalls unterschiedlich wahrgenommenen – gesellschaftlichen Herausforderungen deutlich, sondern auch das spannungsvolle Wechselverhältnis zwischen der Beschreibung der Kirche in ihrer Sozialgestalt und des Pfarrberufs – also dem soziologischen Aspekt – wird greifbar.

Durch den Verlust ihres Sinndeutungsmonopols (vgl. Berger/Luckmann 1995) in einer pluralistischen und individualisierten Gesellschaft, in der Religionszugehörigkeit persönlich entscheidbar geworden ist, haben sich die Kirchen mehr und mehr zu Organisationen unter anderen auf dem religiösen Sektor entwickelt. Meist wird diese Entwicklung als Relevanzkrise, die zunehmend mit einer Finanzierungskrise einhergeht, gedeutet. Doch erstaunlicherweise ist damit die Bedeutung des Pfarrberufs keineswegs gesunken – im Gegenteil. Pfarrerinnen und Pfarrer sind im Laufe dieser Entwicklung zunehmend sowohl zum „personalen Repräsentanten" (Lukatis/Lukatis 2000, 136) der Kirche als auch der christlichen Tradition überhaupt geworden. Was für den Einzelnen Kirche, aber auch Religion ausmacht, erweist sich oft an seiner Stellung zum Pfarrer bzw. zur Pfarrerin. Damit hat sich in gewisser Weise das Verhältnis zwischen dem einzelnen Pfarrer bzw. der einzelnen Pfarrerin und der Kirche in ihrer Sozialgestalt umgekehrt: Nicht die unhinterfragbare, selbstverständliche Geltung der Kirche verleiht dem Pfarrberuf seine Bedeutung, sondern die Art und Weise der persönlichen Amtsführung der einzelnen Pfarrerinnen und Pfarrer hat starke Rückwirkungen auf die Bedeutung, die der Kirche in ihrer Sozialgestalt zugesprochen wird. Es gilt: „Je brüchiger das Gefüge von Religion und Kirche erscheint, je fragwürdiger die Institution ‚Kirche' erlebt wird, desto größeres Gewicht kommt der glaubwürdigen Integrität der Repräsentanten der Kirche ... zu. ... Das Amt verliert seine fraglose öffentliche Autorität und Akzeptanz, es muß getragen und legitimiert werden durch eine entsprechenden persönliche Kompetenz und Glaubwürdigkeit" (Klessmann 2001, 36).

Gleichzeitig mit dieser Umkehrung ist die Tendenz zu beobachten, den Pfarrberuf – aufgrund des notwendigerweise stärker werdenden Trends, Kirche in ihrer Sozialgestalt von ihren organisationalen Strukturen her zu begreifen – aus der Perspektive der Personalentwicklung und der Mitarbeiterführung in seiner Organisationsrolle zu begreifen. So verwundert es nicht, dass zur Zeit berufssoziologische Beschreibungen des Pfarrberufes diskutiert werden, um das Verhältnis zwischen dem Pfarrberuf und der Kirche in ihrer Sozialgestalt deuten zu können.

Im Folgenden sollen anhand der Schlüsselbegriffe „Anstalt und Amt" sowie „Organisation und Funktion" analytisch die Spannungsfelder beleuchtet werden, die durch Verschiebungen der gesellschaftlichen Rolle der Kirche in ihrer Sozialgestalt für die Beschreibung des Pfarrberufes entstanden sind; denn jede Beschreibung der Sozialgestalt der Kirche – und damit auch ihrer Stellung in der Gesellschaft – hat Konsequenzen für die Beschreibung des Pfarrberufs und umgekehrt. Dabei werden diese Begriffe notwendigerweise idealtypisch analytisch polarisiert, um so zu einer begrifflichen Klarheit zu gelangen.

Anschließend soll überlegt werden, ob der Begriff der „Profession" eine Brücke zwischen der Beschreibung des Pfarrberufes als Amt in einer Anstalt und seiner Funktionsrolle in einer Organisation bilden kann und in welcher Spannung der Pfarrberuf als „Profession" zur Kirche als Organisation notwendigerweise steht. Dabei geht es weniger um die Suche nach einem passenden oder richtigen Begriff, sondern in erster Linie um die analytische Offenlegung der Widersprüche und Paradoxien, in denen der Pfarrberuf sich befindet. Dabei wird zu überprüfen sein, ob diese aufgelöst oder nicht vielmehr im Sinne einer „Theorie produktiver Widersprüche“ (vgl. Dombois 1974) ausgehalten und gestaltet werden müssen.

Zunächst zum Verhältnis von Amt und Anstalt:

I. Amt und Anstalt

1. Amt

Der Begriff des Amtes ist vielschichtig und mehrdeutig; von ihm kann in unterschiedlicher Weise gesprochen werden, dabei sind theologisch (-ethische), juristische und soziologische Aspekte von Bedeutung:

Begrifflich bezeichnete er als „Gefolgsmann“ (ambactus) zunächst ein Personen- und Treueverhältnis, bei dem der Gedanke der Repräsentation oder Stellvertretung entscheidend ist. Der Begriff wandelte sich dann zunehmend zu einem Sachbegriff im Sinne von „Behörde“ oder „Büro“ (Dreier 1971, 210).

Theologisch verweist der Begriff des Amtes ungeachtet der unterschiedlichen konfessionellen Ausprägungen im Sinne des mandatum Dei (CA V) auf den allgemeinen Auftrag der Evangeliumsbezeugung. Der Begriff des „Amtes“ ist hier in einem weiten, ethischen Sinne verstanden und bezeichnet generell „die Beauftragung (mandatum) von Menschen mit einer bestimmten Aufgabe (munus)“ (Reuter 1997, 90; vgl. dort zum Folgenden, ebenso Dreier 1972, 116ff.). Durch diese übertragene Aufgabe ist der Mensch in den Dienst (ministerium) für andere getreten. In diesem Sinne konnte auch Luther durchgängig vom „Amt und Beruf des Menschen in jedem Stand“ sprechen (vgl. Riese 1971, 210).

> „Beruf“ ist seiner Herkunft nach v.a. durch Luther ein theologisch qualifizierter Begriff geworden. Durch die Übertragung des theologischen, für den Mönchstand reservierten Begriffs der „vocatio“ auf alles „Leben und Handeln in Amt und Stand“ kam es zu einer Neueinschätzung und Bewertung des „weltlichen Berufes als Ort göttlicher Berufung“ (Rendtorff 1971, 835). In der Moderne hat der Begriff aber zunehmend diese Qualifikation verloren, so dass unter Beruf heute in erster Linie funktional der „Kreis von Tätigkeiten … als dauernde Aufgabe … zum Erwerb des Lebensunterhalts“ (Conze 1972, 490) verstanden wird. Auch der Begriff des Amtes ist zunehmend in die Nähe zur Bürokratie gerückt oder wird von seinem Missbrauch her ausgelegt.

Der engere, *juristische* Begriff des Amtes bezieht sich auf die Übertragung dieses Dienstes. Entscheidendes Merkmal ist hierbei die Verpflichtung (officium) zu ihm, die förmlich durch die Allgemeinheit (vocatio externa, Ordination) geschieht. Hier tritt zu der allgemeinen, entsprechenden Begabung (charisma, vocatio interna) die notwendige Ausbildung als Voraussetzung für die Ausübung des Amtes (professio).

Dieser Auftrag kann sowohl haupt- und nebenamtlich als auch ehrenamtlich ausgeübt werden. Im *soziologischen* Sinn bezeichnet „Amt" zunächst den „institutionalisierten Kreis ... von Aufgaben, die von hauptberuflichen, in einem besonderen Treue- und Disziplinarverhältnis stehenden Beamten" (Riese ebd.) ausgeführt werden. Der Begriff ist hier zum einen mit der „Amtsautorität" verknüpft, also einer Autorität, die nicht an die Person, sondern an die Position gebunden ist. Zum anderen rückt er aber auch in die Nähe eines „Berufes" im modernen Sinne, wenn damit die Notwendigkeit einer die „ganze Arbeitskraft längere Zeit hindurch in Anspruch nehmenden" (Weber [1921] 1980, 552) entsprechenden fachlichen Bildung als Voraussetzung gemeint ist und diese Spezialisierung zur „Grundlage einer kontinuierlichen Versorgungs- oder Erwerbschance" wird (Weber a.a.O., 80). Allerdings ist das Amt hierbei von freien Arbeitsverträgen, in denen die Erfüllung bestimmter Leistungen mit einem bestimmten Lohn entgolten wird, unterschieden, da mit dem Eintritt in das Amt „die Uebernahme einer spezifischen *Amtstreuepflicht* gegen Gewährung einer gesicherten Existenz" (a.a.O., 553), also eine „Alimentation" erfolgt.

> Vom „Pfarrberuf" soll daher im Folgenden nur gesprochen werden, wenn darunter die hauptberufliche – also die eigene Lebensgrundlage sichernde und ganze Arbeitskraft in Anspruch nehmende – Form (soziologischer Aspekt) der Berufung und Verpflichtung zum Dienst (juristischer Aspekt) des allgemeinen Auftrages der öffentlichen Evangeliumsbezeugung und Sakramentsverwaltung (theologischer Aspekt) verstanden wird.

2. Anstalt

Auf den besonderen Zusammenhang zwischen „Amt" und „Anstalt" und der damit verbundenen Gefahr der Bürokratisierung und „Versachlichung" des Amtes hat Max Weber in seiner Herrschaftssoziologie aufmerksam gemacht. Für die Beschreibung der Sozialgestalt der Kirche ist seine und Ernst Troeltschs Unterscheidung zwischen Kirche und Sekte bzw. Anstalt und Verein wirkmächtig geworden. Demnach sind sowohl die verfassten evangelischen Landeskirchen als auch die römisch-katholische Kirche als „Kirche" zu verstehen und damit soziologisch unter dem Begriff der Anstalt zu fassen. Verbunden mit der Beschreibung der Kirche als „Anstalt" ist die Ausbildung des „Amtes" mit dem Amtsträger als Repräsentant der Anstalt.

„*Anstalt* soll ein Verband heißen, dessen gesatzte Ordnungen innerhalb eines angebbaren Wirkungsbereiches jedem nach bestimmten Merkmalen angebbaren Handeln (relativ) erfolgreich oktroyiert werden" (Weber [1921] 1980, 28). Charakteristisch für die „Anstalt" im Gegensatz zum „Verein" sind zwei Merkmale: die Allgemeingültigkeit ihrer Ordnungen und ihre erfolgreiche, selbstverständliche Durchsetzung.

Über die Geltung ihrer Ordnungen bestimmt nicht die persönliche Entscheidung – wie bei einem Eintritt in einen Verein –, sondern sie gelten für alle, auf die spezifische vorgegebene Merkmale wie z.B. Geburt, Geburtsort, Abstammung, Aufenthalt etc., unabhängig davon, ob der Betroffene am Zustandekommen dieser Ordnungen mitgewirkt hat. Es gilt das Prinzip der „Eingeburt oder Zuschreibung" (Ebertz 1998, 181). Als solches, zugeschriebenes Merkmal der Kirche gilt die Kindertaufe.

Die Anstalt muss aber weiterhin in der Lage sein, ihren Ordnungen selbstverständliche Geltung zu verschaffen, was nach Weber mehr oder weniger durch „Zwang" geschieht. Die Kirche – v.a. die römisch-katholische, aber auch die reformatorischen Kirchen – spezifiziert er daher im Gegensatz zum Staat als „politischem Anstaltsbetrieb" – näher als „hierokratischen Anstaltsbetrieb". „Hierokratisch" ist sie deshalb, weil ihre Ordnungen durch „psychischen Zwang", nämlich der legitimen Monopolisierung der Spendung oder Verweigerung von „Heilsgütern" aufrechterhalten werden, über die der Amtsträger als Repräsentant der Anstalt entscheidet. Mit der Bezeichnung „Betrieb" weist Weber auf die Kontinuität des Handelns der Kirche als Anstalt hin. Das Pendant zur Kirche als Anstalt ist die Sekte mit den soziologischen Grundzügen des Vereins: Dessen Ordnungen gelten nur aufgrund der persönlichen Entscheidung und des bewussten Eintritts für die Mitglieder.

Adressaten dieser monopolisierten Anstaltsgnade der Kirche als Anstalt sind prinzipiell alle Menschen – also auch Nicht-Religiöse; so eignet der Kirche durch die Monopolisierung der exklusiven Heilsgüter Universalität.

Die Spendung und Verweigerung dieser Heilsgüter bezeichnet Weber als „sachlichen Zweck" der Kirche als „hierokratischem Anstaltsbetrieb". Zu dessen Ausübung und Repräsentation dienen die „Ämter". Die Amtsträger wie Priester, Bischöfe etc. sind so aber nicht mehr „Träger eines rein persönlichen Charisma, dessen überweltliche Heilsgüter [der Amtsträger] in persönlichem Auftrag jenes Herrn … jedem darbietet, der ihrer würdig erscheint und darnach verlangt … Sondern er ist … ein Beamter im Dienste eines sachlichen Zwecks geworden" (Weber a.a.O.) Im Gegensatz zur Sekte also – als einer „Gemeinschaft rein persönlich charismatisch qualifizierter Personen"– ist das

Charisma nun von der einzelnen Person gelöst und auf das Amt übertragen worden (vgl. a.a.O., 692f.). Damit wird die Kirche selbst zur Trägerin des „Amtscharisma“, was zur Folge hat, dass „das spezifische Charisma des hierokratischen Amts … zu einer schroffen Steigerung der Dignität seiner Träger“ (ebd.) führt. D.h.: Das Amt trägt die Person und diese tritt hinter ihm gänzlich zurück. Der Amtsträger bezieht seine Autorität aus der Geltung und Anerkennung der betreffenden Anstalt. Auch die „Unwürdigkeit der Person“ kann das Amt letztlich nicht beschädigen (vgl. a.a.O. 694).

Damit ist eine Gefahr benannt vor der das „Amt“ steht: Wird die „charismatische Qualifikation“ gänzlich „versachlicht“ und erhält das Amt hat einen charakter indelebilis, kann aus dieser Versachlichung die Stereotypisierung folgen: Die Kirche wird zum „rational organisierte[n] priesterliche[n] ‚Betrieb‘ der Verwaltung göttlicher Heilsgüter“ durch das Amtscharisma. Ein solcher auf Stereotypisierungen gründender Betrieb ist aber „der bedingungsloseste Feind alles genuin persönlichen, an der Person als solche haftenden, den auf sich selbst gestellten Weg zu Gott fördernden und lehrenden, prophetischen, mystischen und ekstatischen Charisma“ (ebd.). Daraus ergibt sich dann die vieldiskutierte Spannung zwischen „Amt und Charisma“ oder bezogen auf die Kirche zwischen „Institution und Ereignis“, „Geist und Recht“ etc. Auch die teilweise beklagte „Amtsherrlichkeit“ von Pfarrerinnen und Pfarrern ist in diesem Zusammenhang zu sehen.

Als Repräsentant der Anstalt bezieht das Amt seine Geltung aus der unhinterfragten Geltung der Anstalt selbst. Repräsentation bedeutet hier stellvertretendes Handeln und hat daher auch eine gewisse „Unabhängigkeit und Eigenständigkeit des Repräsentanten gegenüber dem Repräsentierten“ (Dreier 1972, 139) zur Folge. Dadurch ist es von einer reinen Funktionsrolle oder einem imperativen Mandat unterschieden. V.a. gegen die Gefahr der „Versachlichung“ und „Verzwecklichung“ hat Hans Dombois die Amtsautonomie und damit auch die Personalität des Amtstragenden als Gegensatz zur reinen Funktionalität hervorgehoben: Das Charakteristische des Amtes liegt für ihn „gerade in dem, was die jederzeit vertretbaren, fungiblen Verrichtungen, die eindeutig festlegbaren Regeln, die Erfüllung der Norm überschreitet: die Emotionalität, die Spontaneität, Personalität, mit der der Ermessensspielraum, die Gestaltbarkeit des Amtes schöpferisch wahrgenommen wird. Ein echtes Amt ist nur ein solches, welches einen solchen Freiheitsspielraum einschließt“ (Dombois 1961, 176).

Der so gezeichnete Begriff des Amtes ist darum nicht als funktionale Rolle zu bezeichnen, sondern trägt als „Lebensform“ Züge einer „Totalrolle“, da er die „*ganze Person* mit ihren jeweiligen Kompetenzen und ihrem *Verhalten* in *unterschiedlichen Lebensbereichen*" (vgl. Lukatis 2000, 532) umgreift und nicht auf einen bestimmen Funktionsbereich beschränkt bleibt. Insofern sind Amt und Anstalt eng verbunden. Die soziologische Form der Anstalt mit ihrem Anspruch auf Gültigkeit in einem bestimmten Wirkungskreis, der auf zugeschriebenen Merkmalen beruht, – und mit ihr verbunden das Amt als ihr Repräsentant – liegt der gesellschaftlichen Ausdifferenzierung ja voraus. Dazu gehört auch der schon erwähnte Aspekt der Alimentierung, da sich die Amtsausübung nicht auf messbare Leistungen, die entgolten werden, beziehen lässt.

3. Kirche als Anstalt

Betrachtet Weber die römisch-katholische Kirche durch ihre Verobjektivierung der Heilsmittel als konsequenteste Form der Anstalt, so haben die protestantischen Kirche den Gedanken der „kirchlichen Heilsanstalt" wieder stärker subjektiviert und damit verinnerlicht, indem sie das „objektive, organisierende Element in die Heilige Schrift und die ihr innewohnende Geisteskraft sowie die auslegende Predigt" (Troeltsch, [1912] 1994, 980f.). verlegten. Der Unterschied besteht also darin, dass die römische Kirche selbst als „Heilsanstalt" – mit ihrer in der Sukzession stehenden Hierarchie – Trägerin des Amtscharisma ist, während in den Kirchen der Reformation das „Wort" selbst Trägerin der Kirche ist. Da dieses v.a. in der öffentlichen Verkündigung ansichtig wird, erklärt sich dadurch die faktische Würde und Hochschätzung des Predigtamtes, wie es sich im Pfarramt niedergeschlagen hat (vgl. dazu Troeltsch a.a.O., 462ff.). Insofern sind auch die Kirchen der Reformation nach Weber „ganz ausdrücklich auf das Amtscharisma des zur Wortverkündigung berufenen Pfarrers gegründet" (Weber a.a.O., 717). Auch die reformatorischen Kirche sind deshalb als „Anstalt" zu bezeichnen und in die damit verbundene Problematik der „Versachlichung" eingebunden. Nur als „Anstalt" aber ermöglicht die Kirche nach Troeltsch die „Unabhängigkeit des Gnadenbesitzes von den Leistungen der Individuen" und ist so in der Lage ist eine „Massen- und Volkskirche" zu sein, weshalb ihr eine gewisse Vorrangstellung – v.a. gegenüber Mystik und Sekte – zukommt (a.a.O., 980.970). Allerdings konnten bislang – so erklärt Troeltsch 1912 (!) – sich auch die protestantischen Landeskirchen als Hierokratie nicht ohne die Hilfe staatlichen Zwanges dauerhaft aufrechterhalten. Nach dem Wegfall des landesherrlichen Kirchenregimentes und v.a. der Tatsache, dass „die Selbstverständlichkeiten der modernen Lebensanschauung" nicht mehr mit den kirchlichen zusammenfallen, sind „die Tage des reinen Kirchentypus in unserer Kultur … gezählt" (a.a.O., 981).

4. Verlust des Sinndeutungsmonopols

Die Folge der von Troeltsch aufgezeigten Entwicklung, der Verlust der Selbstverständlich- und Unhinterfragbarkeit einer in diesem Sinne anstaltlich verfassten Kirche, wird heute unter dem Stichwort der „Relevanzkrise" der Kirche verhandelt. Die Auswirkungen dieses Wandels für die Bedeutung des Pfarrberufes wurden schon angedeutet, sollen nun noch näher beleuchtet werden. Der Verlust der Kirche als „hierokratische Macht" kann mit Berger/Luckmann auch als Verlust des „Sinndeutungsmonopols" beschrieben werden. Nach ihrer konstruktivistischen Institutionentheorie beziehen alle Institutionen ihre „Lebenskraft aus der Erhaltung der Selbstverständlichkeit" (Berger/Luckmann 1995, 47). In der Moderne wird diese Selbstverständlichkeit jedoch zunehmend in Frage gestellt. Es gibt kein bestimmtes – von bestimmten Institutionen verwaltetes, kontrolliertes oder gar erzeugtes – Sinndeutungsmonopol mehr. Der Einzelne muss nun wählen zwischen verschiedenen Möglichkeiten seiner Lebensgestaltung und Deutung. Diese Möglichkeit und Notwendigkeit der Wahl macht vor keinem Lebensbereich halt – mittlerweile auch nicht vor einst eingebetteten selbstverständlichen Themen wie Geburt und Tod, denn „Modernisierung bedeutet einen Wechsel von dem durch das Schicksal bestimmten Dasein zu einer langen Reihe von Entscheidungsmöglichkeiten" (a.a.O., 49). Peter Gross (1994, 71) spricht in diesem Zusammenhang von der „Multioptionsgesellschaft", deren Kehrseite die Auflösung von Gewißheiten und Selbstverständlichkeiten, die „Entobligatorisierung", ist.

Diese Entwicklung hat auch vor dem Bereich der Religion nicht Halt gemacht, weshalb eine Beschreibung der Kirche als Anstalt im Sinne Webers die gegenwärtigen Herausforderungen nicht zu fassen vermag (anders Tyrell 2002). Neben die von Berger/Luckmann in diesem Sinne als „alt" bezeichneten Institutionen – wie v.a. der Kirche, die versuchen ihre „etablierten Wirklichkeitsdeutungen … im Wettbewerb der pluralistischen Situation anzubieten" (Berger/Luckmann a.a.O, 57) –, sind in der Moderne neue Sinnanbieter und -produzenten getreten. Sie verknüpfen meist „unbekümmert" Sinntraditionen verschiedenster Kulturen und sind so durch einen „hohen Grad an Synkretismus ausgezeichnet" (ebd.). So muss auch die Kirche ihre „Deutungsdienste auf dem offenen Markt anbieten", wenn sie nicht einem kleinen Kreis vorbehalten bleiben und eine „Sinninsel" bilden will. Sie ist dabei aber gleichzeitig gezwungen, sich als relevanter Sinnanbieter darzustellen.

Insofern ist die Beschreibung der Kirche als Anstalt nicht mehr in der Lage, die gegenwärtige gesellschaftliche Situation der Kirche angemessen zu beschreiben, da Anstalten eine umfassende, unhinterfragbare Geltung voraussetzen. Da Mitgliedschaft als zugeschriebenes Merkmal verstanden wird, kann sie durch Austritt nicht aufgegeben werden. Damit wird der Begriff der Anstalt der gesellschaftliche Realität nicht mehr gerecht. Schon 1970 wurde in der ersten EKD-Mitgliedschaftsstudie festgestellt, dass Kirchenmitgliedschaft zunehmend von einem zugeschriebenen zu einem erworbenen Merkmal und damit zum Gegenstand einer Entscheidung wird. In diesen Zusammenhang ist daher die Tendenz einzuordnen, die Sozialgestalt der Kirche stärker unter dem Paradigma einer sozialen Organisation zu betrachten:

II. Organisation und Funktionsrolle

1. Organisationen

Soziale Organisationen sind „als durch Entscheidungen konstituierte und gesteuerte Sozialsysteme [zu] charakterisieren, die ... ihre Entstehung einem expliziten Entscheidungsakt ... verdanken“ (Geser 1982, 113f.). Es gehört somit zu dem charakteristischen Merkmal sozialer Organisationen, dass sie die „Unbefragtheit“, die „Aura des Unantastbaren, des fraglos Geltenden“ (Krüggeler/Voll, 1993, 23) in Frage stellen: „In Organisationen ist Mitgliedschaft auf bewusstes Entweder-Oder gestellt. Die zunehmende Prominenz von Mitgliedschaftsentscheidungen in der modernen Gesellschaft erhöht das Bewusstsein der Kontingenz des eigenen wie des fremden Handelns. Die variable Verknüpfung von Programmen und Rollen macht deutlich, dass ‚alles auch anders‘ sein könnte“ (ebd.).

Organisation werden gegründet mit dem Zweck, ein bestimmtes Ziel zu erreichen (Programm), zu dessen Verwirklichung bestimmte hierarchisch gegliederte, arbeitsteilige Strukturen (Struktur) mit bestimmten Akteuren in speziellen Rollen (Personal) geschaffen werden. Dabei begrenzt sich die Organisation durch die Festlegung von formalen Mitgliedschaftsregeln. Ihre spezifische Leistung kann sich dabei auf Mitglieder beschränken oder an bestimmte Klienten richten. Die signifikante Verknüpfung von Programm, Struktur und Personal bzw. Mitgliedschaftsregel gelten so als charakteristische Merkmale von Organisationen (vgl. Krech 2000, 53ff.; auch Büschges/Abraham 1997, 52). Als solches sind Organisationen ein spezifisch modernes Phänomen, da sie einerseits eine Ebenendifferenzierung zwischen den Interaktionen Einzelner und den gesamtgesellschaftlichen Prozessen erfordern, um dann zwischen ihnen zu vermitteln (vgl. Luhmann 1972, 245ff.). Andererseits setzen Organisationen auch ein „hohes Maß an gesellschaftlicher Differenzierung und Arbeitsteilung" voraus, entstehen also gleichzeitig in dem Maße, in dem die gesellschaftliche Ausdifferenzierung zunimmt (vgl. Dallmann 2001, 1193). Erst mit der zunehmenden Auflösung der ständisch-korporativ gegliederten Gesellschaft und der Differenzierung in verschiedene Funktionsbereiche wie Wirtschaft, Politik, Wissenschaft, Religion etc. waren die Vorrausetzungen für das Entstehen von einer sachbezogenen, funktionalen „Kombination und ständige[r] Rekombination von Personen und Ressourcen", also Organisationen gegeben. In Organisationen sind damit zwei grundsätzlich kontingente Sachverhalte auf eine nicht-kontingente Weise miteinander verknüpft (vgl. Luhmann 1972, 247): Mit der prinzipiell kontingenten Entscheidung über Ein- bzw. Austritt (Mitgliedschaft) müssen gleichzeitig die jeweils spezifischen, aber an sich ebenfalls kontingenten Strukturmerkmale wie „Programm", „Struktur" und „Personal" anerkannt werden. Daraus ergibt sich die „*doppelkontingente* ... Relation, dass Mitgliedschaften und Strukturmerkmale beide in Bezug aufeinander variiert werden können" (Luhmann a.a.O., 257). Der Zweck der Organisation und ihr Ziel – das Programm – hat dabei als Steuerungsinstrument eine besondere Bedeutung, auf das Personal und Struktur hin ausgerichtet werden müssen, wobei aber zu beachten ist, dass große und komplexe Organisationen meist nicht mehr in der Lage sind, sich über ihr Ziel, sondern v.a. durch die Festlegung der Grenzen – also einer Mitgliedschaftsregel – zu definieren.

Hier ist eine Nähe zu Max Webers Kennzeichen des Vereines zu sehen. Im Gegensatz zum Verein, wie er vom Weber skizziert wurde, sind Organisationen aber in den Prozess der gesellschaftlichen Ausdifferenzierung und Ebenendifferenzierung der Interaktionsprozesse der Moderne eingezeichnet.

2. Funktionsrolle

Wie das Amt als charakteristisches Merkmal der Repräsentation der Anstalt im oben skizzierten Sinne gelten kann, sind für formale Organisationen die Ausbildung von *funktionalen Rollen* – also von Personal – kennzeichnend.

Zwar kann in einem weiten Sinne auch das „Amt" als funktionale Rolle der „Anstalt" gesehen werden, jedoch ist für das Amt – wie es v.a. Dombois geltend gemacht hat – im Sinne der Repräsentation oder Stellvertretung eine gewisse Freiheit und Amtsautonomie kennzeichnend, für die funktionale Rolle aber die Ausrichtung auf den Organisationszweck.

Organisationsrollen können als „Summe aller Normen, Verhaltenserwartungen und strukturellen Restriktionen für eine gegebene Position in der Organisationshierarchie“ (vgl. Büschges/Abraham 1997, 137f.) bezeichnet werden. Das Ziel dabei ist die Erreichung von „stabilen Verhaltensmustern“ der Positionsinhaber. Dies kann einerseits durch entsprechende Belohnungs- oder Sanktionsstrukturen erreicht werden, andererseits muss aber auch der „Inhalt dieser Verhaltensmuster“ – also die Frage danach, worin der Arbeitsauftrag besteht –, sowohl den Positionsinhabern als auch ihrer Umwelt bekannt sein. Entscheidend ist: Der Rollenträger steht im Dienste der Organisationsziele und unter der Kontrolle der Organisationsleitung. Sein eigener Spielraum hängt von der Position in der Organisationshierarchie ab. Hierbei ist deutlich, dass die Organisationsrolle den Einzelnen nur hinsichtlich seines Verhältnisses zur Organisation hin betrifft und somit – im Gegensatz zum Amt als Repräsentation – keine „Totalrolle“ bildet. Die Organisationsrolle ist eine reine Berufsrolle (vgl. Lukatis 2000, 532) und hat im jeweiligen Funktionszusammenhang Bedeutung.

3. Kirche als Organisation

Wird die Kirche in ihrer Sozialgestalt als Organisation begriffen, so ist dies einerseits sachgemäß, um die genannten gesellschaftlichen Entwicklungen adäquat aufnehmen zu können. Andererseits ergibt sich daraus weiterhin die hier nur anzudeutende Problematik, dass die Kirche sowohl ihr Organisationsziel und ihre Mitgliedschaftsgrenzen aufgrund soziologischer Notwendigkeiten festlegen muss. Abgesehen von der Frage nach ihrem Gründungsakt muss die Kirche sich aber auch aus ekklesiologischen Erwägungen zu vergegenwärtigen, dass sie auch in ihrer Sozialgestalt weder Selbstzweck noch einfach Mittel zu einem Zweck ist (vgl. Reuter 1996, 45). Deshalb kann z.B. die Kirchenmitgliedschaft nicht allein vom persönlichen Entscheidungsakt her bestimmt werden, sondern es muss am zugeschriebenen Merkmal der Taufe festgehalten werden.

Karl Gabriel (1999) spricht im Bezug auf die Kirche deshalb von verschiedenen Logiken, die in einem spannungsvollen Zusammenhang miteinander stehen: Als Organisation ist die Kirche in ihrer Sozialgestalt eingebettet in die Spannung zwischen ihrer „Ursprungs- und Traditionslogik“ als dem ekklesiologischen Aspekt, ihrer „Einflusslogik“ als dem gesellschaftlich-funktionalen Aspekt sowie ihrer „Mitgliedschaftslogik“, die sich auf die Bedürfnisse dieser bezieht. Zu ergänzen ist hier m.E. noch die „Organisationslogik“. Sie ist zwar indirekt in der „Einflusslogik“ als äußerem Aspekt und „Mitgliedschaftslogik“ als innerem Aspekt der Organisation schon enthalten. Aber als eigener Begriff käme die Struktur der Organisation in Verbindung mit ihrem Programm und Personal eigenständig in den Blick.

Für den hier zu verhandelnden Sachverhalt bleibt daher das Verhältnis und die Wechselwirkung der Beschreibung von Pfarrberuf und Sozialgestalt der Kirche entscheidend, also die Frage, wie sich der Pfarrberuf zur Organisationslogik verhält. Im Verlaufe der Kirchenreformdebatte der Vergangenheit wurden hier schon einige Versuche gemacht, dieses Verhältnis neu – d.h. nicht mehr mit dem klassischen Amtsbegriff – zu beschreiben:

> Yorick Spiegel analysierte 1969 die Kirche unter dem Paradigma einer „bürokratischen Organisation“ und forderte die Demokratisierung der Strukturen sowie eine weitere Spezialisierung der Pfarrer, suchte dabei aber nach Möglichkeiten die „bisherige Unabhängigkeit des Pfarrers“ in die Organisation einzubinden, um so den innovativen „Spielraum zu sichern“ (vgl. Spiegel 1969, 67).
> Wolf-Dieter Marsch kam 1970 zu dem Schluss, die Kirche habe in einer „emanzipierten Gesellschaft“ längst den Charakter einer „dogmatischen Macht“ mit „lebens- und meinungsregulierenden Führungsanspruch“ (Marsch 1970, 250) verloren, könne keine permanente Identifikation des einzelnen mit seiner Gemeinde erwarten, sondern müsste sich konsequent als „Dienstleistungsbetrieb“ (a.a.O., 223) verstehen. Daraus folgerte er die weitere Spezialisierung des Pfarramtes: „Wir würden dann in Zukunft Pfarrer mit den Schwerpunkten Erziehung/Lehre, Psychagogik/Lebensberatung, Diakonie/Sozialarbeit, Verwaltung/Bürokratie haben“ (Marsch 1970, 263). Er stellte dabei jedoch als bleibende Aufgabe des Pfarrer [bzw. der Pfarrerin] fest, dieser bleibe dabei ein „akademisch gebildeter Mittler von biblisch-christlichen Lebensgrundlagen, die in der Zusammenarbeit mit anderen bewährt werden“ (ebd).
> Karl Wilhelm Dahm beschrieb die pastoralen Aufgaben dann in erster Linie von ihren gesellschaftlichen Bedingungen her funktional und sprach programmatisch vom „Beruf: Pfarrer“. Dadurch wollte er der „Emigration der Kirche aus der Gesellschaft“ (vgl. Matthes 1964) entgegenwirken.

Heute hat sich die Tendenz, die Kirche als Organisation zu verstehen, an vielen Stellen durchgesetzt, wie verschiedene Kirchenentwicklungsprogramme und Strukturreformen verdeutlichen. Die Problematik des Pfarrberufes wird nun – v.a. von kirchenleitenden Überlegungen ausgehend – konsequenterweise als „Personal“ unter den Stichworten „Mitarbeiterführung“, „Personalentwicklung“ sowie „Personalmanagement“ verhandelt.

Dabei werden Pfarrerinnen und Pfarrer als „Schlüsselfiguren“ der Kirche als sozialer Organisation angesehen, gleichzeitig ist es aber auch das Ziel, diese stärker an die Organisation und ihre Organisationsziele zu binden.

Gegen Versuche den Pfarrberuf –die Pfarrerinnen und Pfarrer als „Personal“ –, stärker in die Organisation einzubetten, regt sich Widerstand, da diese Einbindung als Widerspruch zur traditionellen Amtsautonomie gesehen wird. Die in fast allen Landeskirchen zur Zeit geführte Debatte um „Personalentwicklungsgespräche“ ist ein Beispiel für diese Problematik. Auf der anderen Seite hat die Amtsautonomie allerdings auch die Tendenz, in einen ungezügelten Individualismus umzuschlagen. Es stellt sich hier also die Frage nach dem Verhältnis von Organisationslogik und Amtsautonomie. Oder anders formuliert: Welche Strukturmerkmale des Amts braucht der Pfarrberuf notwendigerweise und inwiefern ist er in einer ausdifferenzierten Gesellschaft sachgerechter als funktionale Rolle zu begreifen? Hier kann die Professionstheorie eine Hilfestellung leisten. Unter der Überschrift „Profession und Organisation“ wird dieses Konfliktfeld in der Pädagogik v.a. bei sog. „helfenden Berufen“, die – meist in staatliche – Organisationen eingebunden sind, schon länger diskutiert und auch in der Theologie wird der Pfarrberuf als Profession beschrieben (vgl. Rössler 1994, Krech 2002, Karle 2001). Deshalb sollen zunächst die charakteristischen Merkmale von Professionen gezeichnet werden, um dann das Verhältnis von Profession und Organisationslogik vor dem Hintergrund dieser Fragestellung zu erhellen.

III. Profession und Kirche

1. Profession und Organisation

Ungeachtet der verschiedenen professionstheoretischen Ausprägungen (eine Übersicht findet sich z.B. in: Combe/Helsper 1999 sowie Daheim 1992) können für Professionen – nicht zu verwechseln mit dem alltagssprachlichen „Profi“ – folgende Merkmale festgehalten werden:

(1) Sie verfügen über ein systematisches Wissen einer, auf eine bestimmte höhersymbolische und allgemeine Wertorientierung (Gesundheit, Gerechtigkeit, Seelenheil) ausgerichteten Sachthematik.

(2) Sie verfügen über eine gewisse an die Sachthematik gebundene Autonomie bei der Festlegung ihrer Standards und der Ausbildung, was zur Entwicklung eines Professionsethos führt.

(3) Sie sind für besondere, meist existentielle Probleme einzelner Menschen in konkreten Lebenszusammenhängen zuständig, zu deren Bearbeitung ein spezialisiertes Wissen erforderlich ist, das für diese spezielle Situation konkretisiert wird.

Die Ausbildung von Professionen wird meist in den Zusammenhang der Ablösung des mittelalterlichen Standesdenkens durch eine Berufsidee gestellt. Voraussetzung dafür war die prinzipielle Wahlmöglichkeit eines Berufes. „Professionen [sind daher] ein Phänomen des Übergangs von der ständischen Gesellschaft … zur funktional ausdifferenzierten Gesellschaft ...“ (Stichweh 1999, 50). Der Stellenwert von Professionen in einer funktional ausdifferenzierten Gesellschaft ist dann dadurch begründet, dass sie „ein *bestimmtes* Lösungsmuster für *spezifische* Probleme in *einigen* Funktionssystemen“ (a.a.O., 58) ausbilden. Dabei werden Professionsangehörige als „eine homogene Berufsgruppe wahrgenommen, deren Mitglieder im Kontakt zur Umwelt des Systems als Repräsentanten des Systems fungieren“ (ebd.) – wie z.B. Ärzte und Ärztinnen für den Bereich Gesundheit. Daraus folgt eine „strukturell privilegierte Position im jeweiligen System“ (a.a.O., 59) – sie werden zu „Schlüsselpersonen“.

Entscheidend ist, dass Professionen auf eine spezifische Sachthematik bezogen sind, die jeweils einen „zentralen Aspekt des menschlichen Lebens in der Gesellschaft“ betrifft. Darunter sind insbesondere alle existentiellen Themen wie „die Beziehungen des Menschen zu Gott (Theologie), zu sich selbst (Medizin) und zu anderen (Recht)“ (Stichweh 1999, 53f.) zu verstehen.

Professionen „beanspruchen hohe Allgemeinheit, sind also auf viele situative Kontexte professionellen Handelns hin spezifizierbar“ (a.a.O. 54); d.h. sie müssen ihre jeweilige abstrakte Sachthematik, die als systematisches Wissen einer bestimmten kulturellen Tradition mit spezifischen Deutungsmustern vor bestimmten Problemperspektiven verstanden werden kann, jeweils in direkter und unmittelbarer Interaktion auf die konkrete Situation des Klienten anwenden. Insofern ist „das Verhältnis von Leistungs- und Komplementärrollen als *Professionellen/Klienten*-Verhältnis institutionalisiert“ (a.a.O., 60).

Professionelles Handeln in diesem Sinne zielt dabei auf die Wiederherstellung, Erhaltung oder Ermöglichung der physischen, psychischen, sozialen oder religiösen Integrität und Identität des Klienten (vgl. Krech 2002, 118). Diese Vermittlungsleistung geschieht aber immer *durch den Professionellen hindurch*; d.h. er [oder sie] selbst entscheiden autonom über die Art und Weise der interpretativen und handlungsmäßigen Konkretisierung des systematischen Wissens auf die spezielle Situation des Klienten hin. Dabei sind Fehldeutungen letztlich unvermeidlich, da diese Konkretisierungsaufgabe durch eine strukturelle Überkomplexität (Stichweh 1994, 296) ausgezeichnet ist und insofern ein „Technologiedefizit“ besteht, da es kaum oder keine objektiven (außerhalb des Professionellen stehenden) Beurteilungskriterien gibt. Auch müssen z.B. die Analysewerte einer technisierten Medizin subjektiv – aufgrund des systematischen Wissens mittels Erfahrung und Intuition – gedeutet werden. Deshalb ist die reflexive Handhabung der auf diese Sachthematik bezogenen Berufsidee entscheidend, von der aus bestimmte Professionsideale und ein Professionsethos abgeleitet werden. Diese bilden das hauptsächliche Kontrollinstrumentarium. Deshalb lassen sich „die spezifischen Leistungen von Professionen … weder durch den Markt noch administrativ kontrollieren; sie erfordern eine kollegiale, auf die Verinnerlichung professionsethischer Ideale angewiesene Selbstkontrolle." (Oevermann 1999, 70).

Voraussetzung ist daher einerseits eine akademische Ausbildung zur der Aneignung dieser Sachthematik, andererseits ist die Reflexion der Berufsidee und eine ständige Weiterbildung unerlässlich, um die genannte Überkomplexität und das Technologiedefizit auszugleichen.

Der Bezug auf diese Sachthematik ist dabei insofern konstitutiv, da es hierbei nicht nur um ein „Expertenwissen" geht, dass auf die konkrete Situation des Klienten angewendet werden muss, sondern diese Sachthematik ist jeweils auf eine „höhersymbolische Sinnwelt" (Schütze 1999, 183) bezogen, an der sich der Professionelle ausrichtet. Dadurch ist er nicht nur seinem Klienten, sondern eben auch dieser höhersymbolischen Sinnwelt verpflichtet. Insofern kann von einer „*Dreistelligkeit der Beziehung*" des Professionellen gesprochen werden, nämlich der „Repräsentation einer autonomen Sinnperspektive oder Sachthematik durch den Professionellen im Verhältnis zu seinem Klienten" (Stichweh 1994, 374).

Der Bezug zu einer auf eine höhersymbolische Sinnwelt ausgerichtete Sachthematik, die überkomplexe Aufgabe der Konkretion dieser Sachthematik auf die spezifische Klientensituation und die damit verbundene Notwendigkeit zum Schutz des Klientenverhältnisses ein Professionsethos mit bestimmten Verhaltenszumutungen auszubilden führt zu einer gewissen Autonomie des Professionellen und seiner „Unabhängigkeit gegenüber der Einschätzung und Beurteilung der Leistungen von außen, zum Beispiel gegenüber Medien oder gegenüber Übergriffen von Organisationen" (Combe/Helsper 1999, 10).

Diese Autonomie steht aber besonders dann in der Gefahr in ungezügelten Individualismus umzuschlagen, wenn die professionsinternen „systematischen Bewußtmachungs- und Kontrollvorkehrungen nachlassen" (Schütze 1999, 187). Dies ist meist dann der Fall, wenn die Selbstreflexion über die an die Sachthematik und die höhersymbolische Sinnwelt gebundenen Professionsideale nicht mehr stattfindet und ebenso wenig „systematisch an der (Selbst-) Bewußtmachung und der permanenten Berücksichtigung der unaufhebbaren Kernprobleme des professionellen Handelns“ (ebd.) gearbeitet wird. Dann kann es einerseits geschehen, dass die zur Selbstkontrolle eingesetzten Gremien wie Standesvertretungen (wie beispielweise Ärztekammern) nur als Standeslobby wahrgenommen werden – und sie auch nur eine solche Arbeit betreiben –, oder dass andererseits die entsprechenden Organisationen (wie z.B. Krankenkassen) versuchen, diese Kontrollfunktion nun selbst wahrzunehmen.

Damit sind die generellen strukturellen „konfligierenden Anforderungen von Organisations- und Professionshandeln“ (Krech 2002, 123) angesprochen. Schütze (1999, 252) spricht hier von prinzipiellen Paradoxien, die „nicht eigentlich (ein für allemal) gelöst, sondern nur umsichtig bearbeitet werden“ können.

Während sich die Professionslogik der entsprechenden Sachthematik verpflichtet weiß und sich situationsbezogen und individuell am Fall des Klienten zu dessen Wohl orientiert, (vgl. Schütze 1999, 252), ist hingegen die Organisationslogik an „formalisierten und ‚innerbetrieblichen‘ Ablaufmustern“ (Combe/Helsper 2002, 32) interessiert und bildet expertokratisierende und generalisierende Tendenzen aus.

Im Gegensatz zum Angestellten, der in seiner spezifischen Funktion in einer Organisation unter entsprechender Kontrolle, im Dienst bestimmter Organisationsziele steht, ist der Professionelle seiner Sachthematik verpflichtet, aus der er – wie skizziert – seine Autonomie gewinnt und an der die reflexive, kollegiale Selbstkontrolle ausgerichtet ist. Wird diese traditionelle Autonomie des Professionellen, die dieser zu seiner „biographisch verinnerlichten beruflichen Identität“ (Schütze 1999, 193) zählt, zunehmend durch die Organisation beschnitten, kann ein „hartnäckiger Abwehrkampf des Professionellen gegen die Organisation“ (ebd.) entstehen.

Trotzdem bedürfen Professionen einerseits einer Organisation in ihrem Rücken, die sie zur Steuerung ihrer komplexen Arbeitsabläufe nutzen können (vgl. Schütze 1999, 185). Andererseits wird der Professionelle in Großorganisationen „leicht zum Anhängsel der ‚Maschinerie‘“ (Brunkhorst 1992, 56) und steht so „in der Gefahr, von diesen Organisationsstrukturen ungebührlich kontrolliert zu werden“ (Schütze ebd.). Diese Gefahr ist besonders dann gegeben, wenn solch eine Organisation mehr und mehr gezwungen ist, sich auf dem „Markt“ zu behaupten und dessen Logik zu folgen. Diese „*Marktlogik* wirtschaftlichen Handelns“ als „Selbstorientierung am Privatinteresse" ist von der „kollektiven Orientierung an verallgemeinerungsfähigen Interessen …, denen die *Professionslogik* höherstufig organisierten Solidaritäten folgt" (Brunkhorst ebd.) unterschieden.

Letztlich stellt sich in dem prekären und kritischen Verhältnis (Schütze 1999, 185) zwischen Profession und Organisation die Frage, wer in erster Linie wem dient: Hilft die Organisation mit ihrer Struktur zum Dienst des Professionellen oder dient dieser der Organisation zur Erreichung ihres Zieles? Auch wenn hier sinnigerweise nicht zwischen diesen Alternativen ausgewählt werden, sondern eine gewisse Wechselwirkung angenommen werden muss, so ist doch die besondere funktionale Rolle, die Professionen in den entsprechenden Organisationen als Schlüsselpersonen und Repräsentanten spielen, zu beachten. Die konfligierenden Ansprüche zwischen Profession und Organisation werden daher nicht aufgelöst werden können, sondern müssen in ihrer jeweiligen spezifischen Bedeutung beachtet und gegeneinander vermittelt werden müssen.

2. Pfarrerinnen und Pfarrer als „Professionelle" in der Organisation Kirche

Was leistet nun die Beschreibung des Pfarrberufes als Profession im Spannungsverhältnis vom „Amt und Anstalt" und „Funktion und Organisation"?

Es ist unbestreitbar, dass – ungeachtet der damit verbundenen ekklesiologischen Problematik – die Kirchen in ihrer Sozialgestalt immer stärkere Züge von Organisationen annehmen. Pfarrerinnen und Pfarrer werden gesellschaftlich aber nicht als Mitarbeiter oder Angestellte unter anderen der Organisation Kirche wahrgenommen, sondern gelten – wie eingangs erwähnt – als persönliche Repräsentanten von Kirche und Christentum, ja Religion überhaupt. Diese Tendenz hängt auch mit der zunehmenden Privatisierung von Religion zusammen, denn die „im privaten Leben verwirklichte Religion wird … als eine personale Beziehung aufgefasst und als interpersonales Verhältnis sozial organisiert" (Steck 1991, 310). Insofern erhält der Pfarrer bzw. die Pfarrerin diese Schlüsselrolle. Die Tatsache, dass die einstige an die Bedeutung der Kirche gebundene „Amtsautorität einer zunehmenden Personalisierung weicht", wird durch den „Wegfall des Pfarrhauses als vorbildlicher Lebensform für Evangelisch-Sein" (Grethlein 2001, 382.378) noch verstärkt. Die persönlichen Erfahrungen mit Pfarrerinnen und Pfarrern werden so zum „Muster, nach dem sich das Verhältnis der Menschen zur ganzen Organisation Kirche nicht unwesentlich bestimmt" (Gräb 2000, 329). Es ist paradoxerweise jedoch auch möglich, dass die Kirche als Organisation gänzlich abgelehnt wird, gleichzeitig aber ein positives Verhältnis zum jeweiligen Pfarrer bzw. der jeweiligen Pfarrerin besteht.

Aus diesem Grunde sind letztlich alle Versuche mittels einer falsch verstandenen „Priestertum-aller-Gläubigen-Ideologie" gegen eine „Pastorenkirche" für eine „Beteiligungskirche" anzukämpfen, zum Scheitern verurteilt. Denn es geht hierbei ja nicht um die Frage nach der Würde vor Gott, sondern um die Unterscheidung zwischen Menschen mit fachlich-theologischer Ausbildung, die als solche eine bestimmte Aufgabe qualifiziert erfüllen und anderen, die nicht über ein solche Qualifikation verfügen. Insofern ist die Unterscheidung zwischen ordinierten Theologinnen und Theologen und nicht-ordinierten nur funktional, verschafft aber diesen zur öffentlichen Wortverkündigung Beauftragen eine besondere Position. Allerdings bedeutet diese Entwicklung, dass nun die Person das Amt und nicht mehr das Amt die Person tragen muss, natürlich eine strukturelle Überforderung der Pfarrerinnen und Pfarrer.

Hier kann die Professionstheorie einerseits eine Hilfe sein, in dem sie diese herausgehobene Stellung als Repräsentanten der jeweiligen Professionellen für das jeweilige Funktionssystem ausdrücklich thematisiert und damit ein wichtiges Merkmal des Amtsbegriffs fortführt. Andererseits wird auch der funktionalen gesellschaftlichen Ausdifferenzierung Rechnung getragen. Professionen bieten ja wie gesagt, „ein *bestimmtes* Lösungsmuster für *spezifische* Probleme in *einigen* Funktionssystemen" (Stichweh 1999, 58; s.o.) für Mitglieder oder ein spezifisches Klientel an; sie erfüllen also eine bestimmte gesellschaftliche Funktion. Die Ablösung von allumfassenden Anstalten durch spezifische Organisationen ist hier also ausdrücklich mit aufgenommen. Ihre spezifische Bedeutung erhalten Professionelle eben nicht aus der Bedeutung oder Autorität einer Anstalt, deren Repräsentanten sie sind, sondern durch die Repräsentation der an eine „höhersymbolische Sinnwelt" gebundenen Sachthematik – diese ist im Blick auf Pfarrerinnen und Pfarrer, gut reformatorisch, als die Bindung an das Wort zu bezeichnen.

Allerdings darf hierbei nicht übersehen werden, dass der *„objektive Bedarf für professionelles Handeln* [von Pfarrerinnen und Pfarrern] nicht in der gleichen Selbstverständlichkeit gegeben ist, wie das zum Beispiel bei Medizinern, Juristen, Psychologen oder Lehrern der Fall ist" (Krech 2002, 124f.). Hier hat die Frage nach der gesellschaftlichen Relevanz der Kirche als Organisation ihren Ort.

Pfarrerinnen und Pfarrer dienen trotzdem aber *nicht in erster Linie* zur Erfüllung eines bestimmten Organisationszwecks, sondern stehen – hier ist die zweite Nähe zum Amtsbegriff – in einem spezifischen Treueverhältnis. Dieses ist jedoch ein doppeltes, wie es z.B. im Ordinationsvorhalt der EKHN (Art. 14) zum Ausdruck kommt: Zum einen in der Verpflichtung auf den

Auftrag und die Sachthematik – die Bindung an das Evangelium, also eine „höhersymbolische Sinnwelt" –, zum anderen, in zweiter Linie, in der Verpflichtung, diesen Dienst nach den Ordnungen der Kirche auszuüben. Nur insofern sind sie als soziologisch als „Personal" zu betrachten. Beides steht aber in einem gewissen Spannungsverhältnis. Es ist nämlich entscheidend, dass die aus der besonderen Stellung und aus der Sachthematik abgeleiteten professionsethischen Verhaltenszumutungen entsprechend durch die Organisation abgefedert werden (vgl. Karle 2001, 274f.). Dies war der einstige Sinn solcher Privilegien wie Alimentation etc. Wo dieser Package-Deal aufhört, wird sich das Gegeneinander-Ausspielen von Professionsprivilegien und Organisationsanforderungen noch verstärken.

Nimmt man die gesellschaftliche Zuschreibung von Pfarrerinnen und Pfarrern als Schlüsselpersonen ernst, werden diese nicht einfach als Angestellte „wie andere auch" in einer bestimmten Berufsrolle wie andere auch zu betrachten sein, sondern sie stehen in ihrer professionsspezifischen Rolle in einer strukturell notwendigen Spannung zur formalen Logik der Organisation. Eine kirchliche Personalentwicklungspolitik wird mit diesem Paradox angemessen umzugehen haben.

Weiterhin kann die genannte „Dreistelligkeit der Beziehung" von Professionellen – die Bindung an die Sachthematik und die aus ihr resultierende Autonomie sowie die Klientenbindung – hierbei vor der schon von Weber erkannten Gefahr der Versachlichung und Stereotypisierung bewahren, dabei wird die schon genannte Spannung zwischen Professionslogik und Organisationslogik nicht aufzulösen, sondern stets weiterhin zu bearbeiten sein.

Die Beschreibung des Pfarrberufs als Profession bietet außerdem die Möglichkeit, die falsche Alternative zwischen „Totalrolle" und „Berufsrolle" zu umgehen. Zwar macht die „Investition der Person in die Arbeit ... einen markanten Grundzug aller bürgerlichen Professionen aus", aber dies bedeutet nicht, dass dieser seine „subjektive Gesinnung, seinen privaten Lebensstil oder seine gänzlich individuelle Wirklichkeitswahrnehmung zum Thema seines Berufes" (Steck 1991, 321) macht. Um so nötiger wird es sein, Gelegenheiten strukturell zu fördern, in denen das Professionsethos und die Berufsrolle systematisch reflektiert werden, damit auf diesem Wege ein ungezügelter Individualismus bei der pastoralen Tätigkeit vermieden und stattdessen eine wirksame kollegiale Selbstkontrolle ermöglicht wird. Pfarrkonvente als Standestreffen waren dafür der klassische Ort. Daher muss überlegt werden, inwieweit diese zur Erfüllung dieser Aufgabe wieder stärker motiviert werden können. Eine stärkere als „fremd" oder gar hierarchisch oktroyierte wahrgenommene Kontrolle wird höchstwahrscheinlich zu Abwehrmechanismen oder gar zu einem „Kampf zwischen Profession und Organisation" führen. Entscheidend wird in diesem Prozess die ständige, auf die Veränderungen der gesellschaftlichen Situation bezogene Aktualisierung der professionsspezifischen Ideale sein. Es wird dann die Aufgabe der Organisation sein, inwieweit sie ihr spezielles „Personal", ihre „Professionellen", bei dieser Arbeit unterstützen kann.

3. Schluss

Es ist deutlich geworden: Die Frage nach dem angemessenen Begriff zur Beschreibung des Pfarrberufs und der Kirche in ihrer Sozialgestalt trifft in den Kern der gegenwärtigen kirchentheoretischen Diskussion. Der Begriff der Anstalt ist nicht in der Lage, die gegenwärtige gesellschaftliche Situation der Kirche angemessen zu beschreiben; der Begriff des Amtes birgt für den Pfarrberuf wesentliche Impulse wie den Gedanken einer gewissen Autonomie, der stellvertretenden Repräsentation und Verpflichtung in ein spezifisches Treueverhältnis, steht aber in der Gefahr der Versachlichung. Der Begriff der Organisation kann die gesellschaftliche Rolle der Kirchen adäquater beschreiben, jedoch lässt die Beschreibung des Pfarrberufs allein unter dem Blickwinkel der Funktionalität in einer Organisation wesentliche Elemente vermissen. Der Begriff der Profession kann hier eine Brücke schlagen: nicht nur weil er Elemente aus dem Amts- und Funktionsbegriff aufnimmt, sondern v.a. weil in der professionstheoretischen Diskussion bestimmte strukturell gegebene Grundwidersprüche – wie eben das spannungsvolle Wechselverhältnis zwischen Profession und Organisation – ausdrücklich thematisiert werden. Eine weitere Arbeit an diesen Paradoxien – so wie sie in der Pädagogik auch hinsichtlich der Frage nach Qualitätsstandards – seit längerem geführt wird, ist für den Pfarrberuf nicht nur lohnend, sondern dringend geboten.

Literatur

BECK, ULRICH: Risikogesellschaft. Auf dem Weg in eine andere Moderne, Frankfurt 1980.

BERGER, PETER L./LUCKMANN, THOMAS: Modernität, Pluralismus und Sinnkrise. Die Orientierung des modernen Menschen, Gütersloh 1995.

BOCK, WOLFGANG/DIEFENBACHER, HANS/KRECH, VOLKHARD/REUTER, HANS-RICHARD (Hg.): Reformspielräume in der Kirche. Ortsgemeinden und Regionalstrukturen am Beispiel der Evangelisch-Lutherischen Landeskirche in Braunschweig, Heidelberg 1997.

BRUMMER, ARNDT/WOLFGANG NETHÖFEL (Hg.): Vom Klingelbeutel zum Profitcenter? Strategien und Modelle für das Unternehmen Kirche, Hamburg 1997.

BRUNKHORST, HAUKE: Professionalität, Kollektivitätsorientierung und formale Wertrationalität. Zum Strukturproblem professionellen Handelns aus kommunikationstheoretischer Perspektive, in: Dewe (u.a.) 1992, 49-69.

BRUNNER, OTTO/CONZE, WERNER/KOSELLECK, REINHART (Hg.): Geschichtliche Grundbegriffe. Historisches Lexikon zur politisch-sozialen Sprache in Deutschland, Stuttgart 1972.

BÜSCHGES, GÜNTER/ABRAHAM, MARTIN: Einführung in die Organisationssoziologie, Stuttgart [2]1997.

COMBE, ARNO/HELSPER, WERNER: Professionalität, in: Otto (u.a.) 2002, 29-47.

COMBE, ARNO/HELSPER, WERNER (Hg.): Pädagogische Professionalität. Untersuchungen zum Typus pädagogischen Handelns, Frankfurt [3]1999.

CONZE, WERNER: Art. Beruf, in: Brunner (u.a.) 1972, 490-507.

DAHEIM, HANSJÜRGEN: Zum Stand der Professionssoziologie. Rekonstruktion machttheoretsicher Modelle der Profession, in: Dewe (u.a.) 1992, 36-48.

DAHM, KARL WILHELM: Beruf: Pfarrer. Empirische Aspekte, München 1971.

DALLMANN, HANS-ULLRICH: Art. Organisation, in: ESL – Neuausgabe. Stuttgart (u.a) 2001, 1192-1194.

DEWE, BERND/FERCHHOFF, WILFRIED/OLAF-RADTKE, FRANK (Hg.): Erziehen als Profession. Zur Logik professionellen Handelns in pädagogischen Feldern, Opladen 1992.

DOMBOIS, HANS: Das Recht der Gnade. Oekumenisches Kirchenrecht I, Witten 1961.

DOMBOIS, HANS: Das Recht der Gnade. Ökumenisches Kirchenrecht II. Grundlagen der Kirchenverfassung in ihrer Geschichte, Bielefeld 1974.

DREIER, RALF: Art. Amt II, in: HWPh Bd. I, Darmstadt 1971, 211.

DREIER, RALF: Das kirchliche Amt. Eine kirchenrechtstheoretische Studie, München 1972.

DUBACH, ALFRED/CAMPICHE, ROLAND J. (Hg.): Jeder ein Sonderfall? Religion in der Schweiz. Ergebnisse einer Repräsentativbefragung, Zürich 1993.

EBERTZ, MICHAEL N.: Erosion der Gnadenanstalt. Zum Wandel der Sozialgestalt von Kirche, Frankfurt 1998.

GABRIEL, KARL: Modernisierung als Organisation von Religion, in: Krüggeler (u.a.) 1999, 7-37.

GESER, H.: Gesellschaftliche Folgeprobleme und Grenzen des Wachstums formaler Organisationen, in: Zeitschrift für Soziologie 11 (1982), 113-132.

GRÄB, WILHELM: Lebensgeschichten Lebensentwürfe Sinndeutungen. Eine praktische Theologie gelebter Religion, Gütersloh [2]2000.

GRETHLEIN, CHRISTIAN: Pfarrer(in)sein als christlicher Beruf. Hinweise zu den Rahmenbedingungen einer traditionellen Tätigkeit, in: ZThK 98 (2001), 372-398.

GROSS, PETER: Die Multioptionsgesellschaft, Frankfurt 1994.

HUBER, WOLFGANG: Kirche in der Zeitenwende. Gesellschaftlicher Wandel und Erneuerung der Kirche, Gütersloh 1998.

KARLE, ISOLDE: Der Pfarrberuf als Profession. Eine Berufstheorie im Kontext der modernen Gesellschaft, Gütersloh 2001.

KLESSMANN, MICHAEL (Hg.): Pfarrbilder im Wandel. Ein Beruf im Umbruch, Neukirchen-Vluyn 2001.

KRECH, VOLKHARD: Soziologische Aspekte, in: Bock (u.a.) 1997, 31-70.

KRECH, VOLKHARD: Probleme der Kirchenorganisation in der modernen Gesellschaft, in: Ratzmann (u.a.) 2000, 52-68.

KRECH, VOLKHARD: Berufung – Beruf – Profession. Empirische Beobachtungen und systematische Überlegungen zur Entwicklung des Pfarrerhandelns, in: Lehmann 2002, 115-129.

KRÜGGELER, MICHAEL/GABRIEL, KARL/GEBHARDT, WINFRIED (Hg.): Institution – Organisation – Bewegung. Sozialformen der Religion im Wandel, Opladen 1999.

KRÜGGELER, MICHAEL/VOLL, PETER: Strukturelle Individualisierung – ein Leitfaden durchs Labyrinth der Empirie, in: Dubach (u.a.) 1993, 16-50.

LEHMANN, MAIKE (Hg.): Parochie. Chancen und Risiken der Ortsgemeinde, Leipzig 2002.

LUHMANN, NIKLAS: Die Organisierbarkeit von Religion und Kirchen, in: Wössner (u.a.) 1972, 245-285.

LUKATIS, INGRID: Pfarrer/in – Berufs- oder Lebensform?, in: DtPfrBl 100 (2000), 531-533.

LUKATIS, INGRID/LUKATIS, WOLFGANG: Auf den Pfarrer kommt es an ...? Pfarrer und Pfarrerinnen als Schlüsselpersonen in der Volkskirche, in: Matthes 2000, 186-232.

MARSCH, WOLF-DIETER: Institution im Übergang. Evangelische Kirche zwischen Tradition und Reform, Göttingen 1970.

MATTHES, JOACHIM (Hg.): Fremde Heimat Kirche – Erkundungsgänge. Beiträge und Kommentare zur dritten EKD-Untersuchung über Kirchenmitgliedschaft, Gütersloh 2000.

MATTHES, JOACHIM: Die Emigration der Kirche aus der Gesellschaft, Hamburg 1964.

NITTEL, DIETER: Von der Mission zur Profession. Stand und Perspektiven der Verberuflichung in der Erwachsenenbildung, Bielefeld 2000.

OEVERMANN, ULRICH: Theoretische Skizze einer revidierten Theorie professionalisierten Handelns. In: Combe (u.a.) 1999, 70-182.

OTTO, HANS-UWE/RAUSCHENBACH, THOMAS; VOGEL, PETER (Hg.): Erziehungswissenschaft. Professionalität und Kompetenz, Opladen 2002.

RATZMANN, WOLFGANG/ZIEMER, JÜRGEN (Hg.): Kirchen unter Veränderungsdruck. Wahrnehmungen und Perspektiven, Leipzig 2000.

REUTER, HANS-RICHARD: Die Bedeutung der kirchlichen Dienste, Werke und Verbände im Leben der Kirche. Ekklesiologische Überlegungen, in: PTh 85 (1996), 33-50.

REUTER, HANS-RICHARD: Theologische Aspekte. In: Bock (u.a.) 1997, 71-106.

RIESE, R.: Art. Amt I, in: HWPh Bd. I, Darmstadt 1971, 210-211.

SCHÜTZE, FRITZ: Organisationsszwänge und hoheitsstaatliche Rahmenbedingungen im Sozialwesen: Ihre Auswirkungen auf die Paradoxien professionellen Handelns, in: Combe (u.a.) 1999, 183-275.

SPIEGEL, YORICK: Kirche als Bürokratische Organisation, München 1969.

STECK, WOLFGANG: Die Privatisierung der Religion und die Professionalisierung des Pfarrberufs. Einige Gedanken zum Berufsbild des Pfarrers, in: PTh 80 (1991), 306-321.

STICHWEH, RUDOLF (Hg.): Wissenschaft, Universität, Professionen. Soziologische Analysen, Frankfurt 1994.

STICHWEH, RUDOLF: Professionen in einer funktional ausdifferenzierten Gesellschaft, in: Combe (u.a.) 1999, 49-69.

TROELTSCH, ERNST: Die Soziallehren der christlichen Kirche und Gruppen. Neudruck der Ausgabe Tübingen 1912. Teilbände 1 u. 2, Tübingen 1994.

TYRELL, HARTMANN: Religiöse Organisation. Zwei Anmerkungen, in: Lehmann 2002, 103-113.

WEBER, MAX: Wirtschaft und Gesellschaft. Grundriss der verstehenden Soziologie. Fünfte, revidierte Auflage, besorgt von Johannes Winckelmann. Studienausgabe, Tübingen ^{5}1980.

WÖSSNER, J. (Hg.): Religion im Umbruch. Soziologische Beiträge zur Situation von Religion und Kirche in der gegenwärtigen Gesellschaft, Stuttgart 1972.

Vom Sparzwang zur Besserung der Ausbildung?

Kirchentheoretische Überlegungen zum Zusammenhang von pastoraler Profession, Ausbildung und Selektion am Beispiel der EKHN

Achim Plagentz

In der jüngsten Zeit erleben pastoraltheologische Perspektiven in der Praktischen Theologie eine neue Konjunktur. Waren in den 60er und 70er Jahren des 20. Jahrhunderts die Reformen noch angetreten, die Pfarramtszentrierung in Kirche und Gemeinde aufzubrechen, so belehrten spätestens die Mitgliederbefragungen der EKD seit 1971, dass die öffentliche Wahrnehmung der Kirche von den Pfarrerinnen und Pfarrern nicht zu trennen ist. In dem Maße, wie die Kirche insgesamt gegenwärtig weitreichenden strukturellen Veränderungen unterworfen ist, wird auch über den Pfarrberuf neu nachgedacht.

Dies findet nicht allein auf der Ebene akademischer Reflexion statt. Insbesondere die vielfältigen Versuche, Leitbildprozesse für den Pfarrberuf durchzuführen, sind in kirchenpolitischen Strukturen verankert, die oft unmittelbar auf die Praxis einwirken (zum „Sitz im Leben" von Leitbildprozessen vgl. Nethöfel 2003). Aber auch da, wo kein expliziter Leitbildprozess geführt wurde, lassen sich aus dem kirchenleitenden Handeln Rückschlüsse auf das ihm implizite Leitbild ziehen. In ihm kommt dann zum Ausdruck, welche Richtung die Veränderungen im Bild vom Pfarramt aus Sicht der leitenden Organe einer Kirche einschlagen soll.

In dieser Frage, nämlich wie kirchenleitendes Handeln auf die Profession „Pfarrer" einwirken kann, kommt man an der Ausbildung zum Pfarrdienst und der Auswahl des Personals nicht vorbei. Denn Kirchengesetze können das konkrete Handeln von Pfarrerinnen und Pfarrern aufgrund der grundsätzlichen Autonomie der Profession und dem beamtenähnlichen Status nur in kleinem Maße steuern. Ebenso verbleiben Verlautbarungen über Erwartungen an die Bediensteten in ihren Wirkungen kontingent. Deshalb kommt allen Fragen, die mit dem Zugang zum Pfarramt zu tun haben, eine große Bedeutung zu, wenn man nach dem Zusammenhang vom Wandel des Pfarrerbilds und kirchenleitendem Handeln fragt.

Der Terminus „Zugang zum Pfarramt" soll im Folgenden zwei Elemente zusammenfassen, die zu unterscheiden, gleichwohl aber aufeinander zu beziehen sind. So steht vor dem Eintritt in den kirchlichen Dienst sowohl die Aus- bzw. „Vorbildung" als auch die Auswahl durch die Kirchenleitungen.

> Für die beiden zentralen Elemente der Zugangsfrage verwende ich im Folgenden die Begriffe „Qualifizierung" und „Selektion". Sie bezeichnen in der Bildungsforschung zwei strukturell notwendige (freilich nicht die einzigen) Leistungen von Bildungssystemen. Einerseits sollen Bildungseinrichtungen Menschen für das Leben bzw. eine berufliche Tätigkeit fähig machen, andererseits weisen Bildungskarrieren den Einzelnen einen Platz auf dem Arbeitsmarkt zu (vgl. Büchner 1985, 141).

Beide Aspekte, die Qualifizierung von Theologinnen und Theologen und die Selektion durch die Kirchenleitungen sind *zu unterscheiden*, weil kein Automatismus zwischen der Qualifikation der Bewerber/innen und seiner/ihrer Einstellung in Pfarrdienst besteht. So kann einerseits trotz Ausbildungsanstrengung die Qualifikation ausbleiben, andererseits stellen Kirchenleitungen aus Gründen der Personalplanung unabhängig von der Anzahl der qualifizierten Bewerber/innen ein. Beide Aspekte sind aber gleichwohl *aufeinander bezogen*. Ausbildung zielt auf Einstellung, die Einstellung orientiert sich neben der Personalplanung auch an der in der Ausbildung erworbenen Qualifikation.

Der „Zugang zum Pfarramt" ist deshalb in zweifacher Perspektive ein neuralgischer Moment, sowohl für die Bewerber/innen, für die er zum Ziel einer langen biographischen Phase wird; als auch für kirchenleitendes Handeln, da es eine der wichtigsten Steuerungsgelegenheit für die Profession darstellt.

Ziel dieses Aufsatzes ist eine *Interpretation kirchenleitender Maßnahmen zur Regelung des „Zugangs zum Pfarramt" der letzten 10 Jahre am Beispiel der EKHN.* In dieser Landeskirche fand Mitte der 90er Jahre ein radikaler Kurswechsel in der Zugangsfrage statt, der über die regionale Bedeutung hinaus paradigmatisch für ein Modell von Kirchenentwicklung steht, das dem Prinzip der Organisationsentwicklung verpflichtet ist. In der Zugangsfrage lassen sich Spannungen und Konflikte wahrnehmen, die ein Feld beschreiben, in dem sich Wandlungsprozesse des Pfarrberufs spiegeln.

Dies geschieht in vier Schritten. Im *ersten Abschnitt* werden die kirchenleitenden Maßnahmen der EKHN im Kontext ihrer Entstehung rekapituliert. Im Mittelpunkt steht der Kurswechsel von 1997, mit dem ein neues Auswahlverfahren installiert wurde. Im *zweiten Abschnitt* wird dem „impliziten" Leitbild dieser Maßnahmen nachgegangen. Was für Pfarrer/innen will die EKHN, wenn sie so auswählt? Die Interpretation unter diesem Blickwinkel orientiert sich am Begriff der „Professionalisierung". Dieses Leitbild für Qualifizierung und Selektion wird dann im *dritten Abschnitt* auf die Spannungen hin befragt, die sich zu dem etablierten Selbstbild der Kirche ergeben. Hier wird eine Analyse vorgelegt, die erklären will, warum das Assessment-Verfahren zur Einstellung von Pfarr/innen in der EKHN auf solch heftigen Widerstand gestoßen ist und in einigen Punkten jüngst korrigiert wurde. Im *vierten Abschnitt* werden die Spannungen auf das Verhältnis von Profession und Organisation bezogen und mit dem Nebeneinander und Gegenüber von Persönlichkeitsbildung und Ausbildung interpretiert. Daraus ergibt sich ein Kriterium, das beiden Aspekten je an ihrem Ort ihr Recht zuspricht.

I. Die Verbindung von Sparzwang und Qualitätssicherung als Erfolgskonzept kirchenleitendenden Handelns und als Bürde für das Zugangsverfahren

Die einschneidenden Veränderungen der Zugangswege zum Pfarramt in der EKHN beruhten auf zwei Entwicklungen, die in den 90er Jahren zusammenliefen. Auf der einen Seite stand die Debatte um die Ausbildungsreform, die ihren prägnantesten Ausdruck in der Arbeit der Gemischten Kommission zur Reform des Theologiestudiums fand (vgl. Hassiepen/Herms 1993 und Luther 1989). Daneben wurde auch über eine Reform der zweiten Ausbildungsphase nachgedacht, prominent in dem Papier der sog. fünften Würzburger Konsultationen der Ausbildungsreferentinnen und –referenten der EKD (Beruf 1989). In beiden Diskussionen schlägt sich eine Orientierung kirchenleitenden Handelns an dem Muster der Organisationsentwicklung nieder. In deren Begrifflichkeit ging es der Ausbildungsreform um „Qualitätssicherung" kirchlicher Arbeit. Das leitende Stichwort wurde nun die Kompetenz: theologische Kompetenz als Ziel des Theologiestudiums, missionarische und kybernetische Kompetenz als Ziel des Vikariats. An diese Perspektive schloss sich auch die EKHN in Form ihrer Perspektivstudie „Person und Institution" an. Ihre Beschreibung von Kompetenzen im Blick auf eine Ausbildungsreform zielte dabei noch auf die Prüfungsordnung zum zweiten Theologischen Examen (Person 1992, 172ff.).

Auf der anderen Seite stand die Spardebatte, die Mitte der 90er Jahre einen ersten Höhepunkt erlebte. Vor allem die Prognosen über die Entwicklung der Kirchenmitgliedschaft und über die zu erwartenden Steuerausfälle legten den Eindruck nahe, die Kirche lebe längst über ihre finanziellen Verhältnisse. Da der Löwenanteil kirchlicher Finanzen in den Bereich des pfarramtlichen Personals fließt, musste sich die Finanzkrise insbesondere hier bemerkbar machen. Da wiederum die Dienstverhältnisse der Pfarrerinnen und Pfarrer auf Lebenszeit begründet werden, konzentrierte sich die Spardiskussion auf den Zugang zum Pfarramt.

Beide Linien, die Diskussion um Qualitätssicherung in der Schlüsselprofession und die Spardiskussion verbanden sich Mitte der 90er Jahre. Bis dahin hatte die EKHN auf die hohen Studierendenzahlen mit den Mitteln des Erprobungsgesetztes (EG) reagiert (vgl. Rottwilm-Böhm 1996). Erklärtes Ziel war es, „in den nächsten Jahren eine zunehmende Zahl von anstellungsfähigen Theologen im kirchlichen Dienst beschäftigen zu können" (Amtsblatt EKHN 1985, S. 59). Nun aber schlug die EKHN einen völlig neuen Kurs ein. Symbolisch dafür steht der Untertitel der Studie „Auftrag und Gestalt" des LGA von 1995: „Vom Sparzwang zur Besserung der Kirche." Die Studie selbst begründete diesen Zusammenhang im Blick auf die Personalplanung noch mit dem Ziel, einer Klerikalisierung (vgl. auch: Person 1992, S. 155) entgegenwirken zu wollen, indem die Zahl der Pfarrstellen nicht weiter anwachsen solle:

> „Unsere Kirche hat (...) faktisch den Weg einer problematischen (darum teuren!) Klerikalisierung eingeschlagen (unverminderte Pfarramtszentrierung mit Zunahme der Pfarrstellen nach Anzahl und Funktionsspezifikation bei Abnahme der Mitglieder)" (Auftrag 1995, S. 33).

Das Motto der Studie „vom Sparzwang zur Besserung der Kirche" kann deshalb als Modell für die Maßnahmen angesehen werden, die die Synode der EKHN in der Folgezeit im Blick auf die Zugangsfrage beschlossen hat. Denn die Festlegung einer Einstellungsquote durch die Kirchenleitung und die Installation eines Selektionsverfahrens (Assessement-Center, kurz AC), das aus den Bewerber/innen die geeignetsten auswählen sollte, versprach, beiden Aspekten in einem Zug gerecht zu werden, dem Sparzwang und der Besserung, der Ressourcenkonzentration und der Qualitätssicherung. Die Folge war, dass die *ökonomisch bedingte* Selektion und die Selektion nach Kriterien der *Qualitätssicherung* zusammenfielen.

In das Zentrum der Aufmerksamkeit rückten nun die „Kompetenzen", die nicht bereits in den beiden theologischen Examina geprüft wurden. Was die „Würzburger Konsultationen“ noch als missionarische und kybernetische Kompetenzen bezeichnet hatten, fand nun unter dem Leitbegriff der „persönlichen Eignung“ Einzug in das Pfarrergesetz der EKHN (§ 58a). Damit wurde ein Stichwort der Debatte um die Qualitätssicherung aufgenommen, in der immer wieder auf die Erfahrung abgehoben worden war, dass es Pfarrerinnen und Pfarrer gäbe, die für den Dienst „persönlich“ nicht geeignet seien. Neben dem Spardiktum dürfte diese Wahrnehmung einen nicht geringen Anteil daran gehabt haben, dass die Installation des AC schließlich durchgesetzt werden konnte. Das Spardiktat war aber letztlich ausschlaggebend für die Bereitschaft der Synode, den radikalen Kurswechsel vom EG zum Einstellungsverfahren des AC nach dem „Dienstrechtsänderungsgesetz“ von 1997 vorzunehmen:

> „Aufgrund kirchenpolitischer Durchsetzungsmöglichkeiten und einer falschen Lagebeurteilung wurde es aber viel zu lange vermieden, Einstellungsbeschränkungen für TheologInnen zu erlassen“ (Kirchenverwaltung 1998, S.7).

Nun – in der Finanzkrise der zweiten Hälfte der 90er Jahre – waren die „kirchenpolitischen Durchsetzungsmöglichkeiten“ gegeben.

> „Trotz anfänglichen Widerstands wurde das Erprobungsgesetz schließlich 1997 durch das Dienstrechtsänderungsgesetz abgelöst, was in der Einstellungspolitik der EKHN einen radikalen Bruch darstellt“ (Kirchenverwaltung 1998, S.6).

So kam es im Blick auf die Zugangsfrage im Wesentlichen zu drei Entscheidungen:

1. Die Kirchenleitung wurde beauftragt, für jedes Jahr eine Einstellungsquote festzulegen, mit der sie ihre Personalplanung den aktuellen Bedürfnissen und ihrem kirchenpolitischen Willen anpassen kann (§ 2 Rechtsverordnung zur Regelung des Auswahlverfahrens).
2. Es gelang die Festschreibung von Kriterien, nach denen Bewerber/innen neben ihrer „Befähigung“ – nachgewiesen durch die beiden theologischen Examina – auch auf ihre „persönliche Eignung“ hin ausgewählt werden. Indem sie in das Pfarrergesetz (§ 58a (2) u. (3)) aufgenommen wurden, konnten diese Kriterien so fest verankert werden, dass sie auch in den Diskussionen um die Änderung der Auswahlpraxis in den letzten Jahren nicht zur Disposition standen.
3. Um eine Auswahl unter den Bewerber/innen treffen zu können, richteten Kirchenleitung und -verwaltung das AC ein, das der Entscheidungsfindung der Auswahlkommission eine Gestalt gab, die vor allem in der so

genannten „freien Wirtschaft“ prominent ist. Besonders an dieser Stelle macht es sich bemerkbar, dass sich die kirchenleitenden Gremien in ihren Modellen der Organisationsentwicklung an der ökonomischen Sphäre orientierten.

Die Verbindung von ökonomischer Not und Qualitätssicherung war aus kirchenleitender Perspektive insofern erfolgreich. Es ist ein politischer Allgemeinplatz, dass „unbequeme“ Entscheidungen am besten dann durchsetzbar sind, wenn die Krisenstimmung auf dem Höhepunkt ist.

Doch von Beginn an zeichnete sich ab, dass die Sparperspektive für das neue Auswahlverfahren zu einer Bürde werden würde. Die Radikalität des Kurswechsels lag ja nicht nur an dem „dass“ der Quote, sondern insbesondere daran, dass mit der Zahl von maximal 5 Neueinstellungen pro Jahr nur noch rund 10% eines Jahrgangs übernommen wurden. Die minimale Quote überschattete so von Anfang an den Aspekt der Qualitätssicherung, denn es war zu erwarten, dass die Zahl der abgelehnten Bewerber/innen die Zahl der „persönlich ungeeigneten“ bei weitem übersteigen würde.

II. „Professionalisierung“ als implizites Leitbild des Zugangsverfahrens der EKHN

Die Einstellungsquote hat dem AC von Anfang an eine Bürde auferlegt. Das erklärt aber noch nicht, wieso das Verfahren auch jenseits der betroffenen Bewerber/innen auf wenig Akzeptanz gestoßen ist, wie eine Evaluation des Verfahrens im Jahr 2001 nahe legte (vgl. den Bericht von OKR Margarete Reinel vor der Synode: Verhandlungen 2002, 169). Um dieser Frage auf die Spur zu kommen, muss zunächst betrachtet werden, welches Leitbild des Pfarrberufes das Verfahren zum Ausdruck bringt. Es reicht dazu m.E. nicht aus, allein die Kriterien zu analysieren, die Eingang in das Pfarrergesetz gefunden haben. Sie können sicher unterschiedlich beurteilt werden, ob sie gleichrangig sind oder gewichtet werden müssen, ob sie gekürzt oder ergänzt werden sollten. Diese Fragen sind wichtig und werden sicher in den weiteren Diskussionen auch immer wieder aufkommen. An dieser Stelle soll aber die Frage erörtert werden, welche Bedeutung die Kriterien der persönlichen Eignung *als solche* für die Profession Pfarramt haben. Erst von dieser Perspektive aus lässt sich präziser beschreiben, welche Tendenz das Zugangsverfahren „AC“ in die Entwicklung des Pfarrberufes einträgt. Als dafür zentrales Stichwort verwende ich im Folgenden den Begriff der „Professionalisierung“.

Um ihn als analytischen Begriff verwenden zu können, sind aber einige Vorbemerkungen nötig.

Umgangssprachlich hat der Ausdruck „professionelles Handeln" zwei Konnotationen. Zum einen ist damit ein *fachlich qualifiziertes* Handeln gemeint, das sich von einem unqualifizierten „laienhaften" Handeln abhebt. Zum anderen versteht man darunter ein *beruflich bestimmtes* Handeln, das also nicht im privaten Bereich ausgeübt wird. Wie Isolde Karle (2001) im Anschluss an systemtheoretische Überlegungen (Karle bezieht sich insbesondere auf Niklas Luhmann und Rudolph Stichweh) herausgestellt hat, sind beide Bedeutungshorizonte für neuzeitliche Professionen von zentraler Bedeutung. Demnach bringt es die funktionale Differenzierung der Gesellschaft mit sich, dass spezifische Funktionen und Leistungen auf spezifische Rollen so verteilt werden, dass jene von diesen stabil erwartet werden können. Anders gesagt: Die Profession (zum Beispiel „Pfarrer/in") erbringt die Funktion und Leistungen des zugehörigen Funktionssystems (zum Beispiel des Religionssystems) nicht nur „einfach so", unqualifiziert und aus seiner privaten Haltung heraus, sondern qualifiziert und beruflich. Beide Aspekte bilden gewissermaßen auch den Kernpunkt des „Zugangs zum Pfarramt", sofern dieser wesentlich auf die *Qualifikation* rekurriert, die für die Ausübung des *Berufes* erwartet werden.

Versteht man professionelles Handeln ausgehend von der umgangssprachlichen Bedeutung und eingebettet in das systemtheoretische Professionsverständnis, dann ergeben sich für den Begriff der „Professionalisierung" zwei Bedeutungshorizonte. Zum einen kann „Professionalisierung des Pfarramtes" zunächst einfach eine zunehmende *Wahrnehmung* des Pfarramtes als „Profession" bedeuten. Von hier aus lassen sich dann bestimmte Phänomene und Besonderheiten des Berufs „Pfarrer/in" interpretieren, etwa die Institution des Package-Deal (Karle 2001, 274ff., vgl. auch den Beitrag von H. Müller in diesem Band), das Alimentationsprinzip (Karle 2001, 278f.) oder das Verhältnis von Profession und Organisation (vgl. den Beitrag von H. Ludwig in diesem Band). Zum anderen kann Professionalisierung aber auch eine *Veränderung* des Pfarrberufes bezeichnen. Das setzt aber voraus, dass der Pfarrberuf noch gar nicht vollständig als Profession betrachtet werden kann, sondern sich erst zu ihr hin (oder von ihr weg) entwickelt (vgl. Lukatis 2000; Grethlein 2001).

In diesem letzteren Sinne möchte ich im Folgenden von Professionalisierung sprechen. Ausgangspunkt dafür ist die These, dass dem Zugangsverfahren, das 1997 in der EKHN installiert wurde, eine Professionalisierungstendenz innewohnt. Entscheidend für diese Deutung ist die dort vorgenommene Einführung der Kriterien zur „persönlichen Eignung".

Anders als in anderen Berufen spielt die Persönlichkeit in der Profession „Pfarramt" von je her eine zentrale Rolle.

> „Der pastorale Beruf entwickelte sich parallel zu den anderen akademischen Berufen. Er entzog sich freilich weitgehend der in unserem Jahrhundert vorherrschenden Technisierung und Funktionalisierung der Berufsausübung. Der Beruf des Pfarrers blieb damit, was er von Anfang an war: Die Profession eines Menschen, der sich in seinem Beruf von seiner Persönlichkeit aus zum Ausdruck bringt und der von der persönlichen Beziehung lebt, die andere zu ihm und die er zu ihnen unterhält." (Steck 1987, 340; Hervorhebungen A.P.)

Für die Professionalisierungstendenz des Zugangsverfahrens ist deshalb ein anderer Aspekt als die Orientierung an persönlicher Eignung als solcher von Bedeutung. Das Pfarrergesetz formuliert die Kriterien der persönlichen Eignung als „Fähigkeiten" (*Fähigkeit* zur verantwortlichen Leitungstätigkeit, Team*fähigkeit*, *Fähigkeit* zur glaubwürdigen Vertretung des eigenen Zeugnisses des christlichen Glaubens, Sprach-, Argumentations- und Dialog*fähigkeit*, Belastbarkeit und Konflikt*fähigkeit*, *Fähigkeit* zur Reflexion der eigenen Person und der Berufsrollen). Damit schließt es sich an die Begrifflichkeit der Ausbildungsreformdebatte an, die sich um die Begriffe theologische, missionarische, kybernetische oder neuerdings pastorale *Kompetenz* bewegte (Hassiepen/ Herms 1993, 19ff.; Karle 2000).

> Im wesentliche bilden die sechs Kriterien das ab, was das Würzburg-V-Papier „missionarische" und „kybernetische" Kompetenz nannte (Beruf 1989, S. 29-34).

Mit dem Begriff der Fähigkeit bzw. der Kompetenz wird der Pfarrer, die Pfarrerin als *Träger/in von Kompetenzen* betrachtet. Dies ist im Blick auf die theologische Kompetenz noch weitgehend unproblematisch, sofern diese auf „Kenntnisse, Einsichten und Fertigkeiten" (Hassiepen/ Herms 1993, 20) zielt, die sich im Wesentlichen auf intellektuelle und damit diskursive Kompetenzen bezieht. „Theologische Kompetenz" bringt so gesehen einfach den Bezug der Profession auf eine zugehörige „Sachthematik" (Karle 2001, 192ff.; Karle 2000, 518-520) zum Ausdruck. Was aber passiert, wenn die *persönliche* Eignung im Sinne von Kompetenzen beschrieben wird? Die sechs Kriterien nennen Eigenschaften, die einerseits unmittelbare Anforderungen des pfarramtlichen Berufsfeldes widerspiegeln, die andererseits aber auf persönliche Charakterzüge zurückgehen. Die Installation der sechs „Fähigkeiten" als Zugangskriterien zielt insofern auf eine Professionalisierung, indem sie (1) feststellt, dass diese Eigenschaften zu dem Berufsbild notwendig hinzugehören; woraus (2) die Möglichkeit resultiert, dafür Kriterien zu benennen, die dann (3) auch beobachtbar und bewertbar sind.

Anders gesagt: Zwar galten die benannten Kompetenzen auch vor der Einführung des Zugangsverfahren von 1997 als für den Pfarrberuf wichtig. Aber bis dato konnten das Vorhandensein oder Fehlen dieser Fähigkeiten als kontingente Erscheinung begrüßt oder bedauert werden. Es waren insofern in der Tat „persönliche" Fähigkeiten, keine „amtlichen". Nun aber gehören sie als integraler Bestandteil zum professionellen Handeln von Pfarrerinnen und Pfarrern, die persönlichen Eigenschaften werden zu professionellen Persönlichkeits-Kompetenzen.

Die hier beschriebene Professionalisierungstendenz des „AC" hat Folgen für das Verhältnis der Amtsträger/innen zu ihrer eigenen Person. Die Professionalisierung von „persönlichen Eigenschaften" zu „beruflichen Kompetenzen" bringt es mit sich, dass sich die Pfarrer/innen zu diesen Merkmalen ihrer Person *in Distanz setzen müssen* – wie es etwa das Kriterium „Fähigkeit zur Reflexion der eigenen Person und Berufsrolle" verlangt. Pfarrerinnen und Pfarrer handeln deshalb auch im Blick auf ihre persönlichen Eigenschaften professionell nicht mehr einfach aus sich heraus, sondern im Reflex auf die „erwartbare Kompetenz". Ihr persönliches Verhalten wird zum kompetenten Handeln. In diesem Sinne werden die persönlichen Eigenschaften durch die Einbeziehung in das professionelle Handeln *funktionalisiert*. Sie sind nun nicht mehr „für sich" da, sondern in erster Linie für den Beruf.

Diese Professionalisierungstendenzen spielen m.E. für die Spannungen, die aus dem Zugangsverfahren von 1997 resultierten, eine bedeutende Rolle.

III. Spannungen durch das Zugangsverfahren zum Pfarramt

Die neue Zugangsregelung von 1997 musste bereits nach vier Jahren angesichts einer allerdings nur zum Teil gewandelten Diskussionslage geändert werden. Die äußeren Umstände waren einerseits eine anhaltende Kritik an der „Wirtschaftsförmigkeit" des Verfahrens und andererseits die sich verstärkende Vakanzproblematik (vgl. Sunnus 2001). Während letzteres Problem insbesondere durch die Veränderung der Einstellungsquote beantwortet werden konnte, entlud sich die Kritik umso heftiger am AC, also dem finalen Auswahlverfahren selbst. Um die Ursachen des Widerstandes gegen dieses Verfahren zu deuten, darf nicht vorschnell den oft auch polemisch vorgetragenen Argumenten auf beiden Seiten gefolgt werden. Im Folgenden versuche ich deshalb, die Auseinandersetzungen um das AC als Ausdruck von Spannungen in drei Bereichen zu verstehen, die m.E. durch die im vorigen Abschnitt beschriebene Professionalisierungstendenz mitverursacht wurden.

1) Spannungen im „Package-Deal" zwischen den Bewerber/innen und der Organisation Kirche

Die Bewerber/innen auf das Pfarramt unter professionstheoretischen Gesichtspunkten zu betrachten ist insofern nur begrenzt möglich, da sie (noch) nicht im Dienstverhältnis zur Organisation Kirche stehen. Gleichwohl zeitigt der Umgang mit dem „Nachwuchs" Folgen für die Profession. Am deutlichsten zeigt sich das in der Loyalitätserwartung der Organisation gegenüber ihrer Profession. Ihr steht im Dienstrecht die Fürsorgepflicht der Organisation für ihre Profession gegenüber. Das Wechselspiel von Loyalitätserwartung und Fürsorgepflicht ist nur der rechtliche Ausdruck des professionstypischen „Package-Deal", der sich nicht in formalrechtlichen Ansprüchen erschöpft. So sind auch die Rechtsstreitigkeiten der Vikariatskurse, die 1998 auf Übernahme in den Pfarrdienst klagten, als Anzeichen für eine weitgehende Verunsicherung im Verhältnis zwischen Bewerber/innen und Organisation Kirche zu deuten. Schon vorher war die mangelnde Loyalität der Pfarrer/innen gegenüber der Organisation beklagt worden (vgl. Beruf 1989). Die radikale Kursänderung im Jahr 1997 hat dies aber kaum korrigiert, sondern eher noch verstärkt, da die Personalpolitik der kirchenleitenden Organe vielen als wenig zuverlässig, ja als Vertrauensbruch erschien. Dies macht sich auch beim Rückgang der Studierendenzahlen bemerkbar (vgl. Dreyer 2003). Die Einstellungspolitik der Landeskirchen (also nicht nur der EKHN) hat hier einen sich sowieso abzeichnenden Trend noch verstärkt (vgl. zur Situation in der EKW: Hub 2002). Es ist auch fraglich, ob die Verschärfung der Prüfungsordnungen und der Installation weiterer Zugangshürden wie dem AC die Attraktivität der Ausbildung zum Pfarramt erhöht haben. So besteht die Gefahr, dass der einsetzende Nachwuchsmangel die Maßnahmen der Ausbildungsreform ad absurdum führen könnte, wenn aufgrund aktuellen Mangels Notmaßnahmen zur Gewinnung von pastoralem Personal nötig werden.

Besonders aber kann die Wahrnehmung der Kirche als „normaler Arbeitgeber" durch die Bewerber/innen zur Folge haben, dass sich die Haltung gegenüber dem gewählten Beruf nivelliert. Erfahren die angehenden Pfarrer/innen den „Dienstherrn Kirche" primär als Einrichtung, die den Gesetzmäßigkeiten von ökonomisch orientierter Organisationen folgt, wird sich die Ausübung des Berufes immer stärker an den professionell erwarteten Handlungsmustern orientieren und immer weniger aus der persönlichen Motivation heraus. Damit unterstützt ein an der Organisationsentwicklung orientiertes Zugangsmodell z.B. die Tendenz, Zumutungen wie etwa die Residenzpflicht nicht mehr selbstverständlich hinzunehmen. Denn aus dem professionellen Handeln lässt sich zwar eine Präsenzpflicht ableiten, die die Erreichbarkeit des Amtsinhabers sicherstellt. Die Notwendigkeit, auch in der konkreten Alltagswelt der Gemeinde zu leben, verliert aber an Plausibilität, wenn nicht mehr der „professionelle Nachbar" (Lange 1987, 165), sondern nur noch die Profession gefragt ist. In dieser Frage schlägt sich die auf Distanzierung zielende Tendenz der Professionalisierung persönlicher Eigenschaften nieder. Die Erwartung, die eigene Privatsphäre zu schützen ist sozusagen die andere Seite der Medaille der Professionalisierung.

2) Spannungen zur „Kultur" der Kirche

Der Vorwurf, die Kirche habe sich mit dem AC auf ein ihrer Kultur fremdes Verfahren eingelassen, beleuchtet m.E. nur die Oberfläche der Spannung, die das AC in die Kirche eingetragen hat. Der Vorwurf, Kirche orientiere sich dabei am theologisch problematischen Leistungsdenken der Wirtschaft greift insofern zu kurz, da so der Organisationsaspekt der Kirche ausgeblendet wird. Zwar hätte man sich wünschen mögen, der EKHN wäre es möglich gewesen, mit mehr Kreativität auf das Finanzproblem zu reagieren und so die Kurskorrektur abzufedern. Grundsätzlich kommt die Kirche aber, sofern sie Organisation ist, nicht an der ökonomischen Dimension vorbei, also der Kalkulation von Ressourcen und Aufgaben.

Folgt man aber der Logik der beschlossenen Maßnahmen, so werden Spannungen erkennbar, die auf der organisatorischen Struktur der Kirche beruhen. Ein Assessment-Verfahren hat in der Wirtschaft die Funktion, den für Personalentscheidungen zuständigen Manager bei ihrer Entscheidung behilflich zu sein. Für die Entscheidung selbst ist der Manager aber voll verantwortlich. Seine Entscheidung wird später am Erfolg oder Misserfolg gemessen, den das von ihm zusammengestellte Team erbringt, nicht daran, ob er das AC gut durchgeführt hat.

In der EKHN scheint die Funktion des AC aber eine andere zu sein. So ist es in zweierlei Hinsicht äußerst schwierig, pastorales Handeln nach den

Kriterien Erfolg/Misserfolg zu beurteilen (vgl. jüngst: Karle 2003, S. 632f.). Denn zum einen ist umstritten, woran sich der Erfolg kirchlichen Handelns bemisst. Zum anderen ist es aber noch schwieriger zu entscheiden, worauf ein vermeintlicher Erfolg zurückgeführt werden kann. Dieser Ungewissheitshorizont in der auf Kommunikation angelegten kirchlichen und pastoralen Praxis verändert den Charakter des AC. Seine Ergebnisse lassen sich nicht durch ökonomische Daten validieren. Noch weniger kann man die Beobachter/innen oder die Kirchenleitung für eventuelle Fehleinschätzungen zur Verantwortung ziehen. Damit verlagert sich die Funktion des AC. Statt Hilfsmittel für Entscheidungen zu sein, übernimmt es so selbst die Legitimationsfunktion. Das AC legitimiert die Entscheidung, die die Kirchenleitung formal noch trifft. Dazu trägt insbesondere bei, dass das AC durch die Synode beschlossen und im Sinne der demokratischen Kontrolle strukturiert wurde. Mögliche Fehlentscheidungen in der Einstellung fallen so auf das Verfahren zurück, nicht aber auf die kirchenleitenden Organe.

3) Spannungen im Ausbildungssegment der Kirche
Die oben dargestellte Professionalisierungstendenz im Zugangsverfahren führt aber auch zu Spannungen im Ausbildungssegment kirchlichen Handelns. Im herkömmlichen Bild der Ausbildung zum Pfarramt ist die Differenz zwischen theoretischer und praktischer Ausbildung leitend. Die Diskussion um die Ausbildungsreform zeigen, dass die einfache Sequenzierung dieser Differenz, nach der *jeweils ausschließlich* die Studienzeit der theoretischen und das Vikariat der praktischen Ausbildung dient, der Komplexität der Bildungsvorgänge nicht gerecht wird. Eine engere Verzahnung beider Aspekte in beiden Phasen der Ausbildung wird deshalb immer wieder eingefordert (vgl. z.B. Heimbrock/ Kriegstein 2000). Schon hierin zeigt sich eine Professionalisierungstendenz. Denn was in den Reformdebatten der 60/70er Jahre unter dem Stichwort „Praxisbezug" des Studiums diskutiert wurde, wandelte sich gegen Ende des 20. Jh. immer mehr zur Berufsorientierung. Im Gegenzug bekamen die Stimmen Gewicht, die ein von beruflicher Verzweckung möglichst freies Studium forderten, als immer weniger Theologinnen und Theologen in den Pfarrberuf eingestellt wurden. Denn nun lag es nahe, die im Studium anvisierten Fähigkeiten so universell zu konzipieren, dass sie auch für andere Berufe qualifizieren könnten.

Noch stärker betraf diese Entwicklung freilich die Vikar/innenausbildung. Dass nur wenige der Vikar/innen in den kirchlichen Dienst eingestellt werden würden, belastete die Ausbildung in hohem Maße. Darüber hinaus aber kam es auch zu einer Aufweichung etablierter Ausbildungsmuster. Die zweite Ausbildungsphase hat traditionell unterschwellige Lernfunktionen, ein hidden curriculum. Es betrifft einerseits das Pfarramt als Lebensform, das Ein*leben* in die Rolle der Pfarrerin bzw. des Pfarrers. Andererseits bezieht es sich auf die Kirche als *Ort der Gemeinschaft*, abgebildet in Seminar und Vikariatsgruppe.

Das Prinzip des Einlebens in die Pfarramtsrolle wird sinnbildlich an der Institution des „Lehrpfarrers", resp. der „Lehrpfarrerin". Hier ist die Ausbildung nicht nur in hohem Maße auf eine persönliche Beziehung zwischen Mentor/in und Vikar/in angelegt, sondern es wird insbesondere das Lernen an der vorbildhaften Lebensform orientiert. So bringt es das Mentor/innensystem mit sich, dass beide Beteiligte mitunter tiefe Einblicke in das Leben des/der Anderen gewinnen. Gleichzeitig begründet das System der Lehrpfarrer/innen ein Abhängigkeitsverhältnis, sofern in ihm Anleitungsfunktion, Begutachtung und Dienstaufsicht zum Tragen kommen. Das alles setzt gegenseitiges Vertrauen voraus, das nur über die persönliche Begegnung und Kommunikation gewonnen werden kann. So orientiert sich das Mentor/innensystem an der persönlichen Beziehung, auf Elemente des Zusammenlebens und der Nähe zwischen Menschen. So ist fraglich, ob dieses Modell, das aus einer Zeit stammt, in der Vikare in „häuslicher Gemeinschaft mit ihrem Lehrpfarrern" wohnten (Cohrs 1908, 312), noch zu dem hochgradig differenzierten Anforderungsprofil passt, dass von den Kandidatinnen und Kandidaten in professioneller Hinsicht erwartet wird. In einer professionellen, d.h. auf Kompetenzerwerb ausgerichteten Ausbildung werden die konkreten Tätigkeiten, in denen gelernt wird, wichtiger als das Einleben in die Pfarrer/innenrolle.

Die Externalisierung der Entscheidung über die persönliche Eignung in ein spezielles Assessment-Verfahren reagiert auf den hier dargelegten Zusammenhang, dass die Gemeinde sowohl Lern- als auch Lebensraum für die Ausbildung ist. Gerade weil die intensive Zusammenarbeit in Gemeinde und Seminar intensive persönliche Beziehungen evoziert, scheint einerseits nur eine externe Überprüfung der persönlichen Eignung möglich, wenn diese objektivierten Standards gerecht werden soll. Indem sich die Einstellungsentscheidung aber von den Erfahrungen der gemeinsamen Arbeit und dem gemeinsamen Erleben ablöst, verliert sie andererseits ihre Plausibilität. Der intensiven, am Zusammenleben und -arbeiten orientierten Zeit in der Gemeinde steht das externe auf einzelne Kompetenzen und zudem situativ ausgerichtete AC wie ein Fremdkörper gegenüber.

Auch im Blick auf die seminaristische Ausbildungsschiene führt die Professionalisierungstendenz zu Spannungen. Das hidden curriculum von Predigerseminaren kann darin gesehen werden, die Vikar/innen durch die Rund-um-Versorgung in den „Schoß der Mutter Kirche" zu führen, angefangen bei der Einteilung der Zeitrhythmen, endend bei der Ernährung. Auch in diesem Sinne zielt die herkömmliche Pfarramtsausbildung nicht nur auf ein professionelles, d.h. auf Funktion, Recht und Rolle bezogenes Verhältnis zur Organisation, sondern auch auf eine „persönliche" Beziehung zur Gemeinschaft.

Der Vorschlag, die theoretische Ausbildung im Vikariat durch ein offenes Baukastensystem von Bildungsangeboten zu ersetzen, das sich die Vikar/innen selbst zusammenstellen müssen (vgl. Kirchenverwaltung 1998, S. 12, Anm.32), war in diesem Sinne konsequent aus diesem Modell der Professionalisierungstendenz heraus gedacht. Dass sich dieses Modell nicht durchsetzen konnte, ist ein Indiz dafür, dass eine alleinige Orientierung an Organisationsentwicklung dem Pfarrberuf und der Kirche nicht gerecht wird.

Ähnlich deutlich äußerte sich die Spannung auch im Gegenüber kollegialer Zusammenarbeit im Seminar und der Konkurrenzsituation im AC. Während die seminaristische Ausbildung auf Teamarbeit und der Einübung kollegialer Beratung, sowie geschwisterlicher Zuwendung in Krisen abzielte, fokussierte sich der durch die Einstellungsquote entstandene Konkurrenzdruck auf das AC (Brodt 1999).

Diese Beobachtungen im Ausbildungssegment verweisen auf die Spannung zwischen dem Pfarramt als Beruf und als Lebensform (Lukatis 2000). Die Widerstände gegen die Maßnahmen rund um das AC können insofern darauf zurückgeführt werden, dass eine einseitige Orientierung an Organisationsentwicklung in der Kirche zu kurz greift. Kirchentheoretisch gewendet: Kirche ist immer mehr als nur Organisation. Eine differenzierte Theorie von Kirche, wie etwa der dreistufige Kirchenbegriff, der im ersten Band der Herborner Beiträge vorgelegt wurde (Scherle 2002, 16-20), macht plausibel, dass Kirche neben der Logik der Prozesssteuerung, die für Organisationen generell gilt, auch an den Stilen christlicher Lebenspraxis orientiert ist, die wiederum auf den menschlichem Handeln unverfügbaren Grund des Glaubens bezogen sind. Diese drei Ebenen der Kirche sind aufeinander bezogen, bilden aber eher eine spannungsvolle Beziehung, als eine harmonische Einheit. Allerdings macht ein solches kirchentheoretisches Modell auch deutlich, dass keiner der drei Aspekte absolut gesetzt werden darf.

IV. Persönlichkeitsbildung und Ausbildung als Spiegelung des spannungsvollen Verhältnisses von Profession und Organisation

Die Spannungen, die im vorigen Abschnitt erörtert wurden, weisen darauf hin, dass der Versuch der Organisation, das Pfarramt über den Komplex des Zugangs zu professionalisieren, an seine Grenzen stößt. Um diese Spannungen innerhalb des Paradigmas professionstheoretischer Überlegungen zu interpretieren, sind grundlegende Überlegungen zum Verhältnis von Organisation und Profession, zum Verständnis von „Kompetenz" und zum Bildungsbegriff nötig.

1) Profession und Organisation

Spannungen sind zunächst als integraler Bestandteil des Verhältnisses von Profession und Organisation zu verstehen, denn Profession und Organisation stehen in einer funktionalen Spannung. Die Organisation muss ihre Prozesse steuern und so die *Leitungsfunktion* für das ganze System besetzen. Die Profession aber muss sich in hohem Maße selbst steuern, ihr kommt ein hoher Grad von *Autonomie* zu. Beide Größen sind aber funktional aufeinander angewiesen. Denn einerseits kann nur die Profession die Überkomplexität der kommunikativen Prozesse der Organisation vermitteln und andererseits ist nur die Organisation in der Lage, der Profession ihre Autonomie zu sichern (vgl. den Beitrag von Holger Ludwig in diesem Band).

Diese Verhältnisbestimmung hat Konsequenzen für die Zugangsfrage. Aus der Perspektive der Organisation ist der Zugang zur Profession ein neuralgischer Punkt, der durch hohe Zugangshürden gesichert wird, insbesondere da die Profession auf Lebenszeit angelegt ist. Die Organisation tendiert gleichzeitig dazu, die Bildungsprozesse, die zur Qualifizierung für das Amt führen sollen, unter dem Gesichtspunk von Ausbildung zu betrachten, die zweckgerichtet und prüfbar auf die Anforderungen des Amtes ausgerichtet ist. Um dies operational umsetzen zu können, sucht sie nach einem formalisierten Verfahren, dass subjektive Faktoren möglichst gering hält.

2) Kompetenz und Performanz

Dass die Entscheidung über die persönliche Eignung in ein Assessment-Verfahren ausgelagert wurde, weist deshalb auf ein grundsätzliches Problem hin. Mit der Fokussierung auf das Maß der persönlichen Eignung richtet sich die Einstellung an einer Größe aus, von der umstritten ist, inwiefern sie sich durch aktive Lernprozesse ändern lässt. Während die beiden theologischen

Examina im Wesentlichen solche Gegenstände prüfen, die vorher durch Ausbildung vermittelt werden sollten, urteilt das AC über Größen, von denen oft behauptet wird, dass sie sich nicht lehren, möglicherweise noch nicht einmal lernen lassen. Als Konsequenz daraus ist es dann denkbar, die Eignungsprüfung auch schon früher, vor dem Vikariat, wie es die neue Auswahlregelung vorsieht, oder gar in der Mitte des Studiums oder vor dessen Beginn anzusetzen.

So gesehen gehorcht die Einschätzung der persönlichen Eignung einem anderen Muster als die Prüfung (praktisch) theologischer Kompetenzen. In einem AC spielt deshalb die Unterscheidung von Kompetenz und Performanz eine größere Rolle als in theologischen Examina. Letztere gehen davon aus, dass wer die Prüfung nicht bestanden hat, zuwenig gelernt hat. Durch erneute Lernbemühungen lassen sich die Defizite eventuell beheben. Im AC kann ein Nichtbestehen zweierlei heißen: Entweder fehlt dem/der Bewerber/in die erwartete Kompetenz, oder er/sie hat aus welchen Gründen auch immer im Verfahren nicht die nötige Performanz gezeigt.

> Im AC ist gerade deshalb ein Feedback über die dargebotene Performanz von großer Bedeutung für dessen Akzeptanz durch den Probanden. Denn nur anhand dieses Feedbacks kann er einschätzen, ob er fair behandelt wurde, ob er „einen schlechten Tag" hatte oder ob die ihm mitgeteilte Beobachtung sich mit seinen bisherigen Erfahrungen deckt. Das Fehlen eines geregelten Feedbacks hat so die Akzeptanz des AC in der EKHN zusätzlich untergraben.

Die Unterscheidung von Kompetenz und Performanz weist auf ein Problem hin, das mit dem AC der EKHN (und anderer Landeskirchen) eng verbunden ist. Selbst wenn man davon ausgeht, dass die Kompetenzen, die zur persönlichen Eignung gehören, diachron durch Lernprozesse nicht wesentlich verändert werden können, bleibt es doch ungewiss, ob sich die Kompetenzen nicht synchron, je nach Setting, ganz unterschiedlich zur Darstellung bringen. Die im Pfarrergesetz anvisierten Fähigkeiten äußern sich in ganz unterschiedlichen persönlichen Stilen und unterschiedlich je nach Kommunikationssituation. Ein Mensch, der in der einen Gruppe still ist und abseits steht, mag in anderen aufblühen und zum Wortführer werden (vgl. hierzu Karle 2003, S. 633f.). Die Situationen in denen in der (kirchlichen) Praxis jene Fähigkeiten zum Tragen kommen, sind in kommunikative Netze eingespannt. In der Gemeindepraxis bilden sich im Verlauf der Zusammenarbeit kommunikative Muster aus, nach denen Pfarrer/innen agieren. Diese sind nicht allein von Fähigkeiten abhängig, die Pfarrer/innen mitbringen, sondern entstehen relational in der kommunikativen Beziehung. Ein AC konstruiert hingegen eine isolierte Kommunikationssituation. Ein Hauptproblem der AC-Forschung besteht deshalb darin, dass die Probanden ungeachtet ihrer Kompetenz ihre Performanz an dem Setting des AC ausrichten (vgl. z.B. Kelbetz/Schuler 2002).

AC-Verfahren beruhen auf der Annahme, von der variablen Performanz ließe sich auf eine stabile Kompetenz oder auf deren Fehlen zurückschließen. Die Kompetenz erscheint in diesem Konzept als substantielle Eigenschaft des Subjektes. Die Erfahrung, dass der gleiche Mensch in unterschiedlichen Kontexten zu z.T. disparaten Verhaltensweisen in der Lage ist, legt es dagegen nahe kommunikatives Verhalten unter relationalen Gesichtspunkten zu betrachten. Im AC verschärft sich deshalb ein Problem, das in der Pädagogik als Anpassungsleistung bekannt ist. Prüft ein solches Verfahren wirklich eine substantielle Kompetenz, oder nicht eher, inwiefern die Probanden in der Lage sind, sich an solche Verfahren anzupassen?

Diese prinzipiellen Probleme von Assessment-Verfahren spielen nun aber im kirchlichen Bereich eine besondere Rolle, da deren Praxis in hohem Maße von Kommunikation bestimmt ist. Systemtheoretisch betrachtet bringt diese kommunikative Prägung ein höchstes Maß an Überkomplexität mit sich, zumal sich die kirchliche Kommunikation auf Religion bezieht.

> „Die pastorale Kompetenz ist deshalb immer eine generalistische Kompetenz, die nicht mit einzelnen Detailprüfungen nach Art eines Assessment-Center in künstlichen Settings überprüft werden kann. Ein solches Vorgehen würde der Komplexität, Brisanz und Riskanz pastoral-professionellen Handelns nicht gerecht“ (Karle 2000, S.522).

Im Blick auf pastorale Kompetenz spricht Isolde Karle deshalb von den „Grenzen der Lern- und Prüfbarkeit der dafür nötigen Eignungskriterien“ (ebd.).

3) Ausbildung und Persönlichkeitsbildung

Die Autonomie der pfarramtlichen Profession macht einen Freiraum eigener Individualität in der Gestaltung der eigenen Tätigkeit nötig. Dieser Komplex individueller Gestaltung ist aber nicht durch gesteuerte Ausbildung, sondern nur im Bereich kontingenter *Persönlichkeitsbildung* im emphatischen Sinn denkbar. Denn nur in einem solchen Bildungsverständnis, das an das humanistische Erbe anknüpft, lässt sich der Begriff des zweckfreien und darum den ganzen Menschen bildenden Lernens plausibel machen.

„Der Leitbegriff theologischer Bildung trägt nicht nur der fundamentalen Einsicht in die Unverfügbarkeit von Glauben und auch von spezifisch theologischen Lernprozessen Rechnung. Er impliziert darüber hinaus auch Abschied von der Illusion völlig vorhersehbarer, bildungsökonomisch durchkalkulierbarer Lernprozesse. Die Wahl des Leitbegriffes Bildung scheint uns gegenwärtig besonders geeignet, Gefahren der Ausbildungsdebatte in Richtung auf verkürzte instrumentelle Berufs-Bildung im engen Sinn, wie sie auch staatliche Bildungspolitik forciert, entgegenzusteuern." (Heimbrock/Kriegstein, 2002, S. 11)

Deshalb ist aus bildungstheoretischer Perspektive die Orientierung am Begriff der Kompetenz kritisch zu beurteilen:

„Der Kompetenzbegriff beinhaltet die Gefahren, dass theologische Bildung zu eng gefasst wird, oder aber, dass seine Inhaltsbestimmung bis zur Unkenntlichkeit erweitert werden müsste, wenn man personal zentrale und spirituelle Dimensionen gedanklich erfassen und in Ausbildungsprozesse einbeziehen will." (Heimbrock/Kriegstein, 2002, S. 10).

In AC-förmigen Zugangsverfahren wird die persönliche Eignung über den Kompetenzbegriff operationalisiert. Das Unbehagen gegenüber solchen Verfahren lässt sich dadurch erklären, dass hier ein Bereich, der klassisch durch den Bildungsbegriff belegt ist, mit instrumenteller Vernunft bearbeitet wird. Was vielleicht noch als eine veraltete ideologische Auseinandersetzung zwischen verwalteter Welt und kritischem Bewusstsein, zwischen System und Lebenswelt abgetan werden könnte, hat aber ganz reale Folgen in der Praxis der Ausbildung. Denn dort werfen persönlichkeitsorientierte AC-Verfahren lange Schatten, indem sie Vikarinnen und Vikare hemmen können, sich auf eine Auseinandersetzung mit ihrer Persönlichkeit zum Beispiel im kommunikativen Feld der seminaristischen Ausbildung einzulassen. Hat ein Zugangsverfahren solche Auswirkungen, verhindert es paradoxer Weise das, wofür es geschaffen wurde: Die Qualität bei der Einstellung zu fördern.

Bei Bildungsgängen, die zu einer Profession führen, ist das Verhältnis zwischen offener *Persönlichkeits*bildung und zweckgerichteter *Aus*bildung deshalb vielleicht am Besten an dem Kriterium zu messen, dass die Zweckorientierung der Persönlichkeitsbildung nicht im Weg stehen darf. Also: Nur so viel *Aus*bildung, dass *Persönlichkeits*bildung immer noch möglich ist.

In diesem Sinn spiegelt das Verhältnis von Persönlichkeitsbildung und Ausbildung jenes von Profession und Organisation wider. So wie die Organisation aushalten muss, dass ihre Profession nicht im Übermaß gesteuert werden darf, so ist die Ausbildung zur Profession auf jenen kontingenten

Bereich der Persönlichkeitsbildung angewiesen, ohne den es zur professionellen Autonomie nicht kommen kann.

Schluss

Im Blick auf die Zugangsfrage ist das letzte Wort noch nicht gesprochen – weder in der EKHN noch in den anderen Gliedkirchen der EKD. Gegenwärtig wirft der Einbruch der Studierendenzahlen die Frage auf, wie der Zugang zum Pfarramt an Attraktivität gewinnen kann, gerade angesichts der Tatsache, dass die Hürden dafür in den letzten Jahren gesteigert wurden. Insbesondere ist es nicht schwer zu prognostizieren, dass die bisherige, landeskirchlich orientierte Struktur der Ausbildung von zwei Seiten unter Druck geraten wird. Zum einen wird der Nachwuchsmangel die Landesgrenzen für Theologinnen und Theologen zunehmend durchlässiger machen. Hier bedarf es dringend einer rechtzeitigen Koordination der Einstellungspraxis auf EKD-Ebene. Zum anderen werden die kirchlichen Examina und die Struktur der pfarramtlichen Ausbildung durch den Bologna-Prozess – die Europäisierung der Hochschullandschaft – herausgefordert (vgl. Wasserberg 2003).

Die Spannungen, die im Blick auf die Zugangsfrage aufgewiesen wurden, weisen aber auch über diesen Zusammenhang hinaus. Sie können als Vorboten für die Konflikte gelten, die sich aus den gegenwärtigen Reformen in den Kirchen ergeben können. Die Analyse sollte deutlich machen, dass sich viele der konstatierten Spannungen aus der Gestalt der Kirche heraus verstehen lassen, die sich in der modernen, funktional differenzierten Gesellschaft verortet. Das schließt nicht aus, sondern legt gerade nahe, dass auch weiterhin kirchenpolitisch um die Veränderung von Kirche und pfarramtlicher Profession gerungen wird.

So sehr sich die Kirche als Organisation zurecht an Professionalisierung und Qualitätsmanagement orientiert, darf sie dabei nicht außer acht lassen, dass ihr Selbstverständnis, „Organisation" zu sein, selbst nur einen perspektivischen Ausschnitt der Kirche darstellt. Kirchenentwicklung lässt sich nicht allein als Organisationsentwicklung betreiben, so sehr jene auch auf diese angewiesen ist. Auf den neuen Wegen, die die Kirchen in den kommenden Jahrzehnten betreten werden, wird es darauf ankommen, dass sich die Profession kreativ, visionär und engagiert einbringt. Vielleicht werden es gerade jene Teile ihrer Bildung sein, die sich nicht als Qualifikationen messen lassen, die hierbei die entscheidende Rolle spielen.

Literatur

AUFTRAG UND GESTALT. Vom Sparzwang zur Besserung der Kirche. Theologische Leitvorstellungen für Ressourcenkonzentration und Strukturveränderungen. Eine Studie des Leitenden Geistlichen Amtes der Evangelischen Kirche in Hessen und Nassau, Frankfurt ²1996.

BRODT, ALEXANDER: Assessementcenter – oder: Wie die EKHN mit ihrem potentiellen Nachwuchs umgeht, in: Hessisches Pfarrerblatt 2000, 76-79.

COHRS, FERDINAND: Art. „Unterrichts- und Bildungswesen, theologisches", in: ³RE 20, Leipzig 1908, 301-318.

DER BERUF DES PFARRERS/DER PFARRERIN HEUTE. Ein Diskussionspapier zur V. Würzburger Konsultation über Personalplanung in der EKD, o.O. 1989.

DREYER, ANDREAS: Sag mir, wo die Studenten sind ..., in: DtPfbl 103 (2003) 397-399.

GRETHLEIN, CHRISTIAN: Pfarrer(in) sein als christlicher Beruf. Hinweise zu den veränderten Rahmenbedingungen einer traditionellen Tätigkeit, in: ZThK 98 (2001), 372-398.

HASSIEPEN, WERNER/HERMS, EILERT (Hg.): Grundlagen der theologischen Ausbildung und Fortbildung im Gespräch, Stuttgart 1993.

HEIMBROCK, HANS-GÜNTER/KRIEGSTEIN, MATTHIAS VON (Hg.): Predigen lernen – Gottesdienst feiern lernen. Neue Wege in der theologischen Ausbildung, Frankfurt am Main 2000.

HEIMBROCK, HANS-GÜNTER/KRIEGSTEIN, MATTHIAS VON (Hg.): Theologische Bildungsprozesse gestalten. Schritte zur Ausbildungsreform, Frankfurt 2002.

HUB, DIETRICH: Motivation zum Theologiestudium. Die Anstellungssituation der Theologiestudenten und Vikare in de westfälischen Landeskirche, in: DtPfBl 102 (2002), 10-12.

KARLE, ISOLDE: Der Pfarrberuf als Profession. Eine Berufstheorie im Kontext der modernen Gesellschaft, Gütersloh 2001.

KARLE, ISOLDE: Pastorale Kompetenz, in: PTh 89 (2000), 508-523.

KARLE, ISOLDE: Pfarrerinnen und Pfarrer in der Spannung zwischen Professionalisierung und Professionalität, in: DtPfbl 103 (2003), 629-634.

KELBETZ, GRETE/SCHULER, HEINZ: Verbessert Vorerfahrung die Leistung im Assessment-Center?, in: Zeitschrift für Personalpsychologie 1 (2002), 4-18.

KIRCHENVERWALTUNG DER EKHN: „Erprobungsgesetz und die Folgen".

Resümee zum Abschlußbericht, erstellt von Frank Holzbrecher und Jutta Rottwilm-Böhm, Darmstadt 1998.

LANGE, ERNST: Die Schwierigkeit, Pfarrer zu sein, in: Ders., Predigen als Beruf, R. Schloz (Hg.), München ²1987, 142-166.

LUKATIS, INGRID: Pfarrer/in – Berufs- oder Lebensform?, in: DtPfrBl 100 (2000), 531-537.

LUTHER, HENNING: Hochschuldidaktische Anmerkungen, in: ThPr24 (1989), 307-317.

NETHÖFEL, WOLFGANG: Der Pfarrberuf und seine Bilder. Inhalt, Form und Sitz im Leben, in: DtPfbl 103 (2003), 241-246.

PERSON UND INSTITUTION. Volkskirche auf dem Weg in die Zukunft. Arbeitsergebnisse und Empfehlungen der Perspektivkommission der Evangelischen Kirche in Hessen und Nassau. Evangelische Kirche in Hessen und Nassau im Auftrag der Kirchenleitung (Hg.), Frankfurt/Main 1992.

ROTTWILM-BÖHM, JUTTA: Eckdaten zur Geschichte des Erprobungsgesetzes, in: Schindel, Martin u.a. (Hg.): Ausbildung in die Arbeitslosigkeit. Beiträge zur Diskussion um das Erprobungsgesetz, Frankfurt 1996, 17-23.

STECK, WOLFGANG: Pfarrer(in), in: Bäumler, Christof/Mette, Norbert (Hg.), Gemeindepraxis in Grundbegriffen. Ökumenische Orientierungen und Perspektiven, München 1987, 328-341.

SUNNUS, SIEGFRIED: „Wir haben verstanden“. Synode der EKHN vom 27.-29. April 2001 in Frankfurt. Eindrücke und Kommentar, in: HPfBl 2001, 71-74.

VERHANDLUNGEN DER KIRCHENSYNODE der Evangelischen Kirche in Hessen und Nassau. 12. Tagung. Neunte Synode, Dezember 2002.

WASSERBERG, GÜNTER: Die Reform der theologischen Ausbildung, in: DtPfbl 103 (2003), 568-571.

Statt eines Schlusswortes

„Jede Konkretion frevelt an der Utopie“

Ein Gespräch mit dem Kirchenpräsidenten der EKHN, Professor Dr. Dr. h.c. Peter Steinacker

geführt von Achim Plagentz und Peter Scherle

Unser Buch trägt den Titel „Re-Vision des Pfarramts“. Sind Sie auch der Ansicht, dass es gegenwärtig so etwas braucht: Eine „Revision" des Pfarramts?
Ja, ich denke, das ist dringend notwendig, weil ich wahrnehme, dass sich in den letzten vielleicht sieben bis acht Jahren offensichtlich sowohl der Aufgabenbereich als auch die Anforderungen an die Pfarrerinnen und Pfarrer verändert haben. Man muss deshalb sehr genau hinsehen, *was* sich verändert hat und wie man darauf reagiert: im Blick auf die Aufgabenbeschreibung und auf die Unterstützungsmaßnahmen, die Pfarrerinnen und Pfarrer brauchen. Deshalb finde ich das ein ganz wichtiges Thema.

In der Debatte um die Zukunft des Pfarramts spielt der Professionsbegriff eine ganz wichtige Rolle. Die Kurhessische Kirche zum Beispiel hat ein Papier vorgelegt, das diese Perspektive stark aufnimmt. Was trägt Ihrer Ansicht nach die Professionsdebatte für das Verständnis des Pfarramts aus?
Es ist für mich sehr erhellend gewesen, dass Isolde Karle unterschieden hat zwischen der Rolle der Pfarrerinnen und Pfarrer und den sich daraus ergebenden Aufträgen einerseits und den individuellen Überzeugungen andererseits. Es gehört zur Profession, beides zu unterscheiden. In manchen Zusammenhängen interessiert die persönliche Überzeugung des Pfarrers oder der Pfarrerin relativ wenig, er oder sie stehen für die Sache des Evangeliums. In anderen Situationen – und das zu unterscheiden gehört zur Professionalität – kommt man nicht aus, ohne persönlich die Sache des Evangeliums oder auch seine Zweifel oder seine Überzeugung zu vertreten. Dies unterscheiden zu können, halte ich für eine ganz wichtige Professionalisierung. Ich habe gerade gehört, dass ein Kollege während seines Studienurlaubs kein einziges Mal im Gottesdienst seiner Gemeinde gewesen ist, obwohl er die ganzen drei Monate im Pfarrhaus wohnte. Schlimmer kann man die Einstellung zur eigenen Arbeit in einem ihrer Kernbereiche nicht offen legen,

ganz abgesehen davon, was er damit über die Bedeutung von Gottesdienst für ein christliches Leben signalisiert. Sollte dahinter eine Vorstellung von Professionalität stehen, halte ich so etwas für ein klassisches Beispiel von Unprofessionalität.

Ein Weiteres ist: Ich halte nach wie vor die solide ausgebildete Theologin bzw. den Theologen, also die theologische Kompetenz für zentral. Damit man das nicht missversteht: Eine Ausbildung in Theologie geht lebenslang. D.h. man kann nicht denken, dass man mit dem Ersten Theologischen Examen das letzte theologische Buch gelesen haben kann. Sondern es kommt darauf an, die theologischen Standards, die man selber hat, an den neueren Entwicklungen der Theologie zu überprüfen und gegebenenfalls zu verändern. Sonst ist man schnell leergepredigt und auch schnell in seinen Methoden im Konfirmandenunterricht oder Religionsunterricht aufgebraucht. Es gehört zur theologischen Kompetenz zu wissen, dass ich mich mein Leben lang theologisch bilden muss und darf.

Wir haben wahrgenommen, dass Pfarrerinnen und Pfarrer die Sorge hatten, dass die Professionsdebatte konservativ gewendet in das alte Pfarrerbild zurückführt, besonders wie sie in den Kirchenleitungen rezipiert wird.
Ich glaube, dass die Kirchenleitungen – ohne das jetzt bewerten zu wollen – reagiert haben auf Wahrnehmungen, die zum Beispiel in der rheinischen Kirche aus den Erwartungen der Kirchenvorstände resultierten. Denn diese waren, soweit ich das verfolgen konnte, selbst ganz stark an einem klassischen traditionellen Pfarrerbild – und hier kann man ruhig sagen: Pfarr*er*bild – orientiert. Das ist in manche Überlegungen sehr stark eingeflossen. Ich glaube aber, dass darin allein keine Zukunft liegt.

Es gibt allerdings ganz vieles am klassischen Pfarrerbild, was ich für unverzichtbar auch für eine heutige Pfarrerexistenz halte. Dazu gehört: Pfarrerinnen und Pfarrer müssen bereit sein, mit jedem in ihrem Bezirk zu reden. Sie müssen bereit sein, lange Wege zu gehen, also Besuche zu machen. Sie müssen auch wirklich bereit sein – und daran halte ich fest – rund um die Uhr erreichbar zu sein. Dazu gibt es entsprechende technische Hilfsmittel, die helfen, nicht ständig gestört zu werden. Das sind Elemente aus dem klassischen Pfarrerbild, auf die ich nicht verzichten möchte.

Mit dem Wort Erreichbarkeit haben Sie etwas angesprochen, das insbesondere auch bei Isolde Karle eine große Rolle spielt, nämlich die Verhaltenszumutungen, die zu diesem Beruf gehören. Karle bringt dies in einen Zusammenhang,

den sie Package-Deal nennt. Wie haben Sie diesen Gedanken der Professionsdebatte wahrgenommen?
Ich finde diesen Gedanken sehr wichtig. Man muss einen solchen Package-Deal im Grunde mit dem Kirchenvorstand verabreden. Ich kenne das aus meiner Zeit als Gemeindepfarrer, in der das auch so funktioniert hat. Der Kirchenvorstand muss dann auch bereit sein, wenn er diese oder jene Erwartung an die Pfarrerin oder den Pfarrer hat, gemeinsam zu verabreden, dass man in anderen Bereichen nicht die ganze Energie hineinsteckt. Darüber muss man wirklich einen Deal, eine Verabredung treffen. Es geht darum, auch die eigene Pfarrerrolle, die eigene Berufsauffassung – was ich arbeite und tue – immer wieder mit dem Kirchenvorstand zu kommunizieren. Die Menschen müssen wissen, was ich tue. Sie wollen das auch wissen, denn sie tragen die Verantwortung mit.

Sie haben das auf das Verhältnis des Pfarrers oder der Pfarrerin zu den Kirchenvorständen in der Gemeinde hin formuliert. Aber ein ähnliches Verhältnis gibt es ja auch von dem einzelnen Pfarrer, der einzelnen Pfarrerin zur Gesamtkirche und damit zum kirchenleitenden Handeln im weitesten Sinne: hier Verhaltenszumutung wie z.B. die Residenzpflicht, dort Versorgungsleistung wie die Alimentation. Auch in dieser Hinsicht gibt es immer wieder Klagen, die den Package-Deal betreffen, etwa wenn auf Seiten der Pfarrerinnen und Pfarrer Einschränkungen bezüglich der Pfarrhäuser oder der Gehälter hingenommen werden müssen.
Ich denke, dass Pfarrerinnen und Pfarrer angemessen bezahlt werden müssen, sonst bekommen wir nicht das intellektuelle Personal, das wir für Leitungspositionen in der Gemeinde haben wollen. Angemessen heißt für mich, sie müssen ein gutes Gehalt bekommen und das heißt für mich in der EKHN nach wie vor, dass ich die Durchstufung von A 13 nach A 14 für wichtig halte. Noch tiefgreifender müssten wir sogar versuchen, die Alimentation der Pfarrerinnen und Pfarrer zu staffeln. Das Ideal, alle Pfarrerinnen und Pfarrer in allen möglichen Positionen gleich zu bezahlen, halte ich für Augenwischerei. Das höre ich auch immer wieder von den jungen Leuten. In den Leitungsgremien gilt schon immer, seit es die EKHN gibt: Je höher die Verantwortung ist, desto mehr wird auch bezahlt.

Dass wir den Sockelbetrag für alle Pfarrerinnen und Pfarrer gleichhalten, erachte ich für wichtig. Aber es muss auch Aufstiegschancen geben. In einem Propsteikonvent in Nord-Nassau wurde einmal von Pfarrern der Vorschlag gemacht: Lasst uns doch mal überlegen, ob wir nicht ganz kleine Pfarrerstellen einrichten, in denen man nicht weiter als A 12 kommt. Das reicht ja manchen. A 13 wäre für etwas kompliziertere Stellen vorgesehen, dann A 14 – und ganz schwierige Stellen mit größerem Verantwortungsbereich könnte man ruhig auch mit A 15 veranschlagen, ohne dass daraus gleich der Dekan wird. Auch das müssen wir überlegen. Denn viele junge Leute überlegen sich mit 38: „Jetzt bin ich auf A 14 und dann passiert gar nichts mehr, bis ich pensioniert werde!“ Es gibt heute andere Vorstellungen von Wertschätzung. Darüber müssten wir offen diskutieren.

Die Einschränkungen, die in den letzten Jahren vorgenommen wurden, waren im Wesentlichen durch steuerliche Maßnahmen von staatlicher Seite bedingt, an denen die Kirche gar nichts ändern konnte. Wir hätten allenfalls die Gehälter hochschrauben können, womit wir dann aber den Staat bezahlt hätten, weil er das wieder abschöpft. Ich sehe durchaus, dass diese Einschränkungen die Pfarrerschaft empfindlich treffen, aber die Kirchenleitung konnte daran nichts ändern. Wir haben alles versucht – auch in Verhandlungen mit dem Finanzamt –, um das glimpflich zu halten, was uns – glaube ich – zum Teil auch gelungen ist. Aber es gibt einige Ausreißer, die dann gesondert behandelt werden müssen.

Im Blick auf die Profession „Pfarramt“ ist viel von Überlastungsgefühlen die Rede. Eine Ursache dafür wird darin gesehen, dass Pfarrerinnen und Pfarrer in der Gemeinde oft als Generalisten gelten, die für alles Mögliche fähig und zuständig sein sollen. Demgegenüber wird in der Professionsdebatte nach der Kernrolle des Pfarramts gefragt, die zum einen zur Abgrenzung pfarramtlicher Tätigkeiten dienen könnte, aber auch dazu verhilft, das Selbstbewusstsein für die eigene Arbeit zu stärken. Worin würden Sie eine solche Kernrolle des Pfarramtes sehen?
Die Kernrolle besteht darin, dass Pfarrerinnen und Pfarrer Fachleute für Religion sind.

Ich glaube, dass viele sehr überlastet sind und nehme das auch so wahr. In manchen Punkten kann man abhelfen, indem man selbst gemachte Überlastungen einmal gemeinsam analysiert. Die große Hilfe, die die Kirche hier anbietet, sind die Regeldienstgespräche durch die Dekane. Sie werden hoffentlich auch manchmal jemandem sagen: „Aus diesem oder jenem Grund bist du überlastet.“ Wer der Meinung ist: „In meiner Gemeinde läuft nichts, außer was über meinen Schreibtisch läuft“, der sollte sich dann nicht wundern. Es gehört auch zur Professionalität, in den Menschen, mit denen man in der Gemeinde zusammenarbeitet, etwas zu erkennen, von dem sie vielleicht selber noch gar nichts wissen. Dazu gehört, den Menschen mehr zuzutrauen als die Menschen sich selber zutrauen. Dazu gehört, sie dann auch mit konkreten Aufgaben und mit Verantwortung zu betrauen. Ihnen auch wirklich zutrauen, dass sie das schon machen. Wenn sie es nicht machen, kann man immer noch eingreifen. Ich halte manche Überlastung für hausgemacht.

Ich finde wichtig und richtig, dass Pfarrerinnen und Pfarrer dagegen protestieren, wenn sie mit immer mehr Verwaltungsaufgaben überlastet werden. Das ist nicht unsere Kernprofession. Da ist der Package-Deal mit dem Kirchenvorstand wichtig. Wenn Pfarrer selber erkennen, dass es Dinge gibt, die andere besser können, sollten sie diese auch abgeben. Es muss nicht jede Pfarrerin Vorsitzende im Kirchenvorstand sein. Z.B. auch auf dem Land gibt es Leute, die mit Finanzen sehr viel besser umgehen können als wir. Und auf dem Land gibt es Leute, die den Kindergarten ganz gut betreuen und das Personal dort begleiten können.

Aber das Hauptproblem bei der Überlastung liegt an der Ausdifferenzierung unserer Gesellschaft und deren Folgen für die privaten Lebensgestaltungen und Selbstverständnisse. Sie erfordern intensivere Vor- und Nachbereitung der Kasualien als früher, komplexeren Religions- und Konfirmandenunterricht, mehr Zeit für die individuelle Seelsorge und bei der Gottesdienstvorbereitung. Das LGA hatte ja einmal Vorschläge gemacht, die nicht besonders zustimmend aufgenommen wurden. Wir werden erneut das Gespräch suchen. Ich denke, es gibt viele Wege, gegen Überlastung anzugehen – man hat mit den Kernaufgaben genug zu tun.

Wieder ein anderer Blickwinkel auf unser Thema: Wir fragen danach, welche Rückwirkungen der Ausbau funktionaler Pfarrämter seit den sechziger Jahren und auf der mittleren Ebene, in der Region, seit den neunziger Jahren auf das parochiale Pfarramt hat. Das ist von jeher ein spannungsreiches Verhältnis, das jetzt noch einmal verstärkt wird durch die Profilstellen auf der mittleren Ebene. Welche Rückwirkungen hat das Ihrer Ansicht nach auf das parochiale Pfarramt und auf das Verständnis des Pfarramtes überhaupt?

Da muss man den Wunsch vom Fakt unterscheiden. Gert Otto hat in seiner Praktischen Theologie Mitte der achtziger Jahre gesagt, das Regelpfarramt der Zukunft sei das Funktionspfarramt; das Gemeindepfarramt sei im Grunde überflüssig und werde sterben. Das hielt ich damals und halte es heute für falsch. Das ist an der Lebenswirklichkeit der Kirche vorbei gedacht.

Allerdings hat Gert Otto sicher etwas Richtiges gesehen, nämlich dass die Ausdifferenzierung der Gesellschaft in verschiedene Milieus Rückwirkungen auf die Parochie haben wird. Die Parochie ist im kirchlichen Haushaltswesen immer noch das zentrale Element. Wir geben 80 % unserer Mittel für die Parochie aus. Finanziert werden wir aber durch die 80 % der treuen Kirchendistanzierten, die sich in der Parochie nicht sehen lassen. Da muss man ansetzen. Erstens: Warum das so ist. Zweitens: Was wollen wir in Zukunft? Wie soll es weiter gehen? Die Parochie kann – das ist sicher in aller Regel so – die Kirchenmitgliedschaft begründen, aber nicht mehr hinreichend und sorgfältig genug pflegen. Ich sage das ohne jeden Vorwurf. Wenn sie das versucht, ist sie total überlastet. Insofern muss die Parochie als die Kirchenmitgliedschaft begründende Basis der Kirche, die auch im Wesentlichen die Schwellenriten begleitet, gepflegt werden. Sie wird nach wie vor im Zentrum stehen, aber sie muss unterstützt werden. In diesem Sinne der Unterstützung sehe ich Funktionspfarrstellen, die Parochien entlasten. Man darf nie vergessen: Die Krankenhausseelsorge und ebenso die Schulpfarrstellen sind eingerichtet worden zur Entlastung der Gemeindepfarrer. Dass dadurch z.B. Besuche doppelt gemacht werden, muss man vielleicht in Kauf nehmen. Das ist oft nicht zu umgehen: Ich weiß das aus meiner Gemeindezeit. Wenn ich nicht kam, konnten drei Krankenhauspfarrer kommen. Aber ich war nicht da und das hatte Folgen. Darum überprüfen wir auch die Funktionspfarrstellen in ihrem Zusammenspiel mit den Gemeindepfarrstellen.

In meinen Augen sind die Profil- und Fachstellen zu dem einzigen Zweck eingerichtet worden, die Parochien in ihrer Aufgaben zu entlasten und zugleich in die verschiedenen Milieus der Kirchenmitglieder und der Kirchenfernen sozusagen einzuwandern, die sich in der Region gebildet haben. Das ist die missionarische Aufgabe der ganzen Kirche. Die Frage ist nur, ob wir das überhaupt wollen oder ob wir uns mit der oft schrumpfenden „Kerngemeinde“ zufrieden geben.

Bleiben wir einmal bei diesem Thema und dem Begriff „Pfarramt“. Pfarrerinnen und Pfarrer, die aus der Gemeinde in Funktionsstellen, in die Kirchenverwaltung oder gesamtkirchliche Einrichtungen wie das Theologische Seminar wechseln, werden manchmal gefragt, wie es Ihnen damit geht, dass Sie nicht mehr im Pfarramt sind. An dieser Wahrnehmung ist was dran. Dennoch reden wir innerkirchlich z.B. von Spezialpfarrämtern. Hat das Folgen für den Begriff?
Ja, jetzt wo Sie das sagen, denke ich, wir müssen darüber nachdenken, wie wir mit dem Begriff umgehen. Der Ausdruck „Pfarramt“ kommt aus den nachreformatorischen Strukturen, in denen neben dem Amt, dem officium des Staates, das officium der Kirche stand. Melanchthons Doppelgliederung

hat sich im Grunde durch die Entwicklung des Staates zu einem säkularen Staat erledigt. In diesem Sinne haben wir keine Pfarr*ämter* mehr, wie sie einmal gedacht waren. Melanchthon war sicher auch der Meinung, dass diese offiziellen Pfarrämter vom Staat bezahlt wurden und so war es dann ja auch. Das war eine staatliche Aufgabe, für die richtige Gottesgelehrtheit zu sorgen. Insofern ist der Titel natürlich veraltet, auch wenn er tief in uns allen steckt: Wir gehen ins Pfarramt und dann gehen wir wieder aus dem Pfarramt heraus. Also: Begrifflich muss man sich das überlegen.

Aber von der Organisationsstruktur der Kirche und vom Organisationsbegriff her wird es so etwas wie das Pfarramt immer geben. Es meint ja nichts anderes als: Dienst am Evangelium in der öffentlichen Verkündigung des Heilswillens Gottes an die Welt. Das unterscheidet es von den anderen „Ämtern" der Kirche, die es ja auch gibt. Ich weiß auch im Moment keinen besseren Namen dafür. Aber dass jemand als sichtbare Repräsentanz der Kirche an einer bestimmten Stelle der Öffentlichkeit einer Kommune sitzt, das hat im Grunde etwas „Amtliches", wenn „amtlich" nicht mit „behördlich" verwechselt wird, was vom Wortstamm her auch nicht sein muss. „Amt" heißt zunächst „Dienst".

Wir haben auch kein Problem mit dem Begriff Pfarr„amt". Die Frage ist aber, was mit diesen anderen Tätigkeiten ist. Warum nennen wir solche Tätigkeiten „Pfarrämter", obwohl dort völlig anders gearbeitet wird. Ich selber schlage vor, zu prüfen, wie leistungsfähig der Begriff „Diakonat" in solchen Zusammenhängen sein könnte, im Sinne eines gesellschaftsdiakonischen Verständnisses. Denn in vielen der Zentren der EKHN, in den Profilstellen, wird ja gesellschaftsdiakonisch gearbeitet. Welche Chance hätte es, diesen Begriff wieder zu entdecken?
Das müsste man sich genauer anschauen. Der Begriff „Diakonat" ist besetzt durch das Amt des Diakons, das gerade keine pfarramtliche Ausbildung war und durch die Diakonie als tätige Nächstenliebe. Insofern weiß ich nicht, ob der Begriff wirklich klärend ist, auch wenn er neutestamentlich ist. Auch in den sog. „Spezialpfarrämtern" geht es um den öffentlichen Dienst am Wort des Evangeliums.

Lassen Sie uns noch einmal den Blickwinkel ändern. Wenn man sich die Stellungen und Funktionen des Pfarramtes im Sozialwesen betrachtet, sowohl „vor Ort" als auch in der Gesellschaft im Ganzen, dann hat sich in den letzten hundert Jahren ein erheblicher Wandel vollzogen. Wenn Sie versuchen abzuwägen, welche Verluste Sie dabei sehen und wo die Gewinne und Chancen liegen, die

sich aus diesen Veränderungen ergeben haben: An welchen markanten Punkten würden Sie dabei ansetzen?
Ich halte es für einen großen Verlust, dass unsere heutigen Pfarrämter nicht mehr als Bildungszentren angesehen werden, im Dorf, in der Stadt, im Stadtteil. Die großen Männer und Frauen im 19. Jahrhundert haben alle Kontakt zu ihren Pfarrern gehabt. Das haben wir verloren. Früher war es ganz klar: Im Pfarrhaus sitzt einer, der ist mit dem Wissen der Welt verbunden. Das ist nicht mehr so und das halte ich für einen großen Verlust. Viele Pfarrhäuser – so höre ich immer wieder – sind leider auch nicht mehr so offen. Pfarrhäuser sind Kommunikationszentren. Ein Pfarrhaus muss ein offenes Haus sein. Da müssen Leute ein- und ausgehen können. Da müssen Feste gefeiert werden. Da muss die Gemeinde ein Stück zuhause sein. Wenn das nicht mehr der Fall ist, halte ich das für einen großen Verlust. Das hängt natürlich auch zusammen mit der Veränderung der Menschen, also auch der Pfarrerinnen und Pfarrer, die um ihre Privatsphäre kämpfen müssen und darin auch Recht haben. Das ist ein Konflikt, den man irgendwie zu lösen versuchen muss. Aber ich habe von einem Fall gehört, wo selbst jemand aus dem Kirchenvorstand nicht über die Türschwelle kommt. Das halte ich für völlig unmöglich. Aber zum Glück ist das eine Ausnahme und meist ganz anders.

Den Gewinn, den ich in der gegenwärtigen Generation der Pfarrerinnen und Pfarrer gegenüber früher sehe, ist der, dass Pfarrerinnen und Pfarrer nicht mehr von vornherein die distanzierten Amts- und Respektspersonen sind. Man erlaubt den Pfarrerinnen und Pfarrern mehr menschliche Nähe. Der Abstand, den man quasi hierarchisch gegenüber den Pfarrerinnen und Pfarrern einnahm, ist nicht mehr da. Das halte ich für einen Vorteil, der darin liegt, dass die Kompetenzzuschreibung an den Pfarrer, die Pfarrerin über die persönliche Wertschätzung und über die Wertschätzung der Rolle läuft. Sie ist also eine Kompetenzwahrnehmung und nicht einfach durch das Bild des Pfarrers als Respektsperson definiert. Da tun sich die Gemeinden und auch die Pfarrerinnen und Pfarrer heute sehr viel leichter. Sie sind sogar manchmal eher in der Gefahr, sich zu sehr zu verbrüdern. Aber es lebt sich als Pfarrer, Pfarrerin doch ein Stück menschlicher. Früher war mit der Rolle eine quasi überirdische Vorbildfunktion der Pfarrer und Pfarrerinnen verbunden, oft die Projektionswand für eigene unerfüllte Lebensvorstellungen. Da denken die Menschen heute sehr viel menschlicher. Das ist klar: Wir sollten nach wie vor Vorbild bleiben. Aber wir sollten vor allem darin Vorbild bleiben, wie wir mit den Lebenskonflikten, den

Brüchen, dem Schrecklichen und dem Schönen der Welt Gottes umgehen, nicht darin, dass wir ein von Tugendstolz erleuchtetes Leben leben. Im Gleichnis vom großen Weltgericht (Mt. 25) wissen die Gerechten gar nicht, warum der Weltenrichter sie segnet.

Sie berühren einen Punkt, der uns in der Arbeit an dem Thema sehr beschäftigt hat: die Spannung zwischen Berufsförmigkeit und Lebensförmigkeit im Pfarramt, die auch in der Untersuchung in der rheinischen Kirche betont wurde, besonders das Pfarrhaus als Fokus dieser Spannung. Das taucht in mehreren Beiträgen auf. Wie gehen wir damit um? Am Pfarrhaus zeigt sich sehr schön die Problematik: Man soll einerseits berufsförmig, professionell arbeiten, anderseits das Pfarrhaus auch leben. Mit dieser Spannung ringen wir im Moment in der Kirche, die Pfarrerinnen und Pfarrer individuell, die Kirche aber auch insgesamt.

Ja, und es ist noch nicht ausgemacht, was herauskommt. Ich weiß es auch nicht. Ich würde mir nur wünschen, dass das Gute von beiden Seiten in einem dialektischen Prozess verschmolzen werden kann. Ich glaube nicht, dass man Pfarrerin und Pfarrer sein und sagen kann: „Das ist jetzt mein Beruf und sonst mach ich, was ich will." Aber das, was ich dann will, das muss nicht immer dem entsprechen, was der Kirchenvorstand oder die interessierte Öffentlichkeit sich darunter vorstellen, was ich zu wollen habe. Es gibt auch Freiheiten des Lebens, die man Pfarrerinnen und Pfarrern zugestehen muss, wenn sie sich selber dazu entschlossen haben und das auch begründet leben wollen. Es kann nicht so sein, dass wir Pfarrerinnen und Pfarrer die nicht lebbaren Utopien der Menschen stellvertretend leben. Das geht nicht, dann ruinieren wir uns und auch die Menschen, weil wir ihnen ständig vorgaukeln, was sie selber nicht schaffen, das könnten wir. Aber was im Konkreten heraus kommt, das muss man sehen. Das ist nicht generalisierbar.

Eine Frage, die uns dabei beschäftigt, ist, welche Rückwirkungen es auf die Personalentwicklung in der Kirche haben muss, wenn man beides zusammenhalten will, also von der Ausbildung über die Einstellung bis zur Fortbildung, den ganzen Weg durch. Das eigentlich Naheliegende in der Argumentation ist doch, dass Personalentwicklung nicht allein nur auf der Ebene der Berufsförmigkeit geschehen kann.

Ja, das ist klar. Was wir im LGA als „gelingende Berufstätigkeit" formuliert haben, muss natürlich in der Ausbildung schon eingeübt und durchdacht werden. Aber so, dass die jungen Pfarrerinnen und Pfarrer befähigt werden, dasjenige eigenständig für sich und ihre Gemeinde und auf ihre Aufgabe hin zu entwickeln, was sie mitbekommen haben. Das wird bei dem einen völlig anders aussehen als bei dem andern. Insofern ist es ja auch schön, dass wir völlig unterschiedliche Gemeinden haben. Das muss selbstverständlich Auswirkungen in der Ausbildung und im Personaleinsatz haben. Wir bilden nach wie vor – und ich finde das auch im Großen vertretbar – zunächst einmal den Generalisten bzw. die Generalistin aus. Das ist auch ganz wichtig, weil wir sonst das Einsatzpotenzial minimieren würden. Sehr frühe Spezialisierungen machen auch arm und hindern Menschen daran, Erfahrungen zu machen, die sie weiter bringen, die sie so noch nicht geplant hatten. Deshalb halte ich frühe Spezialisierung für völlig verkehrt. Ich würde auch jedem Pfarrer, jeder Pfarrerin empfehlen, irgendwas neben ihrem Pfarramt – auch an Theologischem – zu betreiben, selbst wenn es für das Pfarramt scheinbar zunächst gar nichts austrägt. Das ist völlig egal, was man da macht. Aber irgendeine intellektuell und lebensmäßig befriedigende Sache muss man haben, sonst kann man die eigene Profession nicht vernünftig ausfüllen. Diese Freiheit auch einzuüben, gehört zur eigenständigen Gestaltung seines Pfarramts. Das muss man natürlich vorher alles schon einmal bedacht haben und weiter entfalten.

Eine Frage, die uns in der Ausbildung immer wieder beschäftigt, hängt mit dieser Sichtweise der Spannung von Lebens- und Berufsförmigkeit zusammen, die sich auch im Seminar widerspiegelt; man lernt nicht nur, sondern man lebt ja auch partiell zusammen. Muss diese Spannung nicht auch Folgen haben für Einstellungsverfahren? Wie stark Einstellungsverfahren nur die eine der Seiten widerspiegeln, ist eine Debatte, die wir immer wieder führen. Was machen wir im Moment in der EKHN, spiegelt das Einstellungsverfahren diese Spannungen wider und in welchen Aspekten?

Ich habe noch nie an diesen Auswahlverfahren teilgenommen, aber so weit ich das von außen beurteilen kann, ist ein wesentliches Kriterium für dieses Auswahlverfahren, wie man mit Spannungen und Konflikten überhaupt umgeht. Und es wird ja auch nach Befähigungen zu kommunizieren, zu Teamarbeit, zur glaubwürdigen Lebensgestaltung gefragt. Insofern finde ich schon, dass wir darauf reagieren. Es gehört zur Professionalität, einzuüben, mit solchen und mit Spannungen anderer Art umgehen zu können. D.h. auch ein Stückchen Gelassenheit zu lernen, zu wissen, wann man sich aufregen muss und wann nicht. Und ob man das kann oder ob man ständig hyperaktiv ist, ich glaube, das kann man ganz gut messen.

Ein anderes Thema, das auch schon angeklungen ist: Es geht im Pfarramt immer auch um das Verhältnis zwischen ordinierten und nicht ordinierten Mitgliedern der Kirche. Theologisch spielt dabei das Priestertum aller Gläubigen eine große Rolle. Im Rahmen der Strukturreform verändert sich das Bild des Pfarramts. Welche Rolle spielt dabei der Gedanke des Priestertums aller Gläubigen, welche aktuelle Gestalt kann es in der gegenwärtigen Situation annehmen?
Für Luther war das ordinierte Amt dazu da, das allgemeine Priestertum zu fördern. Und das allgemeine Priestertum war für Luther nicht dazu da, das ordinierte Amt zu ersetzen. D.h. das allgemeine Priestertum ist wichtig, aber es gibt Dinge, die muss man dem ordinierten Amt überlassen. Das ordinierte Amt wird auf seine Aufgaben hin konzentriert. Es geht zunächst um die Predigt, es geht um Lehre, sowohl um das lebendige Wort Gottes als auch um den Lehrzusammenhang, d.h. auch um Unterricht und Bildung. Andererseits ruht das ordinierte Amt auf einer besonderen Berufung. Nicht jeder kann und soll den allgemeinen Auftrag zum Zeugnis öffentlich erfüllen. Und es geht um die Verwaltung der Sakramente: Das ist das Zentrum des ordinierten Amtes. Das Zentrum des ordinierten Amtes ist nicht, den Haushaltsplan aufzustellen oder ähnliches. Nach reformatorischer Ansicht ist das allgemeine Priestertum so zu sehen, dass das ordinierte Amt den ordinierten Menschen theologisch nicht über den anderen getauften Christen überhebt.

Was wir etwa mit der Dekanats-Strukturreform in der Tradition der EKHN fortgeschrieben haben, ist, dass die Verantwortung für die Kirche nicht allein bei dem ordinierten Amt liegt, sondern dass durch die Taufe alle daran beteiligt sind, die Kirche zu erhalten und für die Pflege des Wortes Gottes zu sorgen. Darum ist es sehr konsequent, wenn wir das ordinierte Amt mit den nicht ordinierten Christinnen und Christen in den Leitungsfunktionen zusammen bringen. Das ist sehr konsequent und absolut reformatorisch. Ich kann überhaupt nicht verstehen, dass jemand das bezweifelt.

Ein Aspekt, der uns an diesem Thema noch interessiert, ist die Frage nach einer Theologie des Amtes. Es zeigt sich, dass wir seit dem 19. Jahrhundert eine zugespitzte Diskussionslage haben: Die einen sagen, das Pfarramt ist delegiert, die anderen sagen, es ist gestiftet. Das gibt es als theologische Position auch.
Nach Luthers Überzeugung sind sowohl das allgemeine Priestertum als auch das ordinierte Amt „gestiftet" – dennoch hat er das besondere geistliche Amt auch funktional begründet. Das macht den Stiftungsgedanken schwierig, wenn er auf besondere Personen und ihr Amt angewandt wird. Die Generation der Apostel, die berufen wurden von Christus oder dem Heiligen

Geist, ist zu Ende. Mit dem Ende der Apostelzeit trat dann im Grunde das Neue Testament an ihre Stelle. Es ist nicht zu ersehen, dass Christus das kirchliche Amt, wie wir es heute kennen, gestiftet hat. Das ist für mich ziemlich eindeutig. Das Amt, wie wir es heute verstehen können, ist in sich doppelt gegliedert. Auf der einen Seite ist es ein funktional von der Gemeinde her begründetes Amt. Auf der anderen Seite haben ordinierte Amtsinhabende das Wort Gottes auszurichten. Das Wort Gottes ist immer ein Gegenüber zur Gemeinde und insofern muss man diese Beauftragung doppelt sehen: Die Gemeinde beauftragt den ordinierten Menschen damit, ihr auch das Wort Gottes aus einer "hierarchischen" Distanz heraus zu sagen, denn das Wort Gottes steht über allem.

Dann gibt es Dinge, die für uns Evangelische sehr schwierig sind, nämlich zu unterscheiden, inwieweit ist der Amtsträger kontrollierbar, messbar, einordenbar und inwieweit hat er als derjenige, der das Wort Gottes vertritt, eine absolut freie Position in geistlicher Hinsicht. Das müssen wir in der Schwebe halten. Wenn wir versuchen, das zu regeln, kommen wir in Teufels Küche. Deshalb sind wir als Evangelische von unserem Kirchenverständnis her immer gefährdet, entweder katholisch zu werden oder unkontrollierbar charismatisch. Aber wir müssen diese Gefährdung austragen; sie gehört nach meinem Verständnis zum reformatorischen Kirchenbild.

In unserer Kirche leiten Ordinierte und Nicht-Ordinierte zusammen. Wir sagen, dass wir immer das geistliche Amt – doch wohl auch in dieser Rolle – mit an Leitung beteiligt haben wollen. Hat das Folgen für das Leitungsverständnis unserer Kirche?

Ja, insofern in das Leitungshandeln die geistliche Dimension hineinfließen muss, die abgesichert werden muss durch Theologie, nicht durch sakramentales Geschehen. Deshalb haben wir in unserer Kirche ja auch den Grundsatz, dass überall da, wo über Geistliche verhandelt wird, wieder geistliche Leitung vertreten sein muss. Es geht also aus theologischen Gründen nicht, dass ein Dekanatssynodalvorstand die besondere Visitation im Dekanat oder ein Kirchensynodalvorstand die Visitation der Dekanatssynodalvorstände macht. Das ist theologisch systemwidrig, das geht nicht. Visitation ist eine geistliche Aufgabe, die von Geistlichen wahrgenommen werden muss. Das sind nach unserer Kirchenordnung die Pröpstinnen und Pröpste. In einer Kirche muss, wenn es um wirkliche geistliche Leitung geht und nicht um Rentamtsfragen, immer das geistliche Element durch das ordinierte Amt vertreten sein, ohne dass Nicht-Ordinierte darum ausgeschlossen werden.

Es taucht dann aber die Frage auf, inwiefern sich etwa die Visitation von der Organisationsentwicklung unterscheidet, die dem organisatorischen Aspekt der Kirche eher Rechnung trägt. Sehen Sie da Unterschiede, etwa zwischen den Gesprächen, die Dekane mit Pfarrerinnen und Pfarrern führen und der Visitation durch die Pröpstinnen und Pröpste?
Diese Unterschiede sind sehr schwer zu definieren. Visitationen, welche die Pröpstinnen und Pröpste machen, fragen immer auch nach dem geistlichen Gehalt, ob dem Evangelium und nicht dem Gesetz wirklich gedient worden ist. Geistliche Gehalte sind sehr schwer über organisationstheoretische Sichtweisen wahrnehmbar. Man kann sie auch nicht in der Weise messen, wie man messen kann, ob ein Kind lesen und schreiben gelernt hat. Dazu muss man – selber durch Theologie gebildet – ein Sensorium haben, um dieses geistliche Element auch wahrzunehmen. Man muss zwischen Gesetz und Evangelium unterscheiden können, eine sehr schwierige Aufgabe, die ein langes Studium erfordert. Insofern kann man die Visitation nicht durch irgendeine Organisationsanalyse einer Gemeinde ersetzen. Z.B. kann keine Organisationstheorie vernünftig über Sünde reden. Dafür hat sie überhaupt keine Begriffe. Sie kann nur von Fehlern reden. Das aber ist etwas ganz Anderes.

Zum Abschluss: Wir haben jetzt schon oft vom Wandel von der Vergangenheit in die Gegenwart gesprochen und über die gegenwärtigen Herausforderungen. Manchmal hilft es ja auch, den Blick nach vorne zu richten und vielleicht visionär in die Zukunft zu schauen. Wenn Sie sich jetzt gedanklich in das Jahr 2050 versetzten: Was ist Ihre Vision, wie arbeiten Pfarrerinnen und Pfarrer im Jahr 2050?
Helmut Schmidt hat einmal gesagt: „Wer Visionen hat, muss in die Klinik". Und jemand anders hat mir gerade geschrieben: „Wir brauchen keine Konzepte, sondern Visionen." Ich würde mich freuen, wenn wir schon einmal Konzepte hätten. Aber Visionen braucht man, um die Ziele zu definieren, die dann als Konzepte von Wegen zu Zielen verarbeitet werden. Dennoch: Ich habe überhaupt keine Ahnung, wie Pfarrerinnen und Pfarrer 2050 arbeiten werden. Und ich weigere mich, über etwas zu reden, wovon ich keine Ahnung habe. Ein chinesisches Sprichwort sagt: Ein bisschen Wissen ist eine gefährliche Sache. Ich wünsche mir aber und bin da ganz zuversichtlich, dass in 50 Jahren Pfarrerinnen und Pfarrer in der EKHN mit Gottvertrauen und zufrieden mit ihrem Dienst am Evangelium arbeiten werden, so Gott es will und es die Welt gibt. Die EKHN ist dann vielleicht nicht mehr nur die EKHN, sondern hat sich mit Kurhessen-Waldeck zusam-

mengeschlossen. Die Pfarrerinnen und Pfarrer, die dann vielleicht keinen Beamtenstatus mehr haben, werden ihren geistlichen Beruf vielleicht mit einem anderen kombinieren. Das ist alles denkbar und möglich. „Aber jede Konkretion frevelt auch an der Utopie, in der Kälte- und Wärmestrom sich verbinden", wie der vergessene Ernst Bloch immer sagte. Aber alle seine konkreten Utopien sind zerstoben.

Autorinnen und Autoren

Christel Gottwals, Jg. 1956, Pfarrerin und Supervisorin (DGSv). Nach einigen Jahren Gemeindepfarramt seit 1992 Regionalmentorin, zunächst am Theologischen Seminar Friedberg, seit 2000 am Theologischen Seminar Herborn. Seit 1989 regelmäßige Mitarbeit in der kirchlichen Rundfunkarbeit der Evangelischen Kirche in Hessen und Nassau im Hessischen Rundfunk, gelegentlich auch im Deutschlandfunk. Ebenfalls seit 1989 Autorin und Mitherausgeberin der „Werkstatt für Liturgie und Predigt". U.a. Veröffentlichung von zwei Erzählbänden.

Gudrun Janowski, Prof., Jg. 1949, Pfarrerin und Supervisorin (DGfP), verheiratet, zwei erwachsene Söhne. Studium der Theologie in Frankfurt am Main und Marburg, zwölf Jahre Gefängnisseelsorge in der Frauenhaftanstalt in Frankfurt, anschließend Krankenhausseelsorge in den Universitätskliniken Frankfurt, fünf Jahre Gemeindepfarramt, zuletzt Studienleiterin am Seminar für in Seelsorge Frankfurt, seit 2000 Professorin für Seelsorge am Theologischen Seminar in Herborn. Veröffentlichungen zu Pastoralpsychologie, besonders Gefängnisseelsorge und zu frauenspezifischen Themen.

Michael Karg, Jg. 1946, Propst für Nord-Nassau. Studium in Bethel, Heidelberg und Marburg, 1972–2000 Pfarrer der EKHN in Oberhessen, ab 1994 Dekan des Dekanates Schiffenberg. Seit 2000 Propst für Nord-Nassau.

Holger Ludwig, Jg. 1971, Dipl.-Theologe. Nach dem Vikariat in Mainz-Hechtsheim und Assistenz am Theologischen Seminar Herborn im Fachbereich Kirchentheorie und Kybernetik, seit 2002 Doktorand am Institut für Christliche Gesellschaftswissenschaften der Westfälischen Wilhelms-Universität Münster im Bereich Religionssoziologie und Kirchentheorie.

Helmuth Mühlmeier, Prof., Jg. 1946, Pfarrer und Supervisor (DGSv). Studium der Evangelischen Theologie in Wuppertal, Göttingen und Münster, Studium der Pädagogik mit Schwerpunkt Lernbehindertenpädagogik in Marburg, Gießen und Frankfurt/M., Gemeindepfarrer in Hungen, Frankfurt/M. und Kronberg im Taunus, wissenschaftlicher Sekretär und Assistenzreferent im Kirchenamt der EKD in Hannover, Dozent für pädagogische Fortbildung von Pfarrerinnen und Pfarrern am Religionspädagogischen Studienzentrum der EKHN in Kronberg, Professor für Religionspädagogik am Theologischen Seminar in Friedberg; seit 2000 am Theologischen Seminar Herborn.

Harald Müller, Jg. 1949, Pfarrer und Gemeindeberater, verheiratet, zwei erwachsene Kinder. Studium der Theologie und Philosophie in Tübingen und Göttingen, 24 Jahre Gemeindepfarrer, 1990 Akkreditierung als Gemeindeberater und seitdem Mitarbeit in der Arbeitsgemeinschaft der Gemeindeberatung, seit 2001 Regionalmentor am Theologischen Seminar Herborn.

Helmut Peters, Jg. 1973, Pfarrvikar. Studium der Evangelischen Theologie in Mainz, Basel/Freiburg und Heidelberg. 2000 Erstes Theologisches Examen. Vikariat in Heidesheim. 2002 Zweites Theologisches Examen, Assistent am Theologischen Seminar Herborn im Fach Kirchentheorie und Kybernetik. Seit Juli 2003 Pfarrvikar in Rüdesheim am Rhein.

Achim Plagentz, Jg. 1968. Studium der Evangelische Theologie, Pädagogik und Mathematik in Frankfurt am Main und Marburg, Doktorand im Fach Praktische Theologie an der Philipps-Universität Marburg, Vikariat in Gießen, seit 2003 Assistent im Fach Kirchentheorie und Kybernetik am Theologischen Seminar Herborn.

Peter Scherle, Prof. Dr., geb. Schüttke, Jg. 1956, Pfarrer. M. Phil. (Ecum.) der University of Dublin 1988 (From Contextual to Ecumenical Theology. A Dialogue between Minjung-Theology and ‚Theology after Auschwitz', Frankfurt a.M. u.a.1989). Dozent an der Irish School of Ecumenics 1989 bis 1990 und seitdem ‚visiting lecturer'. Koordinator und Mit-Autor einer Studie zur „Geschichte der ökumenischen Sozialethik" im Auftrag der Einheit III des ÖRK 1994 bis 1996, Promotion zum Dr. theol. an der Ruprecht-Karls-Universität Heidelberg 1998 (Fragliche Kirche. Ökumenik und Liturgik – Karl Barths ungehörte Anfrage an die ökumenische Bewegung, Münster 1998). Seit 2000 Professor für Kirchentheorie und Kybernetik am Theologischen Seminar in Herborn.

Peter Steinacker, Prof. Dr. Dr. h.c., Kirchenpräsident der EKHN, Jg. 1943. Studium der Evangelische Theologie und Philosophie in Frankfurt, Tübingen und Marburg. Promotion über das „Verhältnis der Philosophie Ernst Blochs zur Mystik“. Assistent an der Theologischen Fakultät Marburg und an der Gesamthochschule Wuppertal. 1980 Habilitation in Marburg mit einer Arbeit über die „Kennzeichen der Kirche“. Ordination in der Rheinischen Kirche, ab 1985 Gemeindepfarrer in Wuppertal. Mitarbeit in der Perspektivkommission der EKHN. Honorarprofessor für Systematische Theologie an der Universität Marburg. Seit 1993 Kirchenpräsident der EKHN und Vorsitzender der Kirchenleitung, des Leitenden Geistlichen Amtes und des Theologischen Prüfungsamtes dieser Kirche.

Hans Erich Thomé, Prof. Dr., Jg. 1948, verheiratet, zwei erwachsene Söhne. Studium der Theologie in Wuppertal und Marburg, neun Jahre Gemeindepfarrer im Odenwald, von 1983 bis 1988 wissenschaftlicher Mitarbeiter an der Johannes Gutenberg-Universität Mainz, danach Beauftragter für Rundfunkarbeit der EKHN, 1990 Promotion zum Dr. theol. an der Universität Mainz, seit 1995 Professor für Homiletik und Liturgik am Theologischen Seminar in Herborn, Veröffentlichungen in den Bereichen Gottesdienst und Ästhetik.